U0615472

長短經

唐 趙蕤 著

南宋刻本

图书在版编目（CIP）数据

长短经 / （唐）赵蕤著. -- 北京 : 海豚出版社, 2018.1
ISBN 978-7-5110-4146-3

Ⅰ. ①长… Ⅱ. ①赵… Ⅲ. ①政治－谋略－中国－古代 Ⅳ. ①D691

中国版本图书馆CIP数据核字(2017)第329613号

书名：长短经
作者：（唐）赵蕤著
责任编辑：李俊
责任印制：蔡丽
出　　版：海豚出版社
网　　址：http://www.dolphin-books.com.cn
地　　址：北京市百万庄大街24号
邮　　编：100037
电　　话：010-68325006（销售）　　010-68998879（总编室）
印　　刷：虎彩印艺股份有限公司
经　　销：新华书店及网络书店
开　　本：16开（210毫米×285毫米）
印　　张：40
字　　数：320（千）
版　　次：2018年1月第1版　　2018年1月第1次印刷
标准书号：ISBN 978-7-5110-4146-3
定　　价：880元

版权所有　侵权必究

出版説明

人是一種會思想的動物，無論是要適應環境，克服生存的困難，抑或爲了生活得更有意義，思想皆不可或缺。在一般的中文習慣中，思想的涵義比“哲學”更寬泛，這種語用習慣的差異，也影響到學者對學術視野的選擇。一般而論，思想史的範圍也較哲學史爲廣闊，雖然很少得到清晰地界定，但它不失爲一種有效的學術視野。

在近代中國學術史上，思想史研究的興起與哲學史大約同時。一九〇二年三月，梁任公在其創辦的《新民叢報》上連續發表了《論中國學術思想變遷之大勢》系列論文，這可能是最早由國人撰著發表的思想史論文。而第一本由國人撰寫的中国古代哲學通史，則爲一九一六年謝無量的《中國哲學史》。這兩本早期著述有其學術史的意義，但其中對學科的性質與研究方法等多無明確的説明。事實上，無論是學者的闡述，還是其實際的操作，在思想史與哲學史之間都不易劃出清晰的界限，直到當代也仍然如此。拋開細節不論，就語用習慣及有關實踐而言，思想史表徵一種對歷史文化廣闊而深入的關照，其研究方法，關注的問題，都較哲學史爲多元，史料基礎也不可同日而語。尤其是在郭沫若、侯外廬等人建立起來的研究傳統中，思想史有明确的社會史取向，或因其與傳統的文史之學有親和性，以至在今天，這種思路仍然很有生命力。

文獻發掘向來是思想史研究的基本環節。爲了促進有關研究，我們選輯多種文本編爲〝中國古代思想史珍本文獻叢刊〞。全編選目包括經典文本，如儒、道二家的經解，重要思想家作品的早期刻本，和某些并不廣泛受到關注的作家文集的舊刻本。本編中也選錄了數種反映古代民俗信仰的文獻，如《關聖帝君聖跡圖志》、《卜筮正宗》等等。這些文本在傳統的學術視野中，多以爲不登大雅之堂，在今日視之，或者正因其反映了古代社會一般的信仰氛圍，而有重要的文本價值。此外，本編也著意收錄了數種通常被視爲藝術史史料的文本，如《寶綸堂集》、《徐文長文集》等，我們認爲對思想史關注而言，範圍與深度同樣重要。

選集本編，也有文獻學上的意圖。中國古代有悠久的文獻學傳統，大量古籍文本的傳刻與整理造就了古代中國輝煌的古籍文化。本編收錄的這些刻本不僅是古代學術發生、衍變的物質證據，也是古代古籍文化的重要部分。本編所收錄的全部作品皆爲彩版影印，最大限度地保存了文獻的細節。其中有部分殘卷，視具體情況，或者補配，或者一仍其舊。本編的選目受制於編者的認識與底本資源，或者有不妥、不備之處，希望讀者不吝指正。

目録

題趙蕤長短經

鄴縣創爲椒槃論愛憎毆業匠和圖向時雖類縱橫說憂末原歸理道談

宋刊弆自敎忠堂通變稱經曰短長比及亂時里治亂不如平日慎行王

書卷原

稱十今失一總目翻爲錄一篇
阮是樟州善經濟不應辟召又
何焉·津瀛文苑繼家聲四庫
蒐羅俾贊成遐邇世臣獻遺簡
向年論學懷西清
乾隆甲午春御筆

儒門經濟長短經序

梓州郪縣長平山安昌巖草莽臣趙　蕤　撰

趙子曰匠成輿者憂人不貴作箭者恐人不傷彼豈有愛憎哉寔侵業驅之然耳是知當代之士馳騖之曹書讀縱横則思諸侯之變藝長奇正則念風塵之會此亦向時之論必然之理矣故先師孔子深探其本憂其末遂作春秋大乎王道制孝經美乎德行防萌杜漸預有所抑斯聖人制作之本意也然作法於理其弊必亂若至於亂將焉救之是以御世理人罕聞沿襲三代不同禮五霸不同法非其相反蓋以救弊也是故國容一致而忠文之道必殊聖哲同風而

皇王之名或異豈非隨時設教沿乎此因物成務牽乎彼沿乎此者醇薄繼於所遭牽乎彼者王霸存於所遇故古之理者其政有三王者之政化之霸者之政威之強國之政脅之各有所施不可易也管子曰聖人能輔時不能違時智者善謀不如當時鄒子曰政教文質所以匡救也當時則用之過則捨之由此觀之當霸者之朝而行王者之化則悖矣當強國之世而行霸者之威則乖矣若時逢狙詐正道陵夷欲憲章先王廣陳德化是猶待越客以拯溺白大人以救火善則善矣豈所謂通於時變歟夫霸者駮道也蓋白黑雜合不純用德焉期於有成不問所以論於大體不守

小節雖稱仁引義不及三王而扶顛定傾其歸一揆恐儒者溺於所聞不知王霸殊略故叙以長短術以經綸通變者剏立題目揔六十有三篇合爲十卷名曰長短經大旨在乎寧固根蔕革易時弊興亡治亂具載諸篇爲沿襲之遠圖作經濟之至道非欲矯世誇俗希聲慕名輙露見聞逗機來哲凡厥有位幸望詳焉

長短經卷第一　　文上

大體第一

臣聞老子曰以政理國以奇用兵以無事取天下荀卿曰人主者以官人爲能者也匹夫者以自能爲能者也傅子曰士大夫分職而聽諸侯之君分土而守三公揔方而議則天子拱己而正矣何以明其然耶當堯之時舜爲司徒契爲司馬禹爲司空后稷爲田疇夔爲樂正倕爲工師伯夷爲秩宗皐陶爲理官益掌驅禽堯不能爲一焉奚以爲君而九子者爲臣其故何也堯知九賦之事使九子各授其事皆勝其任以成九功堯遂乘成功以王天下漢高帝曰夫運籌策於幃幄之中决勝於千里之外吾不如子房鎮國家撫

百姓給餉餽不絕粮道吾不如蕭何連百萬之軍戰必勝攻必取吾不如韓信三者皆人傑也吾能用之此吾所以有天下也人物志曰夫一官之任以一味協五味一國之政以無味和五味故臣以自任爲能君以能用人爲能臣以能言爲能君以能聽爲能臣以能行爲能君以能賞罰爲能所以不同故能君衆能也故曰知人者王道也知事者臣道也無形者物之君也無端者事之本也鼓不預五音而爲五音主有道者不爲五官之事而爲理事之主君守其道官知其事有自來矣先王知其如此也故用非其有如已有之通乎君道者也議曰淮南子云巧匠爲宮室爲圓必以規爲方必以矩爲平直必以準繩功已就矣而不知規矩準繩而賞巧匠宮室已成不知巧匠而皆曰某君某王之宮室也孫卿曰夫人主欲得善射中微則莫若使羿欲得善御致遠則莫若使王良欲得調一天下則莫若聰明君子矣其用智甚簡其爲事不勞而功名甚大此能用非其有如已有者也人主不通主道者則不

然自爲之則不能任賢不能任賢則賢者惡之此功名之所以傷國家之所以危議曰申子云君知其道也臣知其事也十言十當百言百當者人臣之事也非人君之道也尸子云人臣者以進賢爲功也君者以用賢爲功也賈誼云臣聞聖主言問其臣而不自造事故使人臣得必盡其愚忠唯陛下財幸由是言之夫君不能司契委任而婦賢惡能取敗之道也湯武一日而盡有夏商之財以其地封而天下莫敢不悅服以其財賞而天下皆競勸通乎用非其有也議曰孫卿云修禮者王爲政者強取人者安聚斂者亡故王者富人霸者富士僅存之國富大夫亡國富筐篋實府庫是謂上溢下漏又曰天子不言多小諸侯不言利害大夫不言得失昔者周厲王好利近榮公芮良夫諫曰王室其將卑乎榮公好專利而不知大難夫利百物之所生也天地之所載也而有專之其害多矣天地百物皆將取焉何可專也所利甚多而不備大難以是教王其能久乎後厲王果敗魏文侯御廩災素服避正殿羣臣皆哭公子成父趨入賀曰臣聞天子藏於四海諸侯藏於境內非其所藏不有火災必有人患幸無人患不亦善乎孔子曰百姓足君孰不足周諺有言曰囊漏儲中由此言之夫聖王以其地封以其財賞不與人爭利乃能通於主道是用非其有者也故稱設官分職君之體

也委任責成君之體也好謀無倦君之體也寬以得衆君之體也含垢藏疾君之體也君有君人之體其臣畏而愛之此帝王所以成業也

任長第二

臣聞料才覈能治世之要自非聖人誰能兼茲百行備貫衆理乎故舜合羣司隨才授位漢述功臣三傑異稱況非此儔而可備責耶

夫剛略之人不能理微故論其大體則弘略而高遠歷纖理微則宕往而疏越亢厲之人不能迴撓其論法直則括據而公正說變通則否戾而不入寬恕之人不能速捷論仁義則弘詳而長雅趨時務則遲後而不及好奇之人橫逸而求異造權譎則倜儻而瑰壯案清道則詭常而陜迂又曰王化之政宜於統大以之理小則迂策術之政宜於理難以之理平則無奇矯亢之政宜於治侈以之治弊則殘公刻之政宜於糾姦以之治邊則失其衆威猛之政宜於討亂以之治善則暴伎倆之政宜於治富以之治貧則民勞而下困此已上皆偏材也

昔伊尹之興土工也強脊者使之負

土盼者使之推傴者使之塗各有所宜而人性齊矣管仲曰升降揖讓進退閑習臣不如隰朋請立以爲大行闢土聚粟盡地之利臣不如甯戚請立以爲司田平原廣牧車不結轍士不旋踵鼓之而三軍之士視死如歸臣不如王子城父請立以爲大司馬決獄折中不殺不辜不誣不罪臣不如賓胥無請立以爲大理犯君顔色進諫必忠不避死亡不撓富貴臣不如東郭牙請立以爲大諫君若欲治國強兵則五子者存焉若欲霸王則夷吾在此黃石公曰使智使勇使貪使愚智者樂立其功勇者好行其志貪者決取其利愚者不愛其死因其至情而用之此軍之微權也

淮南子曰天下之物莫凶於奚毒（附子也）然而良醫橐而藏之有所用也麋之上山也大章不能跂及其下也牧豎能追之才有脩短也胡人便於馬越人便於舟異形殊類易事則悖矣魏武詔曰進取之士未必能有行有行之士未必能進取陳平豈篤行蘇秦豈守信耶而陳平定漢業蘇秦濟弱燕者任其長也由此觀之使韓信下帷仲舒當戎于公馳說陸賈聽訟必無曩時之勳而顯今日之名也故任長之道不可不察（議曰魏桓範云帝王用人度世授才爭大業之時書策爲先分定之後忠義爲首故晉文行咎犯之計而賞雍季之言高祖用陳平之智而託後於周勃古語曰守文之代德高者位尊倉卒之時功多者賞厚諸葛亮曰老子長於養性不可以臨危難商鞅長於理法不可以從教化蘇張長於馳辭不可以結盟誓白起長於攻取不可以廣衆子胥長於圖敵不可以謀身尾生長於守信不可以應變王嘉長於遇明君不可以事暗主許子將長

於明臧否不可以養人物此任長之術者也

品目第三

夫天下重器王者大統莫不勞聰明於品材獲安逸於任使故孔子曰人有五儀有庸人有士人有君子有聖有賢審此五者則治道畢矣所謂庸人者心不存慎終之規口不吐訓格之言（格法）不擇賢以託身不力行以自定見小闇大而不知所務從物如流而不知所執此則庸人也所謂士人者心有所定計有所守雖不能盡道術之本必有率也（率猶述也）雖不能徧百善之美必有處也是故智不務多務審其所知言不務多務審其所謂（所謂言之要也）行不務多務審其所由智既知

之言既得之得其要也行既由之則若性命形骸之不可易也富貴不足以益貧賤不足以損此則士人也所謂君子者言必忠信而心不忌忌怨害也仁義在身而色不伐思慮通明而辭不專篤行信道自強不息油然若將可越而終不可及者此君子也油然不進之貌也越過也孫卿曰夫君子能爲可貴不能使人必貴己能爲可信不能使人必信己能爲可用不能使人必用己故君子恥不修不恥見汙恥不信不恥不見信恥不能不恥不見用不誘於譽不恐於誹率道而行端然正己謂之君子也所謂賢者德不踰閑閑法也行中規繩言足法於天下而不傷其身言滿天下無口過也道足化於百姓而不傷於本本亦身也富則天下無菀財菀積也施則天下不病貧此則賢者也所謂聖者德合天地變通無方窮萬事之終始協庶品之自然敷其大道而

遂成情性明竝日月化行若神下民不知其德覩者不識其鄰此聖者也鄰以喻界畔也莊子曰刻意尚行離世異俗高論怨誹爲亢而已矣此山谷之士非世之人枯槁赴淵者之所好也語仁義忠信恭儉推讓爲脩而已矣此平世之士教誨之人也遊居博學者之所好也語大功立大名禮君臣正上下爲治世而已矣此朝廷之士尊主強國之人也致功兼并者之所好也就藪澤處閑曠釣魚閑處無爲而已矣此江海之士避世之人也閑暇者之所好也吹呴呼吸吐故納新熊經鳥伸爲壽而已矣此道引之士養形之人也彭祖壽考者之所好也若夫不刻意而高無仁義而修無功名而治無江海而閒不導引而壽無不亡也無不有也澹然無極而衆美從之此天地之道聖人之德者也

鈐經曰德足以懷遠信足以一異識足以鑒古才足以冠世此則人之英也法足以成教行足以修義仁足以得衆明足以照下此則人之俊也身足以爲儀表智足以決嫌疑操足以厲貪鄙信足以懷殊俗此則人之豪也守節而無撓處義而不怒見嫌不苟免

見利不苟得此則人之傑也德行高妙容止可法是謂清節延陵晏嬰是也思通道化策謀音妙是謂術家范蠡張良是也其德足以厲風俗其法足以正天下其術足以謀廟勝是謂國體伊尹呂望是也其德足以率一國其治法足以正鄉邑其術足以權事宜是謂器能子產西門豹是也清節之流不能弘恕好尚譏訶分別是非是謂臧否子夏之徒是也法家之流不能創思圖遠而能受一官之任錯意施巧是謂伎倆張敞趙廣漢是也術家之流不能創制垂則而能遭變用權權智有餘公正不足是謂智意陳平韓安國是也能文著述是謂文章司馬遷班固是也能傳聖人之業而不能幹事施政是謂儒學毛公貫公是也辯不入道而應對資給是謂口辯樂毅曹丘生是也膽力絕衆材略過人是謂驍雄白起韓信是也

家語曰昔者明王必盡知天下良士之名既知其名又知其實然後用天下之爵以尊之則天下理也此之謂矣

量才第四

夫人才能參差大小不同猶升不可以盛斛滿則棄矣非其人而使之安得不殆乎傅子曰凡品才有九一曰德行以立道本二曰理才

以研事機三曰政才以經治體四曰學才以綜典文五曰武才以禦軍旅六曰農才以教耕稼七曰工才以作器用八曰商才以興國利九曰辯才以長諷議此量才者也故伊尹曰智通於大道應變而不窮辯於萬物之情其言足以調陰陽正四時節風雨如是者舉以爲三公故三公之事常在於道漢文帝問陳平曰君所主何事對曰陛下不知臣駑下使臣待罪宰相宰相者上佐天子燮理陰陽下遂萬物之宜外鎮撫四夷內親附百姓使公卿大夫各得其職上曰善漢魏相書曰臣聞易曰天地以順動故日月不過四時不忒聖人以順動則刑罰清而人服天地變化必由陰陽陰陽之分以日月爲紀各有常職不得相干明王謹於尊天愼於養人故立羲和之官以乘四時敬授人事君動靜以道奉順陰陽則日月光明風雨時節寒暑調和三者得叙則災害不生人不夭疾衣食有餘矣此燮理陰陽之大體也事具洪範篇不失四時通於地利能通不通能利不利如是者舉以爲九卿故九卿之事常在於德通於人事行猶舉繩通於關梁實於府庫如是者舉以爲大夫故大夫之事常在於仁蜀丞相諸葛亮王簿楊顒曰坐而論

道謂之三公作而行之謂之卿大夫忠正強諫而無有姦詐去私立公而言有法度如是者舉以爲列士故列士之事常在於義也故道德仁義定而天下正清節之德師氏之任也法家之材司寇之任也術家之材三孤之任也臧否之材師氏之佐也伎倆之材司空之任也儒學之材保氏之任也文章之材國史之任也驍雄之材將帥之任也太公曰多言多語惡口惡舌終日言惡寢臥不絕爲衆所憎爲人所疾此可使要遮閭巷察姦伺禍權數好事夜臥早起雖劇不悔此妻子之將也先語察事勸而與食實長希言財物平均此十人之將也切切截截垂意肅肅不用諫言數行刑戮刑必見血不避親戚此百人之將也訟辯好勝嫉賊侵凌斥人以刑欲整一衆此千人之將也外貌怍怍言語時出知人饑飽習人

劇易此萬人之將也戰戰慄慄日慎一日近賢進謀使人知節言語不慢忠心誠畢此十萬人之將也（經曰夫將雖以詳重爲貴而不可有不決之疑雖以博訪爲能而不欲有多端之惑此論將之妙也）溫良實長用心無兩見賢進之行法不枉此百萬人之將也勳勳紛紛鄰國皆聞出入豪居百姓所親誠信緩大明於領世能效成事又能救敗上知天文下知地理四海之內皆如妻子此英雄之率乃天下之主也（聰明秀出謂之英膽力過人謂之雄此其大體之別名也夫聰明者英之分也不得雄之膽則說不行膽力雄之分也不得英之智則事不立若聰能謀始而明不見機可以坐論而不可以慮事若聰能謀明能見機而勇不能可以修常而以不可以慮變若力能過人而勇不能行可以爲力人未可以爲先登力能過人勇能行之而智不能料事可以爲先登未足以爲將帥必聰能謀始明能見機行能決之然後乃可以爲英張良是也氣力過人勇能行之智足料事然後乃可以爲雄韓信是也若一人之身兼有英雄則能長世高祖項羽是也）經曰智如源泉行可以爲表

儀者人師也智可以砥礪行可以爲輔警者人友也據法守職而不敢爲非者人吏也當前快意一呼再諾者人隸也故上主以師爲佐中主以友爲佐下主以吏爲佐危亡之主以隸爲佐欲觀其亡必由其下故同明者相見同聽者相聞同志者相從非賢者莫能用賢故輔佐左右所欲任使者存亡之機得失之要孫武曰主孰有道昔漢王見圍滎陽謂陳平曰天下紛紛何時定乎平曰項王為人恭敬愛人士之廉節好禮者多歸之至於行功賞爵邑重之士亦以此不附今大王嫚人少禮士之頑鈍嗜利無恥者亦多歸漢誠宜各去兩短集其兩長天下指麾不足定也魏太祖謂郭嘉曰袁本初地廣兵強吾欲討之力不能敵何如嘉對曰劉項之不敵公所知也漢祖唯智勝項羽雖強終為所擒嘉竊料之紹有十敗公有十勝雖兵強無能為也紹繁禮多儀公體任自然此道勝一也紹以逆動公以奉順以率天下此義勝二也漢末政失於寬紹以寬濟故不攝公糾之以猛而上下知制此治勝三也紹外寬內忌用人而疑之所任唯親戚子弟耳公外簡易而

長一　九

內機明用人無疑唯才能所宜不問遠近此度勝四也紹多計少決失在後事公策得輒行應變無窮此謀勝五也紹因累世之資高議揖作以收名譽士之好言飾外者多歸之公至心待人推誠而行之不為虛美以儉率下與有功者無所悋士之忠正遠見而有實者皆願為用此德勝六也紹見人饑寒恤念之情形於顏色其所不見慮或不及所謂婦人之仁耳公於目前小事時有所忽至於大事與四海相接恩之所加皆過其望雖所不見慮之所周無不可也此仁勝七也紹以大臣爭權讒言惑亂公御下以道浸潤不行此明勝八也紹是非不可知公所是進之以禮所不是正之以法此文勝九也紹好為虛勢不知兵要公以少克眾用兵如神軍人恃之敵人畏之此武勝十也曹公曰吾知之紹為人志大而智小色厲而膽薄忌克而少威兵多而分畫不明將驕而政令不一土地雖廣糧食雖豐適所以為吾奉也楊阜曰袁公寬而不斷好謀而少決不斷則無威少決則後事今雖強終為所擒曹公有雄才遠略決無疑法一而真精必能濟大事也

將孰有能

袁紹率大眾攻許孔融謂荀彧曰袁紹地廣兵強田豐許攸智計之士為其謀審配逢紀盡忠之臣任其事顏良文醜勇冠三軍統其兵殆難克乎彧曰紹兵雖多而法令不整田豐剛而犯上許攸貪而不治審配專而無謀逢紀果而自用此二人留知後事許攸貪而犯法必不能縱不縱必為變顏良文醜一夫之勇耳可一戰而擒也後許攸貪不奉法審配收其妻子攸怒奔曹公又顏良臨陣授首田豐以諫死皆如彧所料也

吾以此知勝之謂矣

知人第五

臣聞主將之法務覽英雄之心然人未易知知人未易漢光武聽聰之主也謬於龐萌曹孟德知人之哲也弊於張邈何則夫物類者世之所惑亂也故曰狙者類智而非智也（狙音自舒反慢也）愚者類君子而非君子也戇者類勇而非勇也亡國之主似智亡國之臣似忠幽莠之幼似禾驪牛之黃似虎白骨疑象碔砆類玉此皆似是而非也（人物志曰輕諾似烈而寡信多易似能而無效進銳似精而去速訶者似察而事煩許施似惠而無終面從似忠而退違此似是而非者也亦有似非而是者大權似姦而有功大智似愚而內明博愛似虛而實厚正言似訐而情忠非天下之至精孰能得其實也）孔子曰凡人心險於山川難知之於天天猶有春秋冬夏旦暮之期人者厚貌深情故有貌愿

而益有長若不肖長音竹兩反有順懁而達有堅而縵有緩而釬音汗太公曰士有嚴而不肖者有溫良而爲盜者有外貌恭敬中心欺慢者有精精而無情者有威威而無成者有如敢斷而不能斷者有恍恍惚惚而反有忠實者有倭倭俺俺而有效者有貌勇很而內怯者有夢夢而反易人者無使不至無使不遂天下所賤聖人所貴凡人莫知非有大明乃見其際此士之外貌而不與中情相應者也桓範曰夫賢愚之異使若葵之與莧何得不知其然若其務之似禾類是而非是類賢而非賢揚子法言曰或問難知曰太山之與蟻垤江河之與行潦非難也大聖與大佞難也於乎唯能別似者爲無難矣知此士者而有術焉微察問之以觀其辭窮之以辭以觀其變與之間謀以觀其誠明白顯問以觀

其德遠使以財以觀其廉又曰委之以財以觀其仁臨之以利以觀其廉試之以
色以觀其貞又曰悅之以色以觀其不淫告之以難以觀其勇又曰告之
以危而觀其勇又曰懼之以驗其特醉之以酒以觀其態又曰醉之以酒而觀其則又曰醉之以酒
觀其不失莊子曰遠使之而觀其忠又曰遠使之以觀其不二近使之而
觀其敬又曰近之以昵觀其不狎煩使之而觀其能又曰煩之以事以觀其理卒然
問焉而觀其智又曰設之以謀以觀其智太公曰事之而不窮者謀急與之期而觀
其信太公曰使之而不隱者謂信也雜之以處而觀其色又曰雜之以視觀其無變呂
氏春秋曰通則觀其所禮通達也貴則觀其所進又曰達視其所
舉也富則觀其所養又曰富視其所與又曰見富貴人觀其有礼施太公曰富之而不犯驕逸者謂仁也
聽則觀其所行行則行仁近則觀其所好又曰居視其所親又曰省其居處觀其貞
良省其交遊觀其志比習則觀其所言好則好義言則言道窮則觀其所不愛

又曰窮則視其所不為非又曰貧視其所不取賤則觀其所不爲又曰貧賤人觀其有德守也喜之以驗其守守慎守也又曰喜之以觀其輕樂之以驗其僻僻邪僻也又曰娛之以樂以觀其儉怒之以驗其節節性也又曰怒之以觀其不恐也哀之以驗其仁仁人見可哀者則哀苦之以驗其志又曰檢之以觀其能安經曰任寵之人觀其不驕奢太公曰貴之而不驕奢者義也疏廢之人觀其不背越榮顯之人觀其不矜誇隱約之人觀其不懾懼少者觀其恭敬好學而能悌人物志曰夫幼志之人在於童齔皆有端緒故文本辭繁辨始給口仁出忘恤施發過與慎生畏懼廉起不取者也壯者觀其廉絜務行而勝其私老者觀其思慎強其所不足而不踰父子之間觀其慈孝兄弟之間觀其和友鄉黨之間觀其信義君臣之間觀其忠惠太公曰付之而不轉者忠也此之謂觀誠傅子曰知人之難莫難於別眞僞設所脩出於為道者則言自然而貴玄

虛所脩出於爲儒者則言分制而貴公正所脩出於爲縱橫者則言權宜而貴變常九家殊務各有所長非所爲難也以黠者觀其行以語者觀其辭以出者觀其治以處者觀其學四德或異所觀有微又非所謂難也所謂難者典說詭合轉應無窮辱而言高貪而言廉賊而言仁怯而言勇詐而言信淫而言貞能設似而亂真多端以疑闇此凡人之所常惑明主之所甚疾也君子內洗其心以虛受人立不易方貞觀之道也九流有主貞一之道也內貞觀而外貞一則執僞者無地而逃矣夫空言易設但責其實事之效則是非之驗立可見也故韓子曰人皆寐盲者不知人皆默暗者不識覺而使之視問而使之對則喑盲窮矣發齒吻視毛色雖良樂不能必馬逵車蹶駕試之行途則臧獲定其駑良觀青黃察瑕鎖雖歐治不能必劍陸斷狗馬水截蛟龍雖愚者識其利鈍矣是知明試責實乃聖功也

人物志曰

凡有血氣者莫不稟陰陽以立性體五行而著形其在體也木骨金筋火氣土肌水血五物之象也五物之實各有所濟也

骨植而柔立者謂之弘毅弘毅也者仁之質也

木則垂陰爲仁之質質不弘毅不能成仁

氣清而朗者謂之文理文理也者禮之本也

火則照察爲禮之本本無文理不能成禮

體端而實者謂之貞固貞固也者信之基也

土必吐生爲信之基基不貞固不能成信也

筋勁而精者謂之勇敢勇敢也者

義之決也金能斷割爲義之決決不勇敢不能成義也色平而暢者謂之通微通微也者智之原也水流疏達爲智之原原不通微不能成智五質恒性故謂之五常故曰直而不剛則木木強徼訐失其正色勁而不精則力負鼎絶臏失其正勁固而不端則愚惷己自是陷於愚戇氣而不清則越辭不清順發越無成暢而不平則盪好智无涯盪然失巳然則平陂之質在於神神者智之主也故神平則質平神陂則質陂也明闇之實在於精精者實之本精惠則實明精濁則實暗勇怯之勢在於筋筋者勢之用也故筋勁則勢勇弱則勢怯強弱之植在於骨骨者植之機故骨麤則植強骨細則植弱躁靜之決在於氣氣者決之地也氣盛決於躁氣沖決於靜慘懌之情在於色色者精之候故色悴由情慘色懌由情懌也邪正之形在於儀儀者形之表故儀衺由形殆儀正由形肅態度之動在於容容者動之符衺動則容衺態正則容度也緩急之狀在於言言者心之狀心恕則言緩心偏則言急也若質素平淡中睿

外朗蔚勁植固聲清色澤儀崇容直則純粹之德也夫人有氣氣也者謂誠在其中必見諸外故心氣麤訟者其聲沈散心氣詳慎者其聲和節心氣鄙戾者其聲麤獷心氣寬柔者其聲溫潤信氣中易義氣時舒和氣簡略勇氣壯立此之謂聽氣（以其聲處其實氣生物物生有聲聲有剛柔清濁咸發乎聲聽其聲察其氣考其所為皆可知矣）又有察色察色謂心氣內蓄皆可以色取之夫誠智必有難盡之色（又曰誠智必有明達之色）誠仁必有可尊之色（又曰誠仁必有溫柔之色）誠勇必有難懾之色（又曰誠勇必有矜奮之色也）誠忠必有可觀之色誠絜必有難汙之色誠貞必有可信之色質色浩然固以安偽色曼然亂以煩此之謂察色（人物志曰夫心質亮直其儀勁固心質平理其儀安閑夫仁固之精愨然以端勇膽之精

曄然以強夫憂患之色乏而且荒疾疢之色乱而垢理喜色愉然以懌慍色厲然以揚妒惑之色冒昧無常是故其言甚懌而精色不從者中有違也其言有違而精色可信者辭不敏也言未發而怒色先見者意憤溢也言已發而怒氣送之者強所不然也凡此之類雖欲違之精色不從威愕以明雖變可知也又有考志考志者謂方與之言以察其志其氣寛以柔其色儉而不諂其禮先人其言以人每自見其所不足者是益人也若好臨人以色高人以氣勝人以言防其所不足而廢其所不能者是損人也太公曰博文辯辭高行論議而非時俗此姦人也王者愼勿寵之也其貌直而不侮其言正而不私不飾其美不隱其惡不防其過者是質人也又曰與之不為喜奪之不為怒沈靜而寡言多信而寡貌者是質靜人也議曰太公云樸其身頭惡其衣服語無為以求名言無欲以求得此僞人也王者愼勿近之夫質人之中有如此之僞者也若其貌曲媚其言諛巧飾其見物務其小證以故自說者是無質人也議曰晏子云讒夫佞人之在君側材能皆非常

也夫藏大不誠於中者必謹小誠於外以成其大不誠此難得而知也
荀悅曰察人情術觀其言行未必合道而悅於己者必佞人也觀其言
行未必悅己而合於道者必正人也此察人之情之一端也 喜怒以物而色不作煩亂以
事而志不惑深導以利而心不移臨懾以威而氣不卑
者是平心固守人也 又曰榮之以物而不娛犯之以卒而不懼置
義而不遷臨貨而不迴者是果正人也議曰
孔子稱取人之法無取健健
貪也夫健之弊有如此者矣 若喜怒以物而心變易亂之以
事而志不治示之以利而心遷動懾之以威而氣恇懼
者是鄙心而假氣人也 又曰若移易以言志不能固已
諾而不決者是情弱之人也 設之
以物而數決驚之以卒而屢應不文而慧者是有智
思之人 議曰太公云有名而無實出入異言揚美掩惡進
退爲功王者慎勿與謀夫智思之人弊於是矣 若難設
以物難說以言守一而不知變固執而不知改是愚
佷人也 議曰志士守操愚佷難變夫不變是同而愚智異者以道爲
管也何以言之新語云夫長於變者不可窮以詐通於道者

不可驚以怪審於辭者不可惑以言達於義者不可動以利故君子聞見欲衆而採擇欲謹學問欲博而行已欲敦目不淫炫燿之色耳不亂阿諛之辭雖利以齊魯之富而志不移誘以松喬之壽而行不改然後能一其道而定其操致其事而立其功觀其道業此其所以與愚佷異也

若屛言而勿顧自私而不護非是而强之是誣嫉人也

議曰劉備以客見諸葛亮而賢之亮曰觀客色動而神懼視低而忤數姦形外漏邪心內藏必曹氏刺客後果然夫姦人容止大抵如是何晏夏侯玄鄧颺等求交於傅嘏而不納也或怪而問之嘏曰太初志大其量能合虛聲而無實才何平叔言遠而情近好辯而無誠所謂利口覆國之人也鄧玄成有爲而無要外好名利內無關鑰貴同而惡異多言而妬前多言多敗釁妬前而無切以吾觀此三人皆敗德也遠之猶恐禍及況昵之乎後皆如嘏言夫妬者之行有如此者也

此之謂考志

人物志曰夫精欲深微質欲懿重志欲弘大心欲謙小精微所以入神妙也懿重所以崇德守也志大所以堪物任也小心所以慎咎悔也故詩詠文王小心翼翼不大聲以色心小也王赫斯怒以對于天下志大也由此論之心小志大者聖賢之倫也心大志大者豪傑之雋也心大志小者傲蕩之類也心小志小者拘儒之人也

又有測隱測隱者若小施而好得小讓而大爭言顯以爲質僞愛以爲忠尊其行以收其名此隱於仁

賢孫卿曰仲尼之門五尺童子羞言霸道者何也彼非本政教也非服人心也以讓飾爭依乎仁而蹈利者也小人之桀耳曷足稱大君子之門乎若問則不對詳而不窮貌示有餘假道自從困之以物窮則託深此隱於藝文也又曰慮誠不及而詳爲不言內誠不足而色亦有餘此隱於智術者也人物志曰有處後特長從衆所安似能聽斷者有避難不應似若有餘而實不解者有姻勝錯失窮而稱妙似理不可屈者此數似者衆人之所惑也若高言以爲廉矯厲以爲勇內恐外誇亟而稱說以詐氣臨人此隱於廉勇也議曰太公云無智略大謀而以重賞尊爵之故強勇輕戰僥倖於外王者慎勿使將此詐勇之弊也若自事君親而好以告人飾其見物而不誠於內發名以君親因名以私身此隱於忠孝也此謂側隱矣人物志曰尤妙之人含精內真外無飾姿尤虛之人碩言瑰姿內實乖違而人之求奇不以精微測其玄機或以貌少爲不足或以瑰姿爲巨偉或以直露爲虛華或以巧飾爲真實何由得哉故須側隱焉夫人言行不類終始相悖外內不合而立假節以感視聽者曰

毀志者也

人物志曰夫純訐性違不能公正依訐似直以訐訐善純宕似流不能通道依宕似通行傲過節故曰直者亦訐訐者亦訐其訐則同其所以爲訐則異通者亦宕宕者亦宕其宕則同其所以爲訐則異觀其依似則毀志可知也

若飲食以親貨賂以交損利以合得其權譽而隱於物者曰貪鄙者也

太公曰果敢輕死苟以貪得尊爵重禄不圖大事待利而動王者愼勿使也

若小知而不大解小能而不大成規小物而不知大倫曰華誕者也

文子曰夫人情莫不有所短誠其大略是也雖有小過不足以爲累誠其大略非也閭里之行未足多也

又有揆德揆德者其有言忠行夷秉志無私施不求反情忠而察貌拙而安者曰仁心者也有事變而能治效窮而能達措身立功而能遂曰有知者也有富貴恭儉而能威嚴有禮而不驕曰有德者也

議曰魚豢云貧不學儉卑不學恭非人性分處所然耳是知別恭儉者必在於富貴人也

有隱約而不懾安樂而不奢勳勞而不變喜怒

而有度曰有守者也有恭敬以事君恩愛以事親情乖而不叛力竭而無違曰忠孝者也此之謂揆德桓範曰夫帝王之君曆代相踵莫不慕霸王之任賢惡亡國之失士然猶授任凶愚破亡相屬其故何哉由取人不求合道而求合己也故人物志曰清節之人以真正爲度故能歷衆材也能識性行之常而或疑法術之詭術謨之人以思謀爲度故能識策略之竒而或失遵法之良伎倆之人以邀功爲度故能識進趨之功而不通道德之化言語之人以辯折爲度故能識捷給之慧而不知含章之美是以互相非駮莫肯相是凡此之類皆謂一流故一流之人能識一流之善二流之人能識二流之美盡有諸流則亦能流則亦能兼達衆材矣又曰夫務名者不能出己之後是故性同而相傾則相援而相賴也性同而勢均則相競而相害也此又同體之變不可不察也夫聖賢之所美莫美乎聰明聰明之所貴莫貴乎知人知人識智則衆材得其序而庶績之業興矣又曰夫天下之人不可盡與遊處何以知之欲觀其一隅則終朝足以識之將究其詳必三日而後足何謂三日而後足夫國體之人兼有三材故不談三日不足以盡之一以論道德二以論法制三以論策術然後乃能竭其所長而舉之不疑然則何以知其兼偏而與之言乎其爲人也務以流數杼人之所長而爲之名目如是者兼也好

陳己善欲人之稱不欲知人之所有如是者謂偏也是故仲尼訓六蔽以戒偏材之失仁者愛物蔽在無斷信者誠露蔽在無隱此偏材之常失也思狂狷以通拘抗之材疾空空而無信以明爲似之難保察其所安觀其所由以知居止之行率此道也人焉廋哉人焉廋哉

察相第六

左傳曰周内史叔服如魯公孫敖聞其能相人也見其二子焉叔服曰穀也食子也難收子穀也豐下必有後於魯國杜預曰豐下謂面方也鄭伯享趙孟于垂隴七子從趙孟曰七子從君以寵之也請皆賦以卒君以子展賦草蟲趙孟曰善哉人之主也抑武也不足以當之印段賦蟋蟀趙孟曰善哉保家之主吾有望矣子展其後亡者也在上忘印氏其次也樂而不荒樂以安人不淫以使之後亡不亦可乎漢書曰高祖立濞爲吳王已拜上相之曰汝面狀有反相漢後五十年東南有亂豈

非汝耶天下一家慎無反經曰眉上骨斗高者名為九反骨其人恒有芭藏之志又曰黃色繞天中從髮際通兩墓其兩眉下谷發黃色其中正上復有黃色直下鼻者三公相也若下賤有此色者能殺君父春秋左氏傳曰楚子將以商臣為太子訪諸令尹子上子上曰是人也蜂目豺聲忍人也不可立也弗聽後謀反以宮甲圍成王縊之又曰楚司馬子良生子越椒子文曰必殺之是人也熊虎之狀而豺狼之聲弗殺必滅若敖氏矣諺曰狼子野心是乃狼也其可畜乎子良不可後果反攻王楚王鼓而進遂滅若敖氏又曰晉韓宣子如齊見子雅子雅召其子旗子旗使見宣子宣子曰非保家之主也不臣杜預曰言子雅志器亢也後十年来奔周靈公之弟儋季卒其子括將見王而歎單于公愆旗聞其難歎也入以告王曰不戚而顧大視跡而足高心在他矣不殺必為害王曰童子何知及靈王崩儋括欲立王子佞夫周大夫殺佞夫齊崔杼帥師伐我公患之孟分綽曰崔子將有大志不在病我必速歸何患焉其來也不寇使人不嚴異於他日齊師從歸果弒莊公晉楚會諸侯而盟楚公子圍設服離衛魯大夫叔孫穆子曰楚公子美矣君哉杜預曰設君服也此年子圍墓位衛孫文子來聘君登亦登叔孫穆子趨進曰諸侯之會寡君未常後衛君今吾子不後寡君未知所過吾子其少安孫子無辭亦無悛容穆叔曰孫子必亡為臣而君過而不悛亡之本也後十四年林父逐君初鄭伯享趙孟七子賦詩伯有賦鶉之賁賁享卒趙孟告叔向曰伯有將為戮矣詩以言志志誣其上而公怨之以為賓榮其能久乎魏時管輅相何晏鄧颺當誅死輅舅問之荅曰鄧颺行步節不束骨脈不制肉起

上傾倚若無手足謂之鬼躁何足視候寬不守宅面無華色精爽煙浮
容若枯木謂之鬼幽鬼躁者為風所收鬼幽者為火所燒自然之符不
可蔽也守孔熙光就姚生曰夫相人也天欲其負地欲其方眼欲光曜
鼻須柱梁四瀆欲明五岳欲強此數者君無一焉又君之眸子服服如
望羊行委曲而失步聲嘶散而不揚豈唯失
其福祿將乃罹其禍殃後皆謀反被殺之矣由此觀之以相察士
其來尚矣故曰富貴在於骨法憂喜在於容色經曰青主
憂白主哭泣黑主病赤主驚恐黃主慶喜凡此五色並以四時判之春
三月青色王赤色相白色囚黃黑二色皆死夏三月赤色王白色黃色
皆相青色死黑色囚秋三月白色王黑色相赤色死青黃二色皆囚冬
三月黑色相青色王白色死黃與赤二色囚若得其時色王相者吉不
得其時色王相若囚死者凶魏管輅往族兄家見二客客去輅謂兄曰
此二人天庭及口耳之間同有凶氣俱起雙魂無宅流魄于海骨歸于
家後果溺死此
略舉色變之効成敗在於決斷以此參之萬不失一經曰
言貴賤者存乎骨骼言脩短者存乎虛實經曰夫人喘息
者命之所存也喘息條條狀長而緩者長命人也喘息急促出入不等
者短命人也又曰骨肉堅硬壽而不樂體肉耎者樂而不壽左傳曰魯
使襄仲如齊復曰臣聞齊人將食魯之麥以臣觀之將不能齊君之語
偷臧文仲有言曰人主偷必死後果然鄭伯如晉拜成授玉于東楹之

東晉大夫貞伯曰鄭伯其死乎自弃也已視流而行速不安其位宜
不能久杜預曰言鄭伯不端諦也六月卒天王使劉康公成肅公會晉
侯伐秦成子受脤于社不敬劉子曰吾聞之人受天地之中以生所爲
命也是以有動作禮義威儀之則以定命也能者養之以福不能者敗
以取禍是故君子勤禮小人盡力勤禮莫如致敬盡力莫如敦篤敬在
養神篤在守業國之大事在祀與戎祀有執膰戎有受脤神之大節也
今成子惰弃其命矣其不及乎五月卒于瑕晉侯使程鄭佐下軍鄭
行人公孫揮如晉聘程鄭問焉曰敢問降階何由子羽不能對歸以語
然明然明曰是將死矣不然將亡貴而知懼懼而思降乃得其階下人
而已又何問焉且夫既登而求降者知人也不在程鄭其有亡釁乎不
然其有惑疾將死而憂乎明年程鄭卒天王使單子會韓宣子于戚視
下言徐叔向曰單子其將死乎朝有著定會有表衣有禬帶有結會朝
之言必聞于表著之位所以昭事序也視不過結禬之中所以導容貌
也言以定命之容貌以明之失則有闕今單子爲王官伯而命事於會
視不登帶言不過步貌不道容而言不昭矣不道不恭不昭不從無守
氣矣此冬單子卒宋平公享昭子宴飲樂語相泣也樂祁佐退而告人曰
今兹君與叔孫其將死乎吾聞之哀樂而樂哀皆喪心也心之精
爽是謂魂魄魂魄去之何以能久此年叔孫宋公皆卒邾隱公來朝執
玉高其容仰魯公受其玉卑其容俯子貢曰以禮觀之二君皆有死氣
高仰驕也卑俯替也驕近亂替近疾君爲主其先亡乎此年公薨哀七
年以邾子益歸衛侯會吳于鄖吳人藩衛侯之舍子貢說太宰嚭而不免
之衛侯歸効夷言子之尚幼曰君必不免其死於夷乎執馬而又說其

言從之固矣後卒死於楚魯公作楚宮穆叔曰太誓云人之所欲天必從之君欲楚也夫故作其宮不復適楚必死是宮六月辛巳公薨于楚宮晉侯使郄犨送孫林父于衛衛侯饗之若成叔敖衛大夫甯子曰若成家其亡乎古之饗食也以觀威儀省禍福故詩云兕觥其觩旨酒思柔彼交匪敖萬福來求今夫子敖取禍之道也十七年郄氏亡齊侯與衛侯會于商玉不敬叔向曰二君者必不免會朝禮之經也禮政之輿也政身之守也怠禮失政失政不立是以亂也二十五年齊弒光二十六年衛弒剽也

言性靈者存乎容止斯其大體夫相人先視其面面有五岳四瀆五岳者額為衡山頰頤為恒山鼻為嵩山左權為太山右權為華山四瀆者鼻孔為濟口為河目為淮耳為江五岳欲聳峻負滿四瀆欲深大崖岸成就五岳成者富人也不豐則貧四瀆成者貴人也不成則賤矣

五官六府五官者口一鼻二耳三目四人中五六府者兩行上為二府兩輔角為四府兩權衡上為六府一官好貴十年一府好富十年五官六府皆好富貴無巳左為文右為武也

九州八極九州者額從左達右無縱理不敗絕狀如覆肝者為善八極者登鼻而望八方成形不相傾者為良也

七門二儀七門者兩蘇門兩闕門兩命門一庭中二儀者頭圓法天足方象地天欲得高地欲得厚若頭小足薄貧賤人也七門皆好富貴人也揔而言之夫額為天頤為地鼻為人左目為日右目為月天欲張地欲方人欲深廣日月欲光天好者貴地好者富人好者壽日月好者茂上亭為天主父母貴賤中亭為人主昆弟

妻子仁義年壽下亭爲地主田宅奴婢畜牧飲食也若夫權骨纔起膚色潤澤者九品之候也又曰膂腹相稱臀髀纔厚及高視廣步此皆九品候也夫色須厚重膂須廣長故經曰面如黃瓜富貴榮華白如截脂黑色如漆紫色如椹膂廣而長腹如垂囊行如鵝龜此皆富貴人也凡稱夫公侯將相已下者不論班品也輔骨小見鼻準微端者八品之候也又曰胷背微豐手足悅澤及身端步平者此皆八品之候也夫鼻須洪直而長胷髀須豐厚如龜形手足色須赤白此皆富貴人也故經曰手足如綿富貴終年手足厚好立使在傍也輔角成稜倉庫皆平者七品之候也又曰胷厚頸麤臂脛鏞均及語調顧定者此皆七品之候也夫頸須麤短手臂須纖長語須如篁及鳳此皆貴相也故經曰額角高聳職位優重虎頸圓麤富貴有餘牛顧虎視富貴無比天倉滿得天祿地倉滿豐酒肉也天中豐隆印堂端正者六品之候也又曰腦起身方手厚膂圓及聲清音朗者此皆六品之候也夫人額上連天中下及司空有骨若肉如環者名曰天城周匝無缺者大貴有缺若門者爲三公夫聲者須深實大而不濁小而能彰遠而不散近而不亡餘響激徹似若有篁宛轉流韻能圓能長此善者也宮聲重大沈壅商聲堅勁廣博角聲圓長通徹徵聲抑揚流利羽聲奄藹低曳此謂正聲也伏犀明峻輔角豐穠者五品之

候也又曰頭短背隆乳闊腹垂及䠶行虎步者皆五品之候也夫人腦縫骨起前後長大者將軍二千石領兵相也出髮際為伏犀須聳峻稜利公候相也不用寬平有坎者迍剝有峯者大佳寬平者猶為食祿夫腹須端妍故曰馬腹龐龐玉帛豐穰也邊地高深福堂廣厚者四品之候也又曰頭高面豐長上短下及牛顧龍行者此皆四品候也邊地在額角近髮際也福堂在眉尾近上也夫頭須高大故經曰牛頭四方富貴隆昌虎頭高峙富貴無比象頭高廣福祿長厚犀頭律崒富貴鬱鬱驍頭蒙洪福祿所鍾虎行將軍鷹行大富也犀及司空龍角纖直者三品之候也又曰胷背極厚頭深且尖及志雄體柔者此皆三品候也司空從髮際直下次天庭是也龍角在眉頭也頭頂高深龍犀成就者二品之候也又曰頭骨奇起支節合度及貌傑性安者此皆二品之候也夫容貌懍悑舉止汪翔精爽清澄神儀安定言語審諦不疾不徐動息有恒不輕不躁喜怒不妄發趨捨合物冝聲色不變其情榮枯不易其操此謂神有餘者主得貴位也四倉盡滿骨角俱明者一品之候也頭頸皆好支節俱成及容質姿美顧視澄澈者此皆一品之候也似龍者為文吏似龍者甚貴龍行者為三公也似虎者為將軍虎行者為將軍驛馬骨高為將軍也似牛者為宰輔似馬者為武吏

似馬亦甚貴也似狗者有清官爲方伯似豬似猴者大富貴似鼠者唯富而已凡稱似者謂動靜逰似之若偏似一處乃貧寒者也天中主貴氣平滿者宜官祿也天中最高近髮際發黃色上入正角至高廣叅駕遷刺史牧守黃色如日月在天中左右侍天子也黃色出天中圓大光重者暴見天子經年及井竈有功受封恒有黃氣如懸鍾鼓三公之相也又發黃氣如龍形亦受封也四時官氣發天部如鏡光者暴貴相也天庭主上公大丞相之氣天庭直下次天中有黑子市死司空主天宮亦三公之氣司空直下次天中色惡主上書大凶中正主君羣寮之氣平品人物之司也中正直下次司空色好者連官轉職若司空中正發赤色而歷歷者在中正爲縣官在天庭爲郡官州縣蘭臺尚書各視所部也印堂主天下印綬掌符印之官也印堂在兩眉間微下眉頭少許次中正發赤色如連刀上至天庭下至鼻準爲縣令直關庭發色者長吏也如車輪與輔角相應者大貴印堂一名闕庭也山根平美及有竒骨伏起爲婚連帝室公主聟也山根直下次印堂亦主有勢無勢也高廣主方伯之坐從天中橫列至髮際凡七名高廣位在第三高廣忽發黃色如兩人提鼓者將軍相也陽尺主州

佐之官横次高廣位在第四陽尺亦主少出方伯有氣憂遠行也武庫主兵甲典庫之吏横次陽尺位在第五輔角主遠州刺史之官横次武庫位在第六骨起色好主黃門舍人之官也邊地主邊州之任横次輔角位在第七有黑子落難為奴也日角主公侯之坐從天庭横列至髮際凡八名日角位在第一平滿充直者宜官職房心主京輦之任横次日角位在第二房心左為文右為武骨起宜作人師黃色見房心上至天庭為丞令直見房心而光澤者召為國師也驛馬主急疾之吏横次位在第七驛馬好色應印堂上秋冬得官也額角主卿寺之位從司空横列至髮際凡八名額角横次位第一色紅黃大吉昌也上卿主帝卿之位横次額角上卿躍躍封卿大樂虎眉主大將軍從中正横列至髮際凡九名虎眉横次位在第二發青白色者應行牛角主王之統師小將横次虎眉位在第三亦主封侯食禄成角者更勝於肉也玄角主將軍之相横次位在第五無角者不可求官凡欲知得官在任久不先視年上發色長一分主一年二分二年以此消息則可知也有惡色間之者主其年有事白色遺喪赤色彈奪黑色病青色獄厄天中有氣横干者無官也然官色既久忽有死厄色間之者代人死也若年上有好色如違山出雲

兩觀觀皆通則無慮不達髮際有黃氣為已得官若黑氣未也有黃氣如衣帶發額上遷官益祿也

夫人有六賤頭小身大為一賤 又曰額角陷缺天中窪下亦為一賤經曰額促而迮至老窮厄蚰頭薄曲糟糠不足蚰頭平薄財物寥落格頭尖銳窮厄無計也 目無光澤為二賤 又曰胷背俱薄亦為二賤經曰陷胷薄尻及猴目皆窮相也 舉動不便為三賤 又曰音聲嶂散亦為三賤經曰語聲嘖嘖面部枯燥面毛戎戎無風而塵皆貧賤相也夫聲之惡者麁濁飛散細嗄聊亂聲去則若盡往則不還淺乱澁細沈濁瘦弊舌短脣強蹇吃無響此惡相也夫人不笑似笑不嗔似嗔不喜似喜不畏似畏不醉似醉常如宿醒不愁似愁常如憂戚容貌闕乏如經癎病神色悽愴常如有失舉止慞惶恒如趨急言語澁縮若有隱藏體貌低摧如遭凌辱此並神不足也神不足者多牢獄厄有官隱藏而失有位貶逐而黜者也 鼻不成就準向前低為四賤 又曰眇目斜視亦為四賤經曰人中平滿耳無輪郭皆貧賤相也 脚長胷短為五賤 又曰脣傾鼻曲亦為五賤經曰蚰行雀趨財物無儲鼻柱薄主立諾鼻頭低垂至老獨吹搖胷急步必無所使胷短者則被人奪職也 文策不成脣細橫長為六賤 又曰多言少信亦為六賤經曰口薄人不提攜僻側為人所毀口如炊火至老獨坐舌色白下賤人也舌短貧窮人也凡欲知人是賤者貴處少而賤處多多者廣也少者狹也六賤備具為僕隸

之人

此貴賤存乎骨骼者也 論曰堯眉八采舜目重瞳禹耳三漏文王四乳然則世人亦時有四乳者此則駑馬一毛似驥也若日角月偃之奇龍捿虎踞之美地靜鎮於城堰天關運於掌策金槌玉枕磊落相望伏犀起蓋隱嶙交映井宅既兼倉匱已實斯乃卿相之明效也若深目長頸頹顏蹙齃虵行鷙立猳喙鳥咮筋不束體面無華色手無春荑之柔髮有寒蓬之悴是則窮乏之徵驗也昔姑布子卿謂子貢曰鄭東門有一人其長九尺六寸河目而隆顙其頭似堯其項似皋陶其肩似子產然自腰已下不及禹三寸儽然若喪家之狗河目謂上下匡而長也顙額也漢高祖隆准而龍顏准鼻也顏額顙也兩角為龍角一角為犀角言高祖似龍兩眉額骨高而鼻上隆魏陳留王豐下兊上有堯圖之表陳宣帝頸縝貌若不惠初賤時楊忠見而奇之曰此人虎頭必當大貴後皆果然此貴賤之效也

夫木主春生長之行也 春主肝肝主目目主仁生長敷榮者施恕惠與之意也 火主夏豐盛之時 夏主心心主舌舌主禮豐盛殷阜者富博宏通之義也 金主秋收藏之節也 秋主肺肺主鼻鼻主義收藏聚斂者慳嗇慳鄙之情也 水主冬萬物伏匿之日也 冬主腎腎主耳耳主智伏匿隱弊者邪諂姦佞之懷也 土主季夏萬物結實之月也 季夏主脾脾主脣脣主信結實堅確者貞信謹厚之理也 故曰凡人美眉目好指爪者庶幾好

施人也肝出爲眼又主筋竅爲爪榮於肩藏於魂經曰凡人眉直而頭昂意氣雄強缺損及薄無信人也如弓者善人也眼有光
彩而媚好者性識物理而明哲人也眼光溢出瞼外不散不動瞼又不
急不緩而精不露者智惠人也瞼蹇縮精無光者愚鈍人也眼光不出
瞼者藏情人也加以瞼澁盜視必作偷也若矜睮䁇凡音眣矚娳菓切者蛆嫉人
也急𥈭娳夾切者不嫉妬則虛妄人也盯竹耕切睢睚血者惡性人也瞜睫娳時切閒矘
晃者憨竇呼切貪人也貼丁念切瞜鬙念珉睞娳時中者淫亂人也弥詞矒瞪者姦詐
人也瀌澄撈切鳩巧瞰娳巧者搖強人也羊目盯鳩江瞳娳勅江者毒害人也睢盱眣
爍者回邪人也精色雜而光彩浮淺者心意不定無信人也精清光溢
者聰明人也精沈光定者大膽人也上目眥下眥中深厚氣色穠厚者
有威武亦大膽人也氣色黯眇淺薄人也土地不潔者無威怯懦人也
精紫黑而光彩端定者剛烈人也精潔白而端定者好隱遁人也精多
光而不溢散清澈而視端審者直性人也精黃而光彩澄澈者慕道術
人也點精近上者志意下劣人也點精近下者志意高尚人也點精近
裏者自收斂人也點精近外者傲慢憨人也羊目直視能殺妻子豬目
應澄刑禍相仍鷹視狼顧常懷嫉妒螻目蛄心難得夫指者欲纖穠如
鵝有皮相連者性淳和人也指頭方懟者見事遲人也姸美者囑援人信之惡者人不遵承也
毛髮光澤脣口
如朱者才能學藝人也心出爲舌又主血血竅爲毛髮榮於耳藏於神經曰野狐鬢難期信
毅鬑鬢多狐疑脣急齒露難與爲友脣寬端正出言有章脣口不佳出
言不信口邊無媚好揚人惡口喙如鳥不可與居惡心人也口急緩如

長一　二十二

◎

烏言語皆攝聚者此人多口舌緩急不同少信人也鼻孔小縮准頭低曲者慳悋人也肺出為鼻孔又主皮膚又為氣息藏於魄好鼻者有聲譽鼻柱薄而梁陷者多病厄人也鼻無媚憨惷人也蜣蜋鼻少意智人也耳孔小齒辯細者邪諂姦佞人也腎出為骨又主髓髓窮為耳孔骨窮為齒藏於志經曰耳穴深廣者心虛而識玄耳孔瓢小者無智而不信神理耳邊無媚鄙拙人也耳孔小而骨節曲屈者無意智人也老鼠耳者殺之不死又云鼠耳之人多作偷盜者也耳輪厚大鼻准圓實乳頭端淨頦頤深廣厚大者忠信謹厚人也脾出為肉肉窮為孔又主耳輪准鼻梁頦頤等藏於意經曰夫頭高大者性自在而好凌人頭畀弊者性隨人而細碎故曰鹿頭側長志氣雄強兎頭蔑頭意志下劣懶頭橫闊心意豁達夫頭細而曲者不自樹立人也若色班駮或不潔淨者性隨宜而不堅固夫手纖長者好捨施短厚者好取捨則庶幾取則貪惜故曰手如雞足意智褊促手如豬蹄志意昏迷手如猴掌勤劬伎倆夫背厚闊者剛決人也薄者怯弱人也夫腹端妍者才華人也故曰牛腹婪貪財物自淹蝦蟇腹者懶人也夫胷端美者則樂而能任人也蜥蜴胷者緩人也夫臀踝厚廣者可倚任安穩人也夫蛇行者含毒人也不可與之共事鳥行蹌蹌性行不良似鳥鵲行也鷹行雄烈豺狼行者性麤貪覓利人也牛行性直也馬行猛烈之人也此性靈存乎容止者也范蠡曰越

王爲人長頸鳥喙可與共患難不可與共安樂尉繚曰秦始皇隆准長目鷙膺豺聲少恩信虎狼心居約易出人下得志亦輕食人不可與之久遊叔魚生其母視之曰是虎目而豕心鳶肩而牛腹谿壑可盈是不可厭也晉叔向欲娶於巫臣氏其母不欲曰昔有仍氏生女黰黑而甚美光可以鑑名曰玄妻樂正后夔娶之生伯封實有豕心貪婪無厭忿類無期謂之封豕有窮后羿滅之夔是以不祀且三代之亡皆是物也汝何爲哉夫有尤物足以移人苟非德義則必有禍叔向懼乃止魏安釐王問子從曰馬回梗梗亮直大夫之節吾欲爲相可乎荅曰長目而豕視則體方而心圓每以其法相人千百不失一臣見回非不偉其體幹然甚疑眞目平原君相秦將白起謂趙王曰武安君之爲人也小頭而銳下瞳子白黑分明視瞻不轉小頭而銳下者斷敢行也瞳子白黑分明者見事明也視瞻不轉者執志強也可與持久難與爭鋒王莽大口蹷顄露目赤精聲大而身長七尺五寸反膺仰視瞰臨左右或言莽所謂鴟目虎吻豺狼之聲故噉食人亦當爲人所殺莽後篡漢位後兵敗歸果被殺也夫命之與相猶聲之與響也聲動乎幾響窮乎應必然理矣雖云以言信行失之宰予以貌度性失之子羽然傳稱無憂而戚憂必及之無慶而歡樂必還之此心有先動而神有先知則色有先見故扁

鵲見桓公知其將亡甯叔見巫臣知其竊妻或躍馬膳珍或飛而食肉或早籙晚侯或初刑末王銅巖無以飽生玉饌終乎餓死則彼度表摑骨指色摘理不可誣也故列云尔

論士第七

臣聞黃石公曰昔太平之時諸侯二師方伯三師天子六師世亂則叛逆生王澤竭則盟誓相罰德同無以相加乃攬英雄之心故曰得人則興失士則崩何以明之昔齊桓公見小臣稷一日三往而不得見從者止之桓公曰士之傲爵禄者固輕其主其主傲霸王者亦輕其士從縱夫子傲爵禄吾庸敢傲霸

王乎五往而後得見書曰能自得師者王何以明之

齊宣王見顏斶曰斶前斶亦曰王前議曰夫斶前爲慕勢王前爲趨士與使斶爲慕勢不若使王爲趨士宣王作色曰王者貴乎士者貴乎對曰昔秦攻齊令曰有敢去柳下季壟五百步而樵採者罪死不赦令曰有能得齊王頭者封萬戶侯賜金千溢由是言之生王之頭曾不如死士之壟宣王竟師之

宣王左右曰大王據千乘之地而建千石之鍾東南西北莫敢不服今夫士之高者乃稱匹夫徒步而處於農畝之下則鄙野監門閭里士之賤也亦甚矣斶曰古大禹之時諸侯萬國舜起農畝而爲天子及湯之時諸侯三千當今之世南面稱寡人者乃世四由此觀之非得失之策與稍稍誅滅滅亡無族之時欲爲監門閭里安可得哉易傳不云乎居上位未得其實故無其實而喜其名者削無其德而望其福者約無其巧而受其祿者辱禍必握故曰矜功不立虛願不至此皆夸其名華而無其實德也是以堯有九佐舜有十友禹有五丞湯有三輔自古及今而能虛成

名於天下者無有是以君王無羞亟問不媿下學而成其道老子曰雖貴必以賤爲本雖高必以下爲基是以侯王稱孤寡不穀夫孤寡者困賤下位者也而侯王以自謂豈非以下人而尊貴士與夫堯傳舜舜傳禹周成王任周公旦而世世稱明是以明乎士之貴也諺曰浴不必江海要之去垢馬不必騏驥要之善走士不必賢也要之知道女不必貴種要之貞好何以明之淳于髡謂齊宣王曰古者好馬王亦好馬古者好味王亦好味古者好色王亦好色古者好士王獨不好王曰國無士耳有則寡人亦悅之髡曰古有驊騮騏驥今之無有王選於衆王好馬矣古有豹象之胎今之無有王選於衆王好味矣古有毛嬙西施今之無有王選於衆王好色矣王必待堯舜禹湯之士而後好之則堯舜禹湯之士亦不好王矣魯仲連謂孟常君曰君好士未也常君曰

丈不得士故也對曰君之廄馬百乘無不被繡衣而食菽粟豈有騏驥騄耳哉後宮十妃皆衣縞紵食粱肉豈有毛嫱西施哉色與馬取於今之世士何必待古哉故曰君好士未也張敞與朱邑書曰飢者甘糟糠飽者飫粱肉何則有無之勢異也昔陳平雖賢須魏倩而後進韓信雖奇賴蕭何而後信故士各達其及時之宜若待古之英雋必若伊尹呂望而後薦之則此人不因足下而進矣淮南曰待騕褭飛兔而後駕則世莫乘車矣待西施洛浦而後妃則終身不家矣然不待古之英雋而自足者因其所有而遂用之也語曰瓊艘瑤檝無涉川之用金弧玉弦無激矢之能是以介絜而無政事者非撥亂之器儒雅而乏治理者非翼亮之士何以明之魏無知見陳平於漢王漢王用之絳灌等讒平曰平盜嫂受金漢王讓魏無知無知曰臣之所言者能也陛下所問者行也今有尾生孝己之行而無益於勝負之數陛下假用之乎今楚漢相距臣進奇謀之士顧其計誠足以利國家耳次盜嫂受金又

安足疑哉漢王曰善黄石公曰有清白之士者不可以爵禄得守節之士不可以威刑脅致清白之士修其禮致守節之士修其道何以明之郭隗說燕昭王曰帝者與師處王者與友處霸者與臣處亡國者與廝役處詘指而事之北面受學則百己者至先趨而後息先問而後默則什己者至人趨己趨則若己者至憑几據杖眄視指使則廝役之人至恣睢奮擊呴藉叱咄則徒隸之人至矣此乃古之服道致士者也黄石公曰禮者士之所歸賞者士之所死招其所歸示其所死則所求者至矣何以明之魏文侯太子擊禮田子方而子方不爲禮太子不悅謂子方曰不

識貧賤者驕人乎富貴者驕人乎子方曰貧賤者驕人耳富貴者安敢驕人人主驕人而亡其國大夫驕人而亡其家貧賤者若不得意納履而去安往而不得貧賤乎宋燕相齊見逐罷歸謂諸大夫曰有能與我赴諸侯乎皆執仗排斑默而不對燕曰悲乎何士大夫易得而難用也陳饒曰非士大夫易得而難用君不能用也君不能用則有不平之心是失之於己而責諸人也燕曰其說云何對曰三升之稷不足於士而君鴈鶩有餘粟是君之過一也果園梨粟後宮婦女以相提挃而士曾不得一嘗是君之過二也綾紈綺縠美麗於堂從風而獘士曾不得以爲

緣是君之過三也夫財者君之所輕死者士之所重君不能行君之所輕而欲使士致其所重辟猶鉛刀畜之干將用之不亦難乎宋燕曰是燕之過也語曰夫人同明者相見同聽者相聞德合則未見而相親聲同則處異而相應韓子曰趣捨同則相是趣捨異則相非何以明之楚威王問宋玉曰先生其有遺行歟何士人衆庶不譽之甚宋玉曰夫鳥有鳳而魚有鯨鳳皇上擊九萬里翱翔乎窈冥之上夫蕃籬之鷃豈能與料天地之高哉鯨魚朝發於崑崙之墟暮宿於孟津夫尺澤之鯢豈能與量江海之大哉故非獨鳥有鳳而魚有鯨士亦有之夫聖人瑰琦意行超

然獨處夫世俗之民又安知臣之所爲哉議曰世之善惡難得而知苟非其人莫見其際何者夫文章爲武人所嗤未必鄙也爲楊馬所嗤此眞鄙矣夫人臣爲桀紂所毀未必爲愚也必若堯舜所毀此眞愚矣世之毀譽不足信也故曰不夜出安知有夜行人太公曰智與衆同非人師伎與衆同非國工老子曰下士聞道大笑之不笑不足以爲道故曰凡人所賤聖人所貴信矣哉語曰知人未易人未易知何以明之汗明說春申君春申君悅之汗明欲談春申君曰僕已知先生意矣汗明曰未審君之聖孰與堯春申君曰臣何足以當堯然則君料臣孰與舜春申君曰先生即舜也汗明曰不然臣請爲君中言之君之賢不如堯臣之能不及舜夫以賢舜事聖堯三年而後乃相知也今君一時而知臣是君聖於堯而臣賢於舜也記曰夫驥唯伯樂獨知之若時無伯樂之知即

不容其爲良馬也士亦然矣何以明之孔子厄於陳蔡顔回曰夫子之德至大天下莫能容然夫子推而行之世不我用有國者之醜也夫子何病焉故曰文王明夷則主可知仲尼旅人則國可知穀梁傳曰子既生不免乎水火母之罪也羈冠成童不就師傅父之罪也羈冠謂交五翦髮成童謂八歲已上就師學問無方心至不通身之罪也心至既通而名譽不聞友之罪也名譽既聞有司不舉有司之罪也有司舉之王者不用王者之過也孔子曰夫内行不修己之罪也行修而名不彰友之罪也

論曰行遠道者假於車馬濟江海者因於舟檝故賢士之立功成名因於資而假物者何以明之公輸子能因人主之材木以搆宮室臺榭而不能自爲專屋

狹廬材不足也歐冶能因國君之銅鐵以爲金鑪大
鍾而不能自爲壺鼎盤盂無其用也君子能因人主
之政朝以和百姓潤衆庶而不能自饒其家勢不
便也故舜耕於歷山恩不及州里太公屠牛於朝歌
利不及於妻子及其用也恩流八荒德溢四海故舜
假之堯太公因之周文君子能修身以假道不能枉
道而假財愼子曰騰蛇遊霧飛龍乘雲雲罷霧霽與丘蚓同則失其所乘矣韓子曰千鈞得船則浮錙銖失船則沈非千鈞輕而錙銖重有勢之與無勢自故勢有不可得事有不可成烏獲輕千鈞而重其身非其身而重於千鈞也勢不便也離婁易於百步而難於眉睫非百步近而眉睫遠道不可也語曰夫有國之主不可謂舉國無深
謀之臣闔朝無智策之士在聽察所考精與不精審
與不審耳何以明之在昔漢祖聽聰之主也納陳恢

之謀則下南陽不用婁敬之計則困平城廣武君者策謀之士也韓信納其計則燕齊舉陳餘不用其謀則泜水敗由此觀之不可謂事濟者有計策之士覆敗者無深謀之臣虞公不用宮之奇之謀滅於晉仇由不聽赤章之言亡於智氏蹇叔之哭不能濟崤黽之覆趙括之母不能救長平之敗此皆人主之聽不精不審耳天下之國莫皆不有忠臣謀士也議曰天下無災害雖有賢德無所施才老子曰大道廢有仁義國家昏亂有忠臣淮南子曰未有其功而知其賢者唯堯之知舜也功成事立而知其賢者市人之知舜也陸機曰飛轡西頓則離朱與矇瞍收察懸景東秀則夜光與碔砆匿耀是以才換世則俱因功偶時而並劭以此推之向使殷無鳴條之事則伊尹有莘之媵臣周無牧野之師則太公渭濱之漁者耳豈能勒名帝籍策勳天府乎故曰賢不肖者才也遇與不遇者時也誠哉是言也黃石公曰羅其英雄則敵國窮夫英雄者國

家之幹士民者國家之半得其幹收其半則政行而無怨知人則哲唯帝難之慎哉

政體第八 議曰夫政理得人則興失人則毀故首簡才行次論政體焉

古之立帝王者非以奉養其欲也爲天下之人強掩弱詐欺愚故立天子以齊一之謂一人之明不能徧照海內故立三公九卿以輔翼之爲絕國殊俗不得被澤故立諸侯以教誨之夫教誨之政有自來矣何以言之管子曰措國於不傾之地有德也 周武王問於粥子曰寡人願守而必存攻而必得爲此奈何對曰攻守同道而和與嚴其備也故曰和可以守而嚴不可以守嚴不若和之固也和可以攻而嚴不可以攻嚴不若和之得也故諸侯發政施令政乎於人者謂之文政矣接士而使吏禮恭於人者謂之文禮也聽獄斷刑治仁於人者謂之文誅矣故三文立於政行理守而不存攻而不得者自古至今未之嘗聞尸子曰德者天地萬物得也義者天地萬物之宜也禮者天地萬物體也使天地萬物皆得其宜當其體謂之大仁文子曰

夫人無廉恥不可以治也不知禮義不可以行法也法能殺人不能使人孝悌能刑盜者不能使人有廉恥故聖王在上明好惡以示之經非譽以導之親賢而進之賤不肖而退之刑措不用禮義修而任得賢也又曰夫義者非能盡利天下者也利一人而天下從暴者非能盡害海內者也害一人而天下叛故舉措廢置不可不審也

積於不涸之倉務五穀也晁錯說漢文帝曰今土地人民不減於古無堯湯之水旱而蓄積不及古者何也地有遺利人有餘力生穀之土未盡墾闢山澤之利未盡出遊食之人未盡歸農也當今之務在於貴粟貴粟之道在於使人以粟爲賞罰今募天下之人入粟塞下得以拜爵得以除罪如此則富人有爵農人有錢粟有所餘而國用饒足不過三歲塞下之粟必多矣漢景帝詔曰彫文刻鏤傷農事者也錦繡纂組害女工者也農事傷則饑之本也女工害則寒之原也夫饑寒竝至而能毋爲非者寡矣朕親耕后親桑以奉宗廟為天下先欲天下務農蠶素有畜積以備災害鹽鐵論曰國有沃野之饒而人不足於食者工商盛而本業荒也有山海之貨而人不足於財者不務人用而淫巧衆也

藏於不竭之府養桑麻育六畜也漢景帝詔曰農天下之本也黃金珠玉饑不可食寒不可衣其令郡國勸農桑益種樹可充衣食物吏發人取庸采黃金珠玉者坐贓為盜二千石聽者與罪同申鑒論曰人不畏死不可懼之以罪人不樂生不可勸之以善故在上者先豐人財以定其志也

下令於流水之原令順人心也尉繚子曰令所以一衆心也不審所出則數變

數變則令雖出衆不信也出令之法雖有小過無更則衆不二聽即令行矣尹文子曰文之於武也令有必行有不必行者去貴妻賣愛妾此令必行者也因曰汝無敢恨汝無敢思令不行者也故為人上者必慎所出令焉文子曰治國有常而利人為本政教有道而令行為古也

使士於不諍之官使人各為其所長也孫卿曰相高下序五穀君子不如農人通財貨辨貴賤君子不如賈人設規矩便備用君子不如工人若夫論德而定次量能而授官言必當理事必當務然後君子之所長文子曰力勝其任即舉之不重也能勝其事則為之不難也

明必死之路嚴刑罰也議曰孔子曰上失其道而殺其下非理也故三軍大敗不可斬獄犴不治不可刑何也上教之不行罪不在人故也夫慢令謹誅賊也徵斂無時暴也不誡責成虐也政無此三者然後刑即可也陳道德以先服之猶不可則尚賢以勸之又不可則廢不能以憚之而猶有邪人不從化者然後待之以刑矣袁子曰夫仁義禮制者法之本也法令刑罰者治之末也無本者不立無末者不成何則夫禮教之法先之以仁義示之以禮讓使之遷善日用而不知儒者見其如此因為治國不須刑法不知刑法承於下而後仁義興於上也法令者賞善禁淫居理之要商韓見其如此因曰治國不待仁義為體故法令行於下也故有刑法而無仁義則人怨怨則怒也有仁義而無刑法則人慢慢則姦起也本之以仁成之以法使兩道而無偏重則治之至也故仲長子曰昔秦用商君之法張彌天之網然陳涉大呼於沛澤之中天下嚮應人不為用者怨毒結於天下也

桓範曰桀紂之用刑也或脯醢人肌肉或刳割人心腹至乃叛逆衆多卒用傾危者此不用仁義爲本者也故曰仁者法之恕義者法之斷也是知仁義者乃刑之本故孫子曰令之以文齊之以武是謂必取此之謂矣

開必得之門信慶賞也

呂氏春秋曰夫信立則虛立可以賞矣六合之內皆可以爲府矣人主見此論者其王久矣人臣知此論者可以爲王者佐矣徐幹中論曰天生蒸人其情一也刻肌虧體所同惡也被立垂藻所同好也此二者常在而人或不理其身有由然也當賞者不賞而當罰者不罰則爲善者失其本望而疑其所行則爲惡者輕於國法而怙其所守苟如是雖日用斧鉞於市而人不去惡矣日賞賜爵祿於朝而人不興善矣蜀張裔謂諸葛亮曰公賞不遺遠罰不阿近爵不以無功取刑不可以勢貴免此賢愚之所以僉忘其身也

不爲不可成量人力也

文子曰夫債少易償也職寡易守也任輕易勸也上操約少下效易爲之功是以爲君爲臣久而不相厭也末世之法高爲量而罪不及重爲任而罰不勝危爲難而誅不敢人困於三責卽飾智以詐上雖峻法嚴刑不能禁其姦也新語曰秦始皇設刑法爲車裂之誅築城域以備胡越事愈煩下愈亂法愈衆姦愈縱秦非不欲治也然失之者舉措太衆刑罰太極故也

不求不可得不強人以其所惡也

故其稱曰政者政之所行在順人心政之所廢在逆人心夫人惡憂勞愛逸樂逸樂之人惡貧賤富貴之人惡危墜存安之人惡絕滅生生者育之能逸樂之則人恐之憂勞能富貴之則人恐之貧賤能存安之則人恐之

危墜能生育之則人恐之絕滅故從其四欲則遠者自親行其四惡則近者以叛晏子曰謀度於義者必得事因於仁者必成反義而行背仁而動未聞能成也呂氏春秋曰樹木茂則禽獸歸之水泉深則魚鼈歸之人主賢則豪傑歸之故聖主不務歸之者而務其所歸故曰強令之笑不樂強令之哭不悲強之為道可以成小而不可成大也

不處不可久不偷取一世宜也

董仲舒論安邊之策欲令漢與匈奴和親又取匈奴愛子為質班固以匈奴桀驁每有人降漢輒亦拘留漢使以相報復安肯以愛子為質孝文時妻以漢女而匈奴屢背約束昧利不顧安在其不弃質而失重利也夫規事建議不圖萬世之固而媮恃一時之事者未可以經遠晁錯說漢文帝令人入粟塞下得以拜爵得以贖罪上從之荀悅曰聖人之政務其綱紀明其道義而已若夫一切之計必推其公議度其時宜不得已而用之非有大故弗由之也

知時者可立以為長

范蠡曰時不至不可強生事不究不可強成管子曰聖人能輔時不能違時語曰聖人修備以待時也

審於時察於用而能備官者可奉以為君

議曰孫卿曰盜王者之法與王者之人為之則亦王矣盜霸者之法與霸者之人為之則亦霸矣盜亡國之法與亡國之人為之則亦亡矣夫與積禮義之君子為之則王矣與端誠信令之士為之則霸矣與權謀傾覆之人為之則亡矣三者明主之所謹擇此能察於用也管子曰大位不仁不可授以國柄見賢不讓不可與尊位罰避親戚不可使主

兵不好本事不可與都邑又曰使賢者食於能則上尊崇鬭士食於功
則卒輕死使二者設於國則天下理傅子曰凡都縣之考課有六一曰
以教課治則官慎德二曰以清課本則官慎行三曰以才課任則官慎
舉四曰以役課平則官慎事五曰以農課等則官慎務六曰以獄課訟
則官慎理此能備官也故曰明版籍審什伍限夫田定刑名立君
長急農桑去末作敦學斆核才藝簡精悍修武備
嚴禁令信賞罰糾游戲察苛剋此十五者雖聖人復
起必此言也夫欲論長短之變故立政道以爲經焉

長短經卷第一

杭州淨戒院新印

長短經卷第二

君德第九

夫三皇無言化流四海故天下無所歸功伏羲女媧神農稱三皇也帝者體天則地有言有令而天下太平君臣讓功四海化行百姓不知其所以然故使臣不用禮賞功美而無害黃帝者順天地之紀時播百穀懃心力耳目節用水火時物有土德之瑞故號黃帝顓頊者養材以任地載時以象天依鬼神以制義治氣以教化潔誠以祭祀動靜之物大小之神日月所照莫不砥礪高辛者取地之財而節用之撫教萬人而利誨之曆日月而迎送之明鬼神而敬事之其色郁郁其德嶷嶷帝堯者其仁如天其智如神就之如日望之如雲富而不驕貴而不舒虞舜者善無微而不著惡無隱而不彰任自然以誅賞委群心而就制故能造御乎無爲運道於至和百姓日用而不知合德若自有者此五帝德也王者制人以道降心服志議曰韓信云項王所過無不殘滅百姓不親特劫於威強服耳名雖爲霸實

失天下心故曰其強易弱諸葛亮曰荊州之人附操者逼兵勢耳非心服今將軍誠命猛將與豫州協規同力破操軍必矣由此言之人心不服其勢易破故王者之道降心服志也設矩備衰有察察之政兵甲之備而無爭戰血刃之用天下太平君無疑於臣臣無疑於主國定主安臣以義退亦能美而無害昔三代明王啓建洪業文質殊制而令名一致故曰夏人尚忠忠之弊也朴救朴莫若敬殷人革而修焉敬之弊也鬼救鬼莫若文周人矯而變焉文之弊也薄則又反之於忠三代相循如水濟火所謂隨時之宜救弊之術此三王之德也霸主制士以權結士以信使士以賞信衰士疏賞毀士不爲用左傳曰楚圍宋宋如晉告急先軫曰報施救患取威定霸於是乎在矣狐偃曰楚始得曹而新昏於衞若伐曹衞楚必救之則齊宋免矣於是乎蒐于被廬作三軍謀元帥使郤縠將中軍晉侯始入而教其民二年欲用之子犯曰人未知義未安其居於是乎出定襄王入務則利人人懷生矣將用之子犯曰人未知信未宣其用於是乎伐原以示信人易資者不求豊焉明徵其辭公曰可矣子犯曰民未知禮未生其恭於是乎大蒐以示之禮作執秩以正其官人聽不惑而後用之出穀戍釋宋圍一戰而霸文之教也此五霸德也故曰理國之本

刑與德也二者相須而行相待而成也天以陰陽成歲人以刑德成治故雖聖人爲政不能偏用也故任德多用刑少者五帝也刑德相半者三王也杖刑多任德少者五霸也純用刑強而亡者秦也議曰古之理者其政有三王者之政化之霸者之政威之強國之政脅之故化之不變而後威之威之不變而後脅之脅之不變而後刑之故至於刑則非王者之所貴矣故虞南云彼秦皇者弃仁義而用威力此可以吞併而不可以守成此任刑之弊也或曰王霸之道既聞命矣敢問高光二帝皆拔起壠畝芟夷禍難難遂開王業高祖豁達以大度光武謹細於條目各擅其美龍飛鳳翔故能撥亂庇人拯斯塗炭然比大德方天威孰爲優劣乎曹植曰昔漢之初興高祖因暴秦而起遂誅強楚光有天下功齊湯武業流後

◎

嗣帝王之元勳人君之盛事也然而名不純德行不純道身没之後崩亡之際果令凶婦肆酷虐之心嬖妾被人彘之刑趙王幽囚禍殃骨肉諸吕專權社稷幾移凡此上事豈非高祖寡計淺慮以致斯哉然其梟將畫臣皆古今之所鮮有歷代之希覩攸能任其才而用之聽其言而察之故兼天下而有帝位也世祖體乾靈之休德禀貞和之純精蹈黄中之妙理韜亞聖之懿才其為德也聰達而多識仁智而明恕重慎而周密樂施而愛人值陽九無妄之世遭炎精厄會之運殷爾雷發赫然神舉奮武略以攘暴興義兵以掃殘軍未出於南京莽已斃於東都爾乃廟勝而

後動衆討定而後行師故攻無不陷之壘戰無奔北之卒寬仁以和衆邁德以來遠故賓融聞聲而影附馬援一見而歎息敦睦九族有唐虞之稱高尚純朴有羲皇之素謙虛納下有吐握之勞留心庶事有日昃之勤是以計功則業殊比隆則事異旌德則靡愆言行則無穢量事則勢微論輔則臣弱卒能效乾圖之休徵立不刊之遐跡金石銘其休烈詩書載其懿勳故曰光武其優也荀悅曰高祖起於布衣之中奮劍而取天下不由唐虞之禪不階湯武之士龍興虎變卒從風雲征亂伐暴廓清帝宇八載之間海內克定遂荷天衢登建皇極上古已來書籍所載未嘗有也非雄俊之才寬明之略歷數所授神祇所相安能致功如此焚魚斷蛇異物同符豈非精靈之感哉書曰天功人其代之易曰湯武革命順乎天而應乎人斯之謂矣夏正忠忠之弊野朴故殷承之以敬敬之弊鬼故周承之以文文之弊薄救薄莫若忠三王之道周而復始周秦之間

可謂文弊秦不改反酷刑漢承其弊得天統矣孔融曰周武從后稷已來至其身相承積十五世但有魚鳥之瑞至如高祖一身脩德瑞有四五白虵分神母哭西入關五星聚又武王伐紂斬而梟之高祖入秦赦子嬰而遺之是其寬裕又不如高祖虞南曰帝者與師處王者與友處霸者與臣處漢祖之臣三傑是也光武之佐二十八將是也豈得以鄧禹吴漢匹於張良韓信者乎然漢祖功臣皆以強臧誅滅光武佐命悉用優祿安全君臣之際良可稱也絶長補短抑其次焉由此言之夫漢高克平秦項開創漢業衣冠禮樂垂之後代雖未階王道霸德之盛也

或曰班固稱周云成康漢言文景斯言當乎虞南曰成康承文武遺跡以周召爲相化篤厚之氓因積仁之德疾風偃草未足爲喻至如漢祖開基日不暇給亡嬴之弊猶有存者太宗體兹仁恕式遵玄默滌秦項之酷烈反軒昊之淳風幾致刑厝斯爲難矣若使不溺新垣之説無取鄧通之夢懍懍乎庶幾近於王道景帝之擬周康則尚有

懋德漢文贊曰文帝即位二十三年宮室苑囿車騎服御無所增益有不便輒弛以利人南越尉他自立爲帝召貴他兄弟以德懷之他遂稱臣與匈奴結親而背約入盜令邊備守不發兵深入惡煩百姓吳王詐病不朝賜以机杖群臣諫說雖切常假借納用焉張武等受賂金錢覺加賞賜以愧其心專務以德化人是以海内殷富興於禮義斷獄數百幾致刑措嗚呼仁哉或問傳子曰漢太宗除肉刑可謂仁乎對曰匹夫之仁也夫王天下者大有濟者也非小不忍之謂由此言之班固以太宗爲仁不在除肉刑矣景帝贊曰孔子稱斯人也三代之所以直道而行信哉周秦之弊罔密文峻而姦宄不勝漢興埽除煩苛與人休息至于孝文加之以恭儉孝景遵業五六十載之間至於移風易俗黎人醇厚周云成康漢言文景美矣哉此王道也或曰漢武帝雄才大略可方前代何主虞南曰漢武承六世之業海内殷富又有高人之資故能總攬英雄駕御豪傑内興禮樂外開邊境制度憲章煥焉可述方於始皇則爲優矣至於驕奢暴虐可以相亞並功有餘而德不足武帝贊曰漢承百王之弊高祖撥亂反政文景務在養人至于稽古禮文之事猶多闕焉孝武初立卓然

罷黜百家表章六經遂疇咨海内舉其俊茂與之立功興太學脩郊祀改正朔定歷數協音律作詩樂建封禪禮百神紹周後號令文章煥焉可述後嗣得遵洪業而有三代之風如武帝之雄材大略不改文景之恭儉以濟斯人雖詩書所稱何有加焉推此而言之彼漢武秦皇皆立功之君非守成之主也昔周成以穉子繼統而有管蔡四國之變漢昭幼年即位亦有燕蓋上官逆亂之謀成王不疑周公漢昭委任霍光二主孰爲先後魏文帝曰周成王體聖考之休氣稟賢妣之胎誨周邵爲保傅呂望爲太師口能言則行人稱辭足能履則相者導儀目厭威容之美耳飽德義之聲所謂沉漬玄流而沐浴清風矣猶有咎悔聆二叔之謗使周公東遷皇天赫怒顯明厥咎然後乃寤不亮周公之聖德而信金縢之教言豈不暗哉夫漢昭父非武王母非邑姜

養惟蓋主相則桀光保無仁孝之質佐無隆平之治所謂生於深宫之中長於婦人之手然而德與性成行與體并在年二七早知夙達發燕書之詐亮霍光之誠豈將啓金縢信國史而後乃寤哉使成昭鈞年而立易世而化賢臣而治換樂而歌則漢不獨少周不獨多也大將軍霍光及上官桀秉政桀害光寵欲誅之乃詐爲帝兄燕王旦上書稱光行上林稱蹕等事帝不信

或曰漢宣帝政事明察其光武之儔歟虞南曰漢宣起自閭閻知人疾苦是以留心聽政擢用賢良原其循名責實峻法嚴令蓋流出於申韓也古語云圖王不成弊猶足霸圖霸不成弊將如何光武仁義圖王之君也宣帝刑名圖霸之主也今以相輩恐非其

儔議曰元帝之爲太子常諫宣帝以爲持法太嚴帝作色曰我漢家以霸王之道雜之柰何純任德化用害政乎雖以此言之知其量度不遠然寬猛之制有自來矣昔高祖入秦約法三章秦人大悅此言緩刑之美也郭嘉説曹公云漢末政失於寬紹以寬濟故不攝公糾之以猛而上下知制此言嚴刑之當也故傳曰政寬則人慢慢則糾之以猛猛則人殘殘則施之以寬寬以濟猛猛以濟寬政是以和書曰刑罰世輕世重周禮曰刑新國用輕典刑亂國用重典刑平國用中典由此觀之但問時代何如耳嚴刑惡足小哉或曰漢元帝才藝温雅其守文之良主乎虞南曰夫人君之才在乎文德武功而已文則經天緯地詞令典策武則禁暴戢兵安人和衆此南面之宏圖也至於鼓瑟吹簫和聲度曲斯乃伶官之職豈天子之所務乎議曰元帝多才藝善鼓琴瑟雖如此非善之善也何則徐幹中論曰夫詳小事而略大道察近物而暗遠數自古及今未有如此而不亂也未有如此而不亡也所謂詳小事察近物者謂耳聰於絲竹歌謠之和目明於彫琢彩色之章口給於辯惠切對之辭心通於短言小說之文手習於射御書數之巧也所謂遠數大道者謂仁足以覆燾群生惠足以撫養百姓明足以照見四方智足以統理

萬物權足以應變無端義足以阜生財用威足以禁遏姦非武足以平定禍亂詳於聽受而審於官人達於興發之原通於安危之分如此則君道畢矣昔魯莊多伎藝詩人刺之魯昭善容儀有出奔之禍由是言之使人主視如離婁聽如師曠射如夷羿書如史籀可謂善於有司之職何益於理乎匡衡諫元帝改政書曰受命之王務在創業垂統傳之無窮繼體之君必存於承宣先王之德而褒大其功今陛下聖德天覆子愛海內然陰陽未和姦邪未禁者殆議論者未丕揚先帝之盛功爭言制度不可用臣竊恨國家釋樂成之業而虛爲此紛紛也願陛下詳覽統業之事此守文也

或曰觀僞新王莽謙恭禮讓豈非一代之名士乎至作相居尊驕淫暴虐何先後相背甚乎虞南曰王莽天姿慘酷詐僞人也未達之前徇名求譽得志之後矜能傲物餝情既盡而本質存焉愎諫自高卒不改寤海內寃酷爲光武之驅除焉班固曰王莽始起外戚折節力行以要名譽哀成之際勤勞國家直道而行動見稱術豈所謂在國必聞在家必聞色取仁而行違之者也莽既非仁而有邪佞之材又承四父世業之權遭漢中微國統三絕而太后壽考爲之宗主故得肆其

卷二　六

姧匿以成簒盜之禍推此言之亦有天時非人力所致及其竊位南面處非所據顛覆之勢險於桀紂而莽晏然自謂皇虞復出也乃矜其威詐滔天虐人是以海內囂然喪其樂生之心內外怨恨遠近俱發城池不守支體分裂遂令天下城邑爲墟自書傳所載亂臣賊子無道之人未有如莽之甚者也紫色蠅聲餘分閏位爲聖王之驅除云吳王孫權論呂蒙曰子明少時孤謂不辭劇易果敢有膽而已長大學問開益籌略奇至可以次於公瑾呂取關羽勝於子敬子敬荅孤書云帝王之起皆有驅除羽不足忌此子敬內不能辦而外爲大言耳孤亦恕之不苟責也此驅除之意也

夏少康漢光武皆中興之君孰者爲審虞南曰此二帝皆興復先緒光啓王業其名則同其實則異何者光武之世籍思亂之民誅殘賊之莽取亂侮亡爲功差易至如少康則夏氏之滅已二代矣羿及寒浞藐然遺體身在胎孕母氏逃亡生於他國不及過庭之訓曾無強近之親遭離亂之難庇身非所而能踦跂於喪亂之間遂成配天之

業中興之君斯爲稱首魏高貴鄉公問荀顗曰有夏既衰后相殆滅少康收輯夏衆復禹之績高祖拔起隴畝芟夷秦項考其功德誰爲先後顗等曰造之與因難易不同少康功德雖美猶爲中興漢世祖同流可也至如高祖臣等以爲復上曰少康先於滅亡之後降爲諸侯之隸能布其德而兆有其謀卒滅兵戈復禹之績祀夏配天不失舊物非至德弘仁豈能濟斯勳乎漢祖因土崩之勢杖一時之權爲人子則數危其親爲人君則因賢相爲人父則不能衛其子身沒之後社稷幾傾若與少康易時而處或未能復大禹之績也推此言之宜高夏康而下漢祖矣後漢衰亂由於桓靈二主凶德誰則爲甚虞南曰桓帝赫然奮怒誅滅梁冀有剛斷之節焉然閹人擅命黨錮事起非乎亂階始於桓帝古語曰天下嗷嗷新主之資也靈帝承疲民之後易爲善政黎庶傾首咸冀中興而帝襲彼覆車毒逾前輩傾覆宗社職帝之由天年厭世爲幸多矣議曰桓帝問侍中爰延曰朕何如主也對曰漢中主何者尚書令陳蕃任事則理中常侍

卷二　七

黃門豫政則亂是以知陛下可與爲善可與爲非此中主之謂也虞南曰夫岷江初發其源可以濫觴及其遠也方舟而後能濟元帝之時而任弘業石顯豎於桓靈加以單超張讓[illegible]斁彝倫遂傾宗國其所由來者漸矣故曰熒熒不滅炎炎奈何言愼其始也嗚呼百代之後其鑒之哉古語曰寒者易爲衣飢者易爲食鼂錯云夫國富強而鄰國亂者帝王之資由此言之是知昏亂之君將以開聖德矣自炎精不競寓縣分崩曹孟德挾天子而令諸侯劉玄德憑蜀漢之阻孫仲謀負江淮之固三分天下鼎足而立皆肇開王業光啓霸圖三方之君孰有優劣虞南曰曹公兵機智算殆難與敵故能肇迹開基居中作相實有英雄之才矣然譎詭不常雄猜多忌至於殺伏后鴆荀彧誅孔融戮崔琰婁生斃於一言桓邵勞於下拜棄德任刑其虐已甚坐論西伯實非其人許邵所謂治世之能臣亂世之姦雄斯言爲當

劉公待劉章以賓禮委諸葛而不疑人君之德於斯
爲美彼孔明者命世之奇才伊吕之儔匹臣主同心魚
水爲譬但以國小兵弱斗絶一隅支對二方抗衡上國
若使與曹公易地而處騁其長筭肆關張之武盡
諸葛之文則霸王之業成矣孫主因縣兄之資用前
朝之佐不以天險僅得自存比於二人理弗能逮陳壽云劉
備機權幹略不逮魏武所以基宇亦狹張輔曰何爲其然夫撥亂之
主當先以收相獲將爲本一身善戰不足恃也諸葛孔明達理知變
殆王佐之才玄德無强盛之勢而令委曾關羽張飛皆人傑也服而使
之夫明暗不相爲用能否不相爲使武帝雖處安强不爲之用也況在
危急之間乎若令玄德據有中州將與周室比隆豈徒二傑而已魏
帝問吳使趙咨曰吳王何等主也咨對曰聰明仁智雄略之主也帝問
其狀咨曰納魯肅於凡品是其聰也拔吕蒙於行陣是其明也獲于
禁而不害是其仁也取荊州兵不血刃是其智也據三州虎視天下
是其雄也屈身於陛下是其略也孫策不詹甚呼第權曰舉江東
之衆决機於兩陣之間與天下爭衡卿不如我舉賢任能各盡

卷二　八

其才以保江東我不如卿陳壽云孫權屈身忍辱任才尚計有勾踐之奇人之傑也故能自擅江表成鼎峙之業晉宣帝雄謀妙筭諸葛亮冠世奇才誰爲優劣虞南曰宣帝起自書生參佐帝業濟世危難克清王道文武之略實有可稱而多杖陰謀弗由仁義猜忍詭伏盈諸襟抱至如示謬言於李勝委鞫獄於何晏愧心負理君子不爲以此僞情行之萬物若使力均勢敵俱會中原以仲達之姧謀當孔明之節制恐非儔也吴張微默記論諸葛亮司馬宣王二相優劣曰漢朝傾覆天下分崩二公並遭值際會託身明主孔明起蜀漢之地蹈一州之土方之大國蓋有九分之一也提步卒數万長驅祁山慨然有飲馬河雒之志仲達據天下十倍之地杖兼并之衆據牢城擁精鋭無擒敵之意務自保而已使彼孔明若此而不亡則涼雍不解甲中國不釋鞍勝負之勢亦已決矣以之司馬不亦優乎或曰晉景文兄弟孰賢魏明帝崩立養子齊王芳遺詔使曹爽與司馬宣王輔政宣王誅爽自專政宣

王懿子景王名師字子元代立輔政廢齊王芳立高貴鄉公景王懿弟文王名昭字子上又代立輔政殺高貴鄉公立陳留王從陳留王以魏禪晉武帝名炎字安世即位平吳天下一統及子惠帝立天下大亂五胡入中原矣

虞南曰何晏稱惟深也故能通天下之志夏侯太初是也惟幾也故能成天下之務司馬子元是也故知王佐之才著於早日及誅爽之際智略已宣欽儉稱兵全軍獨克此足見其英圖也雖道盛三分而終身北面威名振主而臣節不虧侯服歸全於斯爲美太祖嗣興克寧禍亂南定淮海西平庸蜀役不踰時厥功爲重及高貴纂曆聰明夙智不能竭忠協贊擬跡伊周遂乃僞謗士彥委罪成濟自貽逆節終享惡名斯言之玷不可磨也

干寶晉惣論曰昔宣帝以雄才碩量應運而仕值魏太祖創基之初籌畫軍國嘉謀屢中遂服輿軫驅馳三世性深阻有城府而能

寛綽以容納行任數以御物而知人善採拔故能西擒孟達東舉公孫淵内夷曹爽外襲王陵毌丘諸葛亮節制之兵而東支吳人輔車之勢於是百姓與能大象始構矣世宗承基太祖繼業玄豐亂内欽誕寇外潛謀雖密而在機必兆淮浦再擾而許洛不震咸黜異圖用光前烈然後推轂鍾鄧長驅庸蜀三關電掃劉禪入臣天符人事於是信矣始當非常之禮終受備物之錫至於世祖遂享皇極仁以厚下儉以足用和而不弛寛而能斷故人詠惟新四海悦勸矣況舟三峽介馬桂陽役不二時江湖來同夷吳蜀之壘垣通二方之險塞太康之中天下書同文車同軌雖太平未洽亦足以明吏奉其職人樂其生百代之一時也武皇既崩山陵未乾而楊駿被誅母后廢黜朝士舊臣夷滅者數十族尋以二公楚王之變宗子無維城之助而閼伯實沉之隙歲構師尹無具瞻之貴而顛墜戮辱之禍日有方岳無均石之鎮關門無結草之固李辰石冰傾之於荆楊劉淵王弥撓之於青冀二十餘年而河洛爲墟戎羯稱制二帝失尊山陵無所何哉樹立失權託附非才四維不張而苟且之政多也故觀阮籍之行而覺禮教崩弛之所由察庾純賈充之事而見師尹之多僻思郭欽之謀而寤戎狄之有釁校傅玄之奏錢神之論而覩寵賂之彰民風國勢如此雖以中庸之才守文之主治之辛有必見之於祭祀季札必得之於樂聲范燮必爲之請死賈誼必爲之痛哭又況我惠帝以蕩蕩之德而臨之哉淳耀之烈未渝故大命重集于中宗元皇帝也

東晉自元帝已下何主爲賢虞南曰晉自遷都江左

强臣擅命，垂拱南面，政非己出。王敦以盤石之宗，居上流之要，負才矜地，志懷問鼎，非肅祖之明斷，王導之忠誠，則晉祚其移於王氏矣。若使降年永久，仗任群賢，因湮淵之遺黎，乘劉石之衰運，則克復中原不難圖也。（元帝值天下崩離，創立江左。後肅祖即位，大將軍王敦威震内外，將謀爲逆。帝与王導、温嶠等決計征敦，敦敗死也。）

或曰：僞楚桓玄有奇才遠略，而遂至滅亡，何也？（桓玄字敬道，父温，大司馬。玄傳綜術藝，以雄豪自處。晉安帝以爲丞相，封楚王，遂禪位。）虞南曰：夫人君之量，必虚己應物，覆載同於天地，信誓擬於暄寒，然後万姓樂推而不厭也。彼桓玄者，蓋有浮狡之小智，而無含弘之大德，值晉末衰亂，威不逮下，故玄得肆其爪牙，以僥倖之餘而逢神武之運，至於夷滅，固其宜也。（鬻子曰：發政施令爲天下福者謂之

道上下相親謂之和民不求而得所欲謂之信除天下之害者謂之仁仁与信和与道帝王之器也由此言之豪雄小智何益於樂推哉

宋祖誅滅桓玄再興晉室梁代裴子野優之於宣武其事云何虞南曰魏武曹騰之孫累葉榮顯濯纓漢室三十餘年及董卓之亂乃與山東俱起誅滅元凶曾非己力晉宣歷任卿相位極台鼎握天下之圖居既安之勢奉明詔而誅逆節建領爲譬未足喻也宋祖以匹夫提劒首創大業旬月之閒重安晉鼎居半州之地驅一郡之卒斬譙縱於庸蜀禽姚紹於崤函剋慕容超於青部梟盧循於嶺外戎旗所指無往不捷觀其豁達則漢祖之風制勝胷襟則光武之匹惜其祚短志未可量此爲優矣裴子野曰宋武皇帝奇跡多於魏武大德厚於晉宣

拔足行間却孫恩蟻聚之衆奮臂荆郢掃桓玄盤石之宗方軌長驅則三齊無堅壘迴戈內赴則五嶺靡餘妖命孫季高於巨海之上而番禺席卷擢朱齡石於百夫之下而庸蜀來王羌胡畏威友爲表裏董率虎旅以事中原然後請呼上帝步驟前王光有帝圖謂之義取者也又曰桓彭道有文武奇才志雪餘耻校動離亂之中奄有天下而不血刃既而嘯命六合規模進取未及踰年坐盜社稷自以名高漢祖事捷魏晉恩專其侈以冀恭己若王謐桓謙以人望鎮領袖王綏謝混以後進相光輝群從兄弟方州連郡民駭其速而服其強無異望矣高祖于時朱方之一匹夫也無千百之衆糾合同盟雷擊二州未及半旬蕩清京邑号令群后長驅江漢摧亡楚於匪隙拔衰晉於已頹自軒轅以來用兵之疾未始有也自非雄略不世天命底止焉能若此者乎於是人知彼暨而王迹興矣

宋孝武明帝二人孰賢虞南曰二帝殘忍之性異體同心誅戮賢良剗剪枝葉內無平勃之相外闕晉鄭之親以斯大寶委之昏穉故使齊民乘釁宰制天下未踰歲稔遂移龜玉纖縢雖固適爲大盜之資百慮同失可爲長歎鼎祚傾淪非不幸也孝武名駿文帝第三子爲江州刺史弟劭既殺逆帝与顏竣於江州起義征邵平之明帝名彧文帝第十八

子即位盡殺孝武諸子務爲彫飾天下騷然崩子昱立無道蕭道成殺之齊建元永明之間號爲治世誠有之乎虞南曰齊高創業之主知稼穡之艱難且立身儉素務存簡約武帝則留意後庭彫飾過度然能委任王儉憲章攸出禮樂之盛咸稱永明宰相得人於斯爲美議曰子言衞靈公之無道康子曰夫如是奚爲不喪孔子曰仲叔圉治賓客祝鮀治宗廟王孫賈治軍旅夫如是奚其喪此言委任有德之美也田單相齊過淄水有老人涉淄而寒田單解裘而衣之襄王惡之曰田單之厚施將欲以取我國乎不早圖恐後之此言委任有德之惡也故齊侯惡陳氏厚德晏子謂齊侯曰在禮家施不及國大夫不收公利可以止之齊襄惡田單厚施貫珠者謂襄王曰王不如嘉單之善令曰寡人憂人之飢也單收而食之寡人憂人之寒也單解裘而衣之稱寡人意單有是善而王嘉之善單之善亦王之善也後里閭相与語曰田單之愛人乃王之教也夫收臣下之權宜如晏子及貫珠者昔漢祖疾甚呂后問爲相曰曹參可問其次曰王陵可然少戇陳平可以助之陳平智有餘然難獨任周勃厚重少文然安劉氏者必勃也可令爲太尉宋高祖大漸誡太子曰檀道濟雖有幹略而無遠志徐羨之傅亮當無異圖謝晦常從征伐頗識機變若有同異必此人也可以會稽處之夫任用賢能宜如漢高及宋祖矣宋

齊二代廢主有五並驕淫狂暴前後如一或身被賊殺或傾隊宗社豈厥性頑凶自貽非命將天之所棄用亡大業乎虞南曰夫上智下愚特稟異氣中庸之才皆由訓習自宋齊已來東宮師傅備員而已貴賤禮隔規獻無由多以位升罕由德進此五君者稟凡庸之性無周召之師遠益友之箴規狎宵人之近習以斯下質生而楚言覆國亡身理數然也議曰賈生云昔成王幼在襁抱之中召公爲太保周公爲太傅太公爲太師師其身體傅傅之德義師導之教訓此三公之職也又置三少曰少傅少保少師是与太子宴者也乃孩抱有識三公三少固明孝仁禮義以導習之逐去邪人不使見惡行選天下之端士孝悌博聞有道術者以翼衛之使與太子居處故太子乃生見正事聞正言行正道左右前後皆正人也夫習与正人居不能無正猶生長齊地不能不齊言也習与不正人居猶生長楚地不能不楚言也秦使趙高傅胡亥而教之獄所習者非斬劓人則夷人之三族也故胡亥今日即位明日射人忠諫者謂之誹謗深計者謂之妖言視

殺人爲刈草菅然豈胡亥之性惡哉彼其所以導之者非其理也晉惠帝太子遹有罪閻纂上書諫曰臣伏念遹長養深宮沉淪富貴受饒先帝父母驕之每見選師傅下至群吏率取高梁擊鐘鼎食之家希有寒門儒素如衛綰周文洗馬舍人亦無汲黯鄭莊之比遂使不見事父君之道古禮太子以士禮与國人齒欲令知賤然後乃貴自頃東宮亦微太盛所以致敗非但東宮諸王師友文學亦取豪族力能得者豈有切瑳能相長益令遹言語勃逆受罪之日不失子道尚可重選師傅置遊談文學皆選寒門孤宦以學行自立者乃涉履艱難名行素立者使与遊處絕貴戚子弟輕薄賓客但通古今孝子慈親忠臣事君及思愆改過皆聞善道庶幾可全由此觀之故知太子者選左右俾喻教之最急也

梁元帝聰明才學克平禍亂而卒致傾覆何也元帝梁武第七子名繹爲荊州刺史破侯景都荊州爲西魏萬紐于謹來伐執帝害之虞南曰梁元聰敏伎藝才兼文武杖順伐逆克雪家冤成功遂事有足稱者但國難之後傷夷未復信強寇之甘言襲褊心於懷楚蕃屏宗支自爲讎敵孤遠懸僻莫與同憂身亡祚滅生人塗炭舉鄢郢而棄之良可惜也議曰淮南子云夫仁智才之美者也

所謂仁者愛人也所謂智者知人也愛人則無虐刑知人則無亂政此三代所以昌也智伯有五過人之才而不免於身死人手者不愛人也齊王建有三過人之巧而身虜於秦者不知賢也故仁莫大於愛人智莫大於知人二者不立雖察慧捷巧不免於亂矣或曰周武之雄才武略身先士卒若天假之年盡其兵筭必能平宇內爲一代之明主乎虞南曰周武驍勇果毅有出人之略觀其卑躬厲士法令嚴明雖勾踐穰苴無聞於天下此猛將之任非人君之度量也由此觀之夫撥亂之主當先以收相獲將爲本一身善戰不足恃也故劉向曰知人者王道也知事者臣道也伎藝善戰何益哉

後齊文宣帝狂勃之跡桀紂之所不爲而國富人豐不至於亂亡何也宣帝名洋後齊高歡第二子受後魏禪也虞南曰昔齊桓奢淫亡禮人倫所棄假六翮於仲父遂伯諸侯宣武帝鄙穢忍虐古今無比委萬機於遵彥保全宗國以其任用得才所以社稷猶存者也議曰殷有三仁太康有五弟亦皆賢者而國爲墟何哉衛子云君子與人之謀也能必用道而不能必見受也能必忠而不能必見人也能必信而不能必見信也故虞公不用宫之奇謀滅於晉仇由不聽赤章之言亡於智氏天下之國莫不有忠臣謀士但在用与不用耳苟爲不用反貽君諦賢人君子安能救敗亂乎

陳武帝起

自草萊興創帝業近代以來可方何主虞南曰武帝以奇才遠略懷匡復之志龍躍海嵎豹變嶺表掃重氛於絳闕復帝座於紫微西抗周師北夷齊寇宏謀長筭動無遺冊實開基之令主撥亂之雄才比宋祖則不及方齊高則優矣隋文帝起自布衣光有神器西定庸蜀南平江表比於晉武可爲儔乎虞南曰隋文因外戚之重周室之微負圖作宰遂膺寶命留心政治務從恩澤故能綏撫新舊緝寧遐邇文武制置皆有可觀及克定江淮成同書軌率土黎獻企佇太平自金陵滅後王心奢汰雖威加四海而情墮萬機荆璧填於內府吳姬滿

於下室仁壽彫飾事將傾宮萬姓力殫中民産竭
加以猜忌心起巫蠱事興戮愛子之妃離上相之母
猫鬼事起秦王妃及僕射楊素母皆坐焉綱維已紊禮教斯亡牝雞晨響皇枝
勦絶廢黜不辜樹立所廢太子勇爲庶人立晉王廣也功臣良佐誅剪
無遺季年之失多於晉武卜世不永豈天亡乎議曰漢高
祖欲以趙王如意易太子叔孫通諫曰昔晉獻公以驪姬故廢太子立奚齊晉國乱者數十年爲天下笑秦以不早定扶蘇令趙高得以詐立胡亥
自使滅祀此陛下所親見今陛下必欲廢嫡而立少臣願先伏誅以頸血汚地帝曰吾直戲耳叔通曰太子天下本本之一搖天下振動奈何以天下戲
乃聽之袁紹愛少子尚乃以太子譚繼兄後祖授諫曰世稱萬人逐兎一人獲之貪者悉止分定故也且年均以賢德均以長上古之制也願上惟先
代成敗之誡下思逐兎分定之義若其不改禍始此矣紹不從後果構隙故曰立嫡子者不使庶孽疑焉疑則動兩則爭子兩位者家必乱子兩位
而家不乱者親猶在也恃親不乱失親必乱有言哉或曰王霸之略請事斯語矣敢
問歿而作謚及改正朔易服色以變人之耳目其事

長二　十四

奚象對曰古之立謚者將以戒夫後代隨行受名君親無隱今之臣子不論名實務在尊崇斯風替也久矣昔季康子問五帝之德於孔子孔子曰天有五行木火金水及土分時貨化育以成物一歲三百六十日五行行七十二日化生長育其神爲五帝緯五帝五行之神古之王者易代改號取法五行五行更王終始相生亦象其義故其生爲明王者而死配五行是以太皞配木句芒爲木正也炎帝配火祝融爲火正也少皞配金蓐收爲金正也顓頊配水玄冥爲水正也黃帝配土后土爲土正也帝王改號於五行之德各有所尚從其所王之德次焉木家次位火也木家尚赤以木德義之普偱其母兼其子也夏后氏以金德王而尚黑殷人以水德王而尚白水家尚青而尚白者避土家之尚青也土家宜尚白為土者四行之主主於四季五行用事先起於木故

工家尚木色青也周人以木德王而色尚赤此三代之所以不同也及漢之初公孫臣賈誼以爲漢土德以五行之傳從所不勝傳移之傳也五帝相代常從金木水火土相勝之法也秦在水德故謂漢據土而剋之劉向父子以爲帝出于震故庖犧氏始受木德其後以母傳子終而復始自神農黃帝下歷唐虞三代而漢得火焉故高祖始起神母夜號著赤帝之符得天統矣昔共工以水德間于木火與秦同運非其次故皆不永也以吾觀之帝王之興各本其所出五帝之後以定五德何以明之漢堯後也堯火德王故漢爲火焉袁紹時耿包曰赤德衰盡袁爲黃胤以爲袁舜後舜土德君故勸進焉是知帝王之興各本其所出五帝之後有自來矣今秦顓頊後水德也故秦爲水德焉以此觀之雖百代可知也

臣行第十

夫人臣萌牙未動形兆未見照然獨見存亡之機得失之要豫禁乎未然之前使主超然立乎顯榮之處如此者聖臣也虛心盡意日進善道勉主以禮義諭主以長策將順其美匡救其惡如此者大臣也夙興夜寐進賢不懈數稱往古之行事以厲主意如此者忠臣也或問袁子曰故少府楊阜豈非忠臣哉對曰可謂直士忠則吾不知何者矣爲人臣見主失道指其非而播揚其惡可謂直士未爲忠也故司空陳群則不然其談語終日未嘗言人主之非書數十上而外不知君子謂陳群於是乎長者此爲忠矣明察成敗早防而救之塞其間絕其源轉禍以爲福君終已無憂如此者智臣也依文奉法任官職事不受贈遺食飲節儉如此者貞臣也國家昏亂所爲不諛敢犯主之嚴顏面言主之過失如此者直臣也是謂六正桓範世要

論曰：臣有辭拙而意工，言逆而事順，可不怨之以直乎？臣有撲騃而辭訥，外跡而內敏，可不怨之以質乎？臣有犯難以爲上，離謗以爲國，可不怨之以忠乎？臣有守正以逆衆意，執法而違私欲，可不怨之以公乎？臣有不曲己以求合，不禍世以取名，可不怨之以直乎？臣有從亡隨而進顯言，由卑賤而陳國事，可不怨之以難乎？臣有孤特而執節，介立而見毀，可不怨之以勁乎？此七怨者，所以進善也。

安官貪祿，不務公事，與世沉浮，左右觀望，如此者具臣也。主所言皆曰善，主所爲皆曰可，隱而求主之所好而進之，以快主之耳目，偷合苟容，與主爲樂，不顧後害，如此者諛臣也。中實險詖，外貌小謹，巧言令色，又心疾賢，所欲進則明其美、隱其惡，所以欲退則彰其過、匿其美，使主賞罰不當，號令不行，如此者姦臣也。智足以飾非，辯足以行說，內離骨肉之親，外妬亂於朝廷，如此者讒臣也。專權擅勢，以輕爲重，私門成黨，以富其家擅矯主命以自顯貴如此者賊臣也諂主以佞邪墜主於不義朋黨比周以蔽主明使白黑無別是非無間使主惡布於境內聞於四鄰如此者亡國之臣也是謂六邪桓範世要論曰臣有立小忠以售大不忠效小信以成大不信可不慮之以詐乎臣有顏厲而內荏色取仁而行違可不慮之以虛乎臣有害同儕以專朝塞下情以壅上可不慮之以嫉乎臣有進邪說以亂是因似然以傷賢可不慮之以讒乎臣有因賞以償恩因罰以作威可不慮之以姦乎臣有外顯相薦內陰相除謀事託公而實挾私可不慮之以欺乎臣有事左右以求進託重臣以自結可不慮之以偽乎臣有和同以取諧苟合以求進可不慮之以禍乎臣有悅主意以求親悅主言以取容可不慮之以佞乎此九慮者所以防惡也子貢曰陳靈公君臣宣淫於朝泄冶諫而殺之是與比干同也可謂仁乎子曰比干於紂親則叔父官則少師忠款之心在於存宗廟而已固以必死爭之冀身死之後而紂悔寤其本情在乎仁也泄冶位為下大

夫無骨肉之親懷寵不去以區區之一身欲正一國之
淫昏死而無益可謂懷矣詩云民之多僻無自立辟
其拙治之謂乎或曰叔孫通阿二世意可乎司馬遷
曰夫量主而進前哲所韙叔孫生希世度務制禮進
退與時變化卒爲漢家儒宗古之君子直而不挺曲
而不撓大直若詘道同蝼蛇蓋謂是也議曰太公云吏不志諫非吾吏也朱
雲廷詰張禹曰尸禄保位無能往來可斬也䒢固曰依世則廢道違俗
則危殆此古人所以難受爵位由此言之存与死其義云何對曰范曄稱
夫專爲義則傷生專爲生則騫義若義
重於生捨生可也生重於義全生可也或曰然則竇武陳蕃與
宦者同朝廷爭衡終爲所誅爲非乎范曄曰桓靈之
世若陳蕃之徒咸能樹立風聲抗論昏俗驅馳岨
峗之中而與腐夫爭衡終取滅亡者彼非不能潔

情志違埃霧也憫夫世士以離俗爲高而人倫莫相恤也以遯世爲非義故屢退而不去以仁心爲己任雖道遠而弥厲及遭值際會協策竇武可謂萬代一時也功雖不終然其信義足以摧持世心矣議曰此所謂義重於生捨生可也或曰臧洪死張超之難可謂義乎范曄曰雍丘之圍臧洪之感憤壯矣相其徒跣且號束甲請舉誠足憐也夫豪雄之所趣舍其與守義之心異乎若乃締謀連衡懷詐筭以相尚者蓋惟勢利所在而已況偏城既危曹袁方穆洪徒指外敵之衡以紓倒懸之會忿悁之師兵家所忌可謂懷哭秦之節存荊則未聞昔廣陵太守張超委政臧洪後袁紹亦与結友及曹操圍張超於雍丘洪聞超被圍乃徒跣號泣勒兵救超兼從紹

請兵紹不聽超城陷遂族誅超洪由是怨紹与之絶紹興兵圍之城陷誅死議曰臧洪當縱横之時行平居之義非立功之士也或曰季布壯士而反摧剛爲柔髡鉗匪匿爲是乎司馬遷曰以項羽之氣而季布以勇顯於楚身屨典軍搴音綺連反旗者數矣可謂壯士然至被刑戮爲人奴而不死何其下也彼必自負其材故受辱而不羞欲有所用其未足也故終爲漢名將賢者誠重其死非夫婢妾賤人感慨而自殺者非勇也其計盡無復之耳議曰太史公魏豹彭越雖故賤然以席卷千里南面稱孤喋血乘勝日有聞矣懷叛逆之意及敗不死而虜囚身被刑戮何哉中材以上且羞其行況王者乎彼無異故智略絶人獨患無身耳得攝尺之柄其雲蒸龍變欲有所會其度以故幽囚而不辭去此則縱横之士務立其功者也又藺公贊曰知死必勇非死者難也處死者難方藺相如引璧睨柱及叱秦王左右勢不過誅然士或怯懦不敢發相如一奮其氣威信敵國退而讓廉頗名重太山其處智勇可謂兼之矣此則忠貞之臣誠知死所者也管子曰不恥身在縲紲之中而恥天下之不理不恥不死公子糾而恥威之不申於諸侯此則自負

其才以濟世爲度者也斯皆士之行已死与不死之明効也或曰宗慤之賤也見輕庾業及其貴也請業爲長史何如裴子野曰夫貧而無感賤而無悶恬夫天素弘此大猷曾原之德也降志辱身俛眉折脊忍屈庸曹之下貴騁群雄之上韓黥之志也卑身之事則同居卑之情已異若宗元幹無怍於草具有韓黥之度矣然棄舊惡長者哉宋宗慤之賤也州人庾業豊富待客必方丈其爲慤設則粟飯慤亦致飽及爲豫州請業爲長史也世稱酈寄賣交以其給呂祿也於理何如班固曰夫賣交者謂見利忘義也若寄父爲功臣而執劫雖權呂祿以安社稷義存君親可也或曰靳允違親守城可謂忠乎徐衆曰靳允於曹公未成君臣母至親也於義應去昔王

陵母為項羽所拘母以高祖必得天下因自殺以固陵志明心無所係然後可得事人盡其死節衛公子開方仕齊十年不歸管仲以為不懷其親安能愛君不可以為相是以求忠臣必於孝子之門允宜先救至親徐庶母為曹公所得劉備乃遣庶歸欲為天下者恕人子之情公又宜遣允也魏太祖征冀州使程昱留守甄城張邈叛太祖迎呂布布執范令靳允母太祖遣昱說靳允無以母故使固守范允流涕曰不敢有二也魏文帝問王朗等曰昔子產治鄭人不能欺子賤治單父人不忍欺西門豹治鄴人不敢欺三子之才於君德親優對曰君任德則臣感義而不忍欺君任察則臣畏覺而不能欺君任刑則臣畏罪而不敢欺任德感義與夫導德齊禮有

恥且格等趨者也任察畏罪與夫導政齊刑免而無恥同歸者也優劣之懸在於權衡非徒鈞銖之覺也或曰季文子公孫弘此二人皆折節儉素而毀譽不同何也范曄稱夫人利仁者或借仁以從利體義者不期體以合義季文子妾不衣帛魯人以爲美談公孫弘身服布被汲黯譏其多詐事實未殊而毀譽別者何也將體之與利之異乎故前志去仁者安仁智者利仁畏罪者強仁校其仁者功無以殊核其爲仁不得不異安仁者性善者也利仁者力行者也強仁者不得已者也三仁相比則安者優矣議曰夫聖人德全器無不順中庸已降才則好偏故曰柴也愚參也魯師也僻由也喭由此觀之全德者鮮矣全德既鮮則資矯情而力善矣然世惡矯僞而人貴任眞使其眞貪

愚而亦任之可爲賢乎對曰吁何爲其然夫霄精天地負陰抱陽雖清濁賢愚其性則異而趨走嗜欲所規則同故靡顏膩理人所悅也乘堅驅良人所愛也苦心貞節人所難也徇公滅私人所苦也不以禮教節之則蕩而不制安肯攻苦食淡貞潔公方臨財廉而取与義乎故禮曰欲不可縱志不可滿古語曰廉士非不愛財取之以道詩云如切如磋如琢如磨皆矯僞之謂也若肆其愚態隨其鄙情名曰任眞而賢之此先王之罪人也故吾以爲矯僞者禮義之端任眞者貪鄙之主夫強仁者庸可誣乎

或曰長平之事白起坑趙卒四十萬可爲奇將乎何晏曰白起之降趙卒詐而坑其四十萬豈徒酷暴之謂乎後亦難以重得志矣向使衆人豫知降之必死則張虛捲猶可畏也況於四十萬被堅執銳哉天下見降秦之將頭盧依山歸秦之衆骸積成丘則後日之戰死當死耳何衆肯服何城肯下乎是爲雖能裁四十萬之命而適足以強天下之戰欲以要一朝之功而乃更堅諸侯之守故

兵進而自伐其勢軍勝而還喪其計何者設使趙衆復合馬服更生則後日之戰必非前日之對也況今皆使天下爲後日乎其所以終不敢復加兵於邯鄲者非但憂平原之補縫患諸侯之救至也徒諱之而不言耳且長平之事秦人十五巳上皆荷戟而向趙矣夫以秦之強而十五巳上死傷過半此爲破趙之功小傷秦之敗大也又何稱奇哉議曰黃石公稱柔者能制剛弱者能制強柔者德也剛者賊也柔者人之所助剛者怨之所居是故紂之百克而卒無後項羽兵強終失天下故隨何曰使楚勝則諸侯自危懼而相救夫楚之強適足以致天下之兵耳由是觀之若天下巳定藉一戰之勝詐之可也若海內紛紛雄雌未決而失信義於天下敗亡之道也當七國之時諸侯尚強而白起乃坑趙降卒使諸侯畏之而合縱諸侯合縱非秦之利爲戰勝而反敗何晏論當矣或曰樂毅不屠二城遂喪洪業爲非乎夏侯玄曰觀樂生遺燕惠

王書其殆乎知機合道以禮終始者歟夫欲極道德
之量務以天下爲心者豈其局迹當時止於兼幷而
巳哉夫兼幷者非樂生之所屑强燕而廢道又非樂
生之所求不屑苟利不求小成斯意兼天下者也舉
齊之事所以運其機而動四海也圍城而害不加於
百姓此仁心著於遐邇矣邁令德以率列國則幾於
湯武之事矣樂生方恢大綱以縱二城收人明信以待
其弊將使卽墨莒人顧仇其上開弘廣之路以待田
單之徒長容善之風以申齊士之志昭之東海屬之
華裔我澤如春人應如草思戴燕主仰風聲二城必
從則王業隆矣雖淹留於兩邑乃致速於天下也不

幸之變世所不圖敗於垂成時變所然若乃逼之以兵刧之以威參殺傷之殘以示四海之人雖二城幾於可拔則霸王之事逝其遠矣樂生豈不知拔二城之速了哉顧城拔而業乖也豈不慮不速之致變哉顧業速與變同也由是觀之樂生之不屠二城未可量也或以樂毅相弱燕破強齊合五國之兵雪君王之恥圍城而不急攻將令道窮而義服此則仁者之師咸以為謨謀勝武侯也可乎張輔曰夫以五國之兵共伐一齊不足為強大戰濟西伏尸流血不足高仁彼孔明包文武之德長嘯俟時劉玄德以知人之明屢造其廬咨以濟世奇策泉涌遂東說孫權北抗大魏以乘勝之師翼佐取蜀及玄德臨終禪以大位在擾攘之際立童蒙之主設官分職班敘衆才文以能內武以折衝然後布其恩澤於國中之人其行軍也路不拾遺毫毛不犯勳業垂濟而隕薨其遺文謨謀弘遠矣已有功則讓於下下有闕則躬自咎見善則遷納諫則改故聲烈震遐邇也孟子曰聞伯夷之風貪夫自廉余以為覩孔明之忠姦臣立節殆將與伊呂爭疇豈徒樂毅為伍哉

或曰商鞅起徒步干孝公挾三術之略吞六國之

縱使秦業帝可爲霸者之佐乎劉向曰夫商君內急耕戰之業外重戰伐之賞不阿貴寵不偏疏遠雖書云無偏無黨詩云周道如砥其直如矢司馬法之厲戎士周后稷之勸農業無以易此此所以并諸侯也故孫卿曰四世有勝非幸也數也夫霸君若齊桓晉文者桓不倍柯之盟文不負原之期而諸侯信之此管仲咎犯之謀也今商君倍公子卬之舊恩弃交魏之明信詐取三軍之衆故諸侯畏其強而莫親信也籍使孝公遇齊桓晉文得諸侯之統將合諸侯之君驅天下之兵以伐秦秦則亡矣天下無桓文之君故秦得以兼諸侯也衞鞅始自以爲知王霸之德原其事

不論也昔周邵公施美政其死也後世思之蔽芾甘棠之詩是嘗舍於樹下不忍伐其樹況害於身乎管仲奪伯氏騈邑三百戶無怨言今衛鞅內刻刀鋸之刑外深鈇鉞之誅身死車裂其去霸者之佐亦遠矣然孝公殺之亦非也可輔而用使衛鞅施寬平之法加之以恩申之以信庶幾霸者之佐乎議曰商鞅初因景監求見秦孝公說以帝道孝公意不入時時睡後又与鞅語不知膝之過席景監曰子何以中吾君君之歡甚也鞅曰始吾說公以帝道而君曰久遠安能邑邑待數十百年以子孫成事乎吾又說以霸道其意欲之而未能也吾又以強國之術說君君大悅之然亦難以比德於殷周矣昔齊桓公与魯莊公會于柯而盟曹沫以匕首劫桓公及魯侵地桓公許之後悔欲無与魯地而殺曹沫管仲曰弃信於諸侯失天下之援不可於是与曹沫三敗所亡地諸侯聞之皆信齊而欲附焉四戎伐燕燕告急於齊齊桓公救燕而還燕莊公送桓公入齊境桓公曰非天子諸侯相送不出境吾不可以無禮於燕於是分溝割燕君所至与燕君令復修召公之政納貢于周諸侯聞之皆從齊桓公於是始霸由此觀之商鞅

深刻弃信非霸者之佐明矣然孝公欲速不從鞅言孝公過也商鞅牽於世廹於君不得行其志耳劉以鞅無霸王之術謬矣諸葛亮以馬謖敗於街亭殺之後蔣琬謂亮曰昔楚殺得臣然後文公喜可知也天下未定而戮智計之士豈不惜哉亮流涕曰孫武所以能制勝者用法明也是以楊干亂法魏絳戮之四海分裂兵交方始若復廢法何用討賊耶習鑿齒曰諸葛亮之不能兼上國也豈不宜哉夫晉人視林父之後濟故廢法而収功楚成闇得臣之益已故殺之以重敗今蜀僻陋一方才小上國而殺其駿桀退収駑下之用明法勝才不師三敗之道將以成業不亦難乎晉侯使荀桓子与楚戰于邲桓子敗歸而請死晉侯欲許之士貞子曰不可城濮之役晉師三日館穀文公猶有憂色左右曰有喜而憂如有憂而喜乎公曰得臣猶在憂未歇也困獸猶闘况國相乎及楚

殺子玉公喜而後可知曰是吾再克而楚再敗也楚是以再世不競今天或者大警晉也而又殺林父以重楚勝其無乃不競乎林父之事君也進思盡忠退思補過社稷之衛也君若之何殺之天其敗也如日月之蝕何損於明晉侯使復其位也代以周勃功大霍光何如對曰勃本高帝大臣衆所歸向居太尉位擁兵百萬既有陳平王陵之力又有朱虛諸王之援酈寄遊說以譎諸呂因衆之心易以濟事若霍光者以倉卒之際受寄託之任輔弼幼主天下晏然遇燕王綰之亂誅除凶逆以靖王室廢昌邑立孝宣任漢家之重隆中興之祚參贊伊周爲漢賢相推驗事効優劣明矣袁盎問漢文帝曰陛下以絳侯周勃何人上曰社稷臣也盎曰所謂功臣非社稷臣社稷臣者主在與在主亡與亡方呂后時劉氏不絶如帶絳侯爲太尉主兵柄不能正呂后崩大臣相與誅諸呂太尉主兵適會其成功所謂功臣非社稷臣也後

漢陳蕃上疏薦徐稚袁閎韋著三人帝問蕃曰三

人誰爲先後蕃曰閎生公族聞道漸訓著長於三輔禮義之俗所謂不扶自直不鏤自彫至於稚者爰自江南卑薄之域而角立傑出宜當爲先或曰謝安石爲相可與何人爲比虞南曰昔顧雍封侯之日而家人不知前代稱其質重莫以爲偶夫以東晉衰微壃場曰駭況永固苻堅字也六夷英主親率百萬苻融雋才名相執銳先驅虓虎狼之爪牙騁長蛇之鋒鍔先築賓館以待晉君強弱而論鴻毛太山不足爲喻文靜深拒桓冲之援不喜謝玄之書則勝敗之數固已存於胷中矣夫斯人也豈以區區萬戶之封動其方寸者歟若論其度量近古已來未見其匹隋煬帝在東

宮嘗讀賀若弼曰楊素韓擒虎史萬歲三人俱稱良將其間優劣何如對曰楊素是猛將非謀將議曰膽氣果敢猛將也綢而有謀謀將也韓擒虎是鬬將非領將議曰拳捷趫悍鬬將也御軍齊肅領將也史萬歲是騎將非大將議曰領一偏師所向無敵騎將也包羅英雄使群才各當其用大將也太子曰善

故自六正至于問將皆人臣得失之效也古語曰爲以夏王桀以夏亡湯以殷王紂以殷亡闔廬以吳戰勝無敵於天下而夫差以見擒於越穆公以秦顯名尊號而二世以劫於望夷其所以君王者同而功迹不等者所任異也是以成王處襁褓而朝諸侯周公用事也趙武靈王年五十而餓死於沙丘任李兌也故魏有公子無忌削地復得趙任藺相如秦兵不敢出

楚有申包胥而昭王反位齊有田單而襄王得國因斯而談夫有國者不能陶冶世俗甄綜人物論邪正之得失撮霸王之餘議而能立功成名者未之前聞故知量能授官至理之術

德表第十一

孔子曰性相近也習相遠也言嗜慾之本同而遷染之塗異也夫刻意則行不肆牽物則其志流是以聖人導人理性裁抑流宕愼其所與節其所偏故傳曰審好惡理情性而王道畢矣治性之道必審己之所有餘而強其所不足蓋聰明疏通者戒於太察寡聞少見者戒於擁蔽勇猛剛強者戒於太暴仁愛溫

良者戒於無斷湛靜安舒者戒於後時廣心浩大
者戒於遺忘人物志曰厲直剛毅材在矯正失在激
訐強毅之人佷剛不和不戒其強之搪突而以順為撓厲其亢是故可与立法難与入微也柔順安恕美在寬
容失在少決柔順之人緩心寡斷不戒其事之不攝而以亢為劌安其舒是故可循常難与權疑也雄悍傑
健任在膽烈失在少忌雄悍之人氣奮勇決不戒其勇之毀跌而以順為恇竭其勢是故可与涉難難
与居屈也精良畏慎善在恭謹失在多疑精慎之人畏患多忌不戒其懦於為義而
以勇為悍增其疑是故可与保全難与立節也強楷堅勁用在楨幹失在專固淩楷之人
秉意勁持不戒其情之固護而以辯為虛強其專是故可与持正難与附衆也論辯理繹能在釋結失
在流宕博辯之人論理贍給不戒其辭之浮濫而以楷為繫遂其流是故可与汎序難与立約也普博周給崇
在覆裕失在溷濁弘普之人意愛周洽不戚其交之溷雜而以介為狷廣其濁是故可与撫衆難与厲俗也清
介廉潔節在儉固失在拘扃狷介之人砭訶清激不求其道之隘狹而以普為穢益其拘是

故可与中節難与變通也休動磊落業在攀躋失在踈越休動之人志慕超越不戒其意之太猥而以靜為滯果為銳是故可与進趨難与持後也沉靜瘱密精在玄微失在遲懦沉靜之人道思迴復不戒其靜之遲後而以動為踈美其懦是故可与深慮難与捷速也樸露徑盡質在中誠失在不微朴盡之人中欵實确不戒其質之野直而以謂為誕露其誠是故可与立信難与消息也多智韜情權在譎略失在依違韜譎之人原度取容不戒其術之難正而以盡為愚貴其虛是故可与贊善難与矯違也此拘亢之材非中庸之德也文子曰凡人之道心欲小志欲大智欲圓行欲方能欲多事欲少所謂心小者慮患未生戒禍慎微不敢縱其欲也志大者兼包萬國一齊殊俗是非輻湊中為之轂也智圓者終始無端方流四遠深泉而不竭也行方者直立而不撓素白而不污窮不易操達不肆志也能多者文

武備具動靜中儀也事少者執約以治廣處靜以待躁也夫天道趣即反盈則損故聰明廣智守以愚多聞博辯守以儉武力毅勇守以畏富貴廣大守以狹德施天下守以讓此五者先王所以守天下也傳曰無始亂無怙富無恃寵無違同無傲禮無驕能無復怒無謀非德無犯非義此九言古人所以立身也王鈐經曰夫以明示者淺有過不自知者弊迷而不反者流以言取怨者禍令與心乖者廢後令繆前者毀怒而無威者犯好衆辱人者殃戮辱所任者危慢其所敬者凶貌合心離者孤親佞遠忠者亡信讒弃賢者惛私人以官者浮女謁公行者亂群下外恩者淪凌

下取勝者侵名不勝實者耗自厚薄人者弃薄施厚望者不報貴而忘賤者不久用人不得其正者殆爲人擇官者失决於不仁者險陰謀外泄者敗厚斂薄施者彫此自理之大體也孫卿曰口能言之身能行之國寶也口不能言身能行之國器也口能言之身不能行之國用也口言善身行惡國妖也故傅子曰立德之本莫尚乎正心心正而後身正身正而後左右正左右正而後朝廷正朝廷正而後國家正國家正而後天下正故天下不正修之家家不正修之朝廷朝廷不正修之左右左右不正修之身身不正修之心所修弥近所濟弥遠禹湯罪己其興也勃焉正心之謂也尸子曰心者身之君也天子以天下受令於心心不當則天下禍諸侯以國受令於心不當則國亡匹夫以身受令於心心不當則身爲戮矣

理亂第十二

夫明察六主以觀君德審惟九風以定國常探其四亂覈其四危則理亂可知矣何六主荀悅曰體政性仁心明志同動以為人不以為己是謂王主（議曰王主者謂天姿仁德）克己恕躬好問力行動以從義不以從情是謂治主（議曰治主者謂抑情割欲）勤事守業不敢怠荒動以先公不以先私是謂存主（議曰存主者謂拘法守律）悖義交爭公私並行一得一失不純道度是謂衰主情過於義私多於公制度踰限政教失常是謂危主親用讒邪放逐忠賢縱情追欲不顧禮度出入游放不拘儀禁賞賜行私以越公用忿怒施罰以踰法理遂非文過而不知改忠言擁塞直諫誅

戮是謂亡主故王主能致興平治主能修其政存主能保其國衰主遺無難則庶幾能全有難則殆危主遺無難則幸而免有難則亡亡主必亡而已矣何謂九風君臣親而有禮百僚和而不同讓而不爭勤而不怨唯職是司此理國之風也尹文子曰上不能勝其下下不能犯其上上不相勝犯故禁令行人人無私雖經驗易而國不可侵治國者也禮俗不一職位不重小臣讒疾庶人作議此衰國之風也尹文子曰君年長多妾媵少子孫疏強宗衰國也君臣爭明朝廷爭功大夫爭名庶人爭利此乖國之風也上多欲下多端法不定政多門此亂國之風也尹文子曰君寵臣臣愛君公法廢私行亂國也以侈爲博以伉爲高以濫爲通遵禮謂之拘守法謂之固此荒國之風也議曰夫晉家尚於浮虛所以敗也此之謂矣以苛爲察以利爲公以割下爲能以附上爲忠此叛國之風也叔向曰大臣重祿而不極諫近臣畏罪而不敢言下情不上通此患之大者也上下相疏内外

相疑小臣爭寵大臣爭權此危國之風也上不訪下下不諫上婦言用私政行此亡國之風也尹文子曰國貧小家富夫君權輕臣勢重亡國也內無專寵外無近習支庶繁息長幼不亂昌國也農桒以時倉廩充實兵甲勁利封壃修理強國也文子曰夫乱國若盛治國若虛亡國若不足存國若有餘虛者非無人各守其職也盛者非多人皆邀於末也有餘非多財節欲事寡也不足者非無貨人躁而費多也何謂四亂管子曰內有疑妻之妾此家亂也庶有疑嫡之子此宗亂也朝有疑相之臣此國亂也任官無能此衆亂也故曰立天子者不使諸侯疑焉立諸侯者不使大夫疑焉立正妻者不使嬖妾疑焉立嫡子者不使庶孽疑焉疑則動兩則爭雜則相傷故臣有兩位者國必乱臣兩位而國不乱者君猶在也恃君不乱失君必乱矣子兩位者家必乱子兩位而家不乱者親猶存也恃親不乱失親必乱矣臣疑其君無不危之國孽疑其宗無不危之家也何謂四危又曰卿相不得衆國之危也大臣不和同國之危也兵主不足畏國之危也民不懷其產國之危也此治亂之形也凡

爲人上者法術明而賞罰必者雖無言語而勢自治法術不明而賞罰不必者雖曰號令然勢自亂管子曰理國有三器乱國有六攻明君能勝六攻而立三器故國理不肖君不能勝六攻而立三器故國乱三器者何也曰號令也斧鉞也祿賞也六攻者何也曰親也貴也貨也色也巧佞也玩好也三器之用何也曰非號令無以使下非斧鉞無以威衆非祿賞無以勸人六攻之敗何也曰雖不聽而可以得存雖犯禁而可以得免雖無功而可以得富夫國有不聽而可以得存者則號令不足以使下有犯禁而可以得免者則斧鉞不足以威衆有無功而可以得富者則祿賞不足以勸人號令不足以使下斧鉞不足以威衆祿賞不足以勸人則人君無以自守也是故勢理者雖委之不亂勢亂者雖勤之不治堯舜拱己無爲而有餘勢理也胡亥王莽馳騖而不足勢亂也商子曰法令者人之命也爲治之本也一兎走而百人逐之非以兎可分以爲百由名分之未定也夫賣兎者滿市盜不敢取由名分之定也故夫名分定勢治之道也名分不定勢亂之道故勢治者不可乱也勢乱者不可治也夫勢乱而欲治之愈乱矣勢治而治之則治矣故聖人治治不治乱也聖人爲人作法必使之明白易知愚智偏能之共聖人立天下而天一丗刑死者非可刑殺而不刑殺也萬人皆知

所以避禍就福而皆自治也主因治而治之故天下大治也故曰善者求之於勢不責於人是故明主審法度而布教令則天下治矣左傳曰國將亡必多制杜預云數變法也論曰夫能匡世輔政之臣必先明於盛衰之道通於成敗之數審於治亂之勢達於用捨之宜然後臨機而不惑見疑而能斷為王者之佐未有不由斯者矣

長短經卷第二

長短經卷第三　文下

反經十三　是非十四　適變十五　正論十六

反經第十三

議曰理國之要以仁義賞罰此其大略也然用失其宜反以爲害故著反經一章以明也

臣聞三代之亡非法亡也御法者非其人矣故知法也者先王之陳迹苟非其人道不虛行故尹文子曰仁義禮樂名法刑賞此八者五帝三王治世之術故仁者所以博施於物亦所以生偏私反仁也議曰在禮家施不及國大夫不收公利孔子曰天子愛天下諸侯愛境內不得過所愛者惡私惠也故知偏私之仁王者惡之也義者所以立節行亦所以成華僞反義也議曰忘身徇國臨大節而不可奪此正義也若趙相虞卿弃相捐君以周魏齊之危信陵無忌竊符矯命以赴平原之急背公死黨之義成守職奉上之節虧故毛公數無忌曰於趙則有功矣於魏則未爲得凡此之類皆

華僞者

禮者所以行謹敬亦所以生惰慢反禮也議曰漢時欲定禮文帝曰繁禮餝貌無益於理躬化謂可耳故罷之郭嘉謂曹公曰紹繁禮多儀公體任自然此道勝者也夫節苦難貞故生惰慢也

樂者所以和情志亦所以生淫放反樂也樂書曰鄭衛之音亂代之音桑間濮上之音亡國之音也故畢安曰夫佳麗珍怪故順於耳目故養失而泰樂失而淫禮失而彩教失而僞僞彩淫泰非所以範人之道

名者所以正尊卑亦所以生矜篡反名也議曰古者名位不同禮亦異數故聖人明禮制以序尊卑異車服以彰有德然漢高見秦皇威儀之盛乃歎曰大丈夫當如此此所以生矜篡老經曰夫禮者忠信之薄而亂之首信矣哉

法者所以齊衆異亦所以生乖分反法也議曰道德經云法令滋彰盜賊多有賈誼云法出而姦生令下而詐起此乖分也

刑者所以威不服亦所以生凌暴反利也

賞者所以勸忠能亦所以生鄙爭反賞也

文子曰聖人其作書也以領理百事愚者以不忘智者以記事及其衰也爲姦僞以解有罪而殺不辜反書也文子曰察於刀筆之迹者即不知理亂之本習於行陣之事者即不知廟勝之權莊子曰儒

以詩書發壯大儒曰東方作矣事之何若小儒曰未解裙襦口中有珠詩固有之曰青青之麥生於陵陂生不布施死何含珠爲接其鬢壓其顪儒以金推控其頤徐徐別其頰無傷口中珠由此言之詩禮乃盜資也顪音許穢反控音暌其作囿也以奉宗廟之具簡士卒戒不虞及其衰也馳騁弋獵以奪人時反囿也齊宣王見文王囿大人以爲小問於孟子孟子曰周文王之囿方七十里芻蕘者往焉雉兎者往焉与人同之民以爲小不亦宜乎臣聞郊關之内有囿方四十里殺其麋者如殺人之罪民以為大不亦宜乎楚靈王爲章華之臺五舉諫曰夫先王之爲臺榭也榭不過講軍實臺不過望氛祥其所不奪穡地其爲不匱財用其事不煩官業其日不妨時務夫爲臺榭將以教人利也不聞其以匱乏也其上賢也以平教化正獄頌賢者在位能者在職澤施於下萬人懷德至其衰也朋黨比周各推其與廢公趨私外内相舉姧人在位賢者隱處反賢也太公謂文王曰君好聽世俗之所舉者或以非賢爲賢或以非智爲智君以世俗之所舉者爲賢智以世俗之所毀者爲不肖則多黨者進少黨者退是以群邪比周而蔽賢是以世亂愈甚文王曰舉賢柰何太公曰將相分職而君以官舉人案名察實選才考能則得賢之道古語曰重朋黨則蔽主爭名利則害

友務欲速則失德也韓詩外傳曰夫士有五反有埶尊貴不以愛人行義理而反以暴傲反貴也古語曰富能富人者欲貧不可得貴能貴人者欲賤不可得達能達人者欲窮不可得梅福曰存人所以自立也壅人所以自塞也家富厚不以振窮救不足而反以侈靡無度反富也資勇悍不以衞上攻戰而反以侵凌私鬭反勇也凡將帥輕去就者不可使鎮邊使仁德守之則安矣心智惠不以端計教而反以事姧飾詐反智惠也說苑曰君子之權謀正小人之權謀邪貌美好不以統朝莅人而反以蠱女從欲反貌也此五者所謂士失其美質太公曰明罰則人畏懾人畏懾則變故出反明罰也明察則人擾人擾則人徙人徙則不安其處易以成變反明察也太公曰明賞則不足不足則怨長明王理人不知所好而知所惡不知所歸而知所去使人各安其所生而天下靜矣晉劉頌曰凡監司欲舉大而略小何則夫細過微闕謬忘之失此人情所必有所固不許在不犯之地而悉糾以法則朝野無立人此所謂以治而亂也晏子曰臣專其君謂之不忠子專其父

謂之不孝妻專其夫謂之嫉妬反忠孝也呂氏春秋曰夫陰陽之和不長一類甘露時雨
不私一物万人之主不阿一人由子曰一婦擅夫衆婦皆亂一臣專君群臣皆蔽故妬妻不難破家也而亂臣不難破國也是以明君使其
臣並進輻湊莫得專君焉韓子曰儒者以文亂法俠者以武犯禁反文武也曹公
曰恃武者滅恃文者亡夫差偃王是也吳子曰昔承桑氏之君修德廢武以滅其國有扈之君恃衆好勇以喪社稷明王鑒茲必內修文德外治
武訓故敵而不進無逮於恭僵尸而哀之無及於仁矣黔經曰文中多武可以輔主武中多文可以匡君文武兼備可任軍事文武兼闕不可征伐
子路拯溺而授牛謝孔子孔子曰魯國必好救人於
患也子貢贖人而不受金於府魯國之法贖人於他國者受金於府也孔子
曰魯國不復贖人矣子路受而勸德子貢讓而止善
由此觀之廉有所在而不可公行反廉也匡衡云孔子曰能以禮讓爲國乎何有朝廷
者天下之楨幹也公卿大夫相与修禮恭讓則人不爭好仁樂施則下不暴上義高節則人興行寬柔惠和則衆相愛此四者明王之所以不
嚴而化成也何者朝有變色之言則下有爭鬪之患上有自專之士則下有不讓之人上有克勝之佐則下有傷害之心上有好利之臣

則下有盜竊之人此其本愼子曰忠未足以救亂代而適足以重非何以識其然耶曰父有良子而舜放瞽叟桀有忠臣而過盈天下然則孝子不生慈父之義六親不和有孝慈而忠臣不生聖君之下國家昏亂有忠臣故明主之使其臣也忠不得過職而職不得過官反忠也京房論議与石顯有隙及京房被出爲魏郡太守憂懼上書曰臣弟子姚平謂臣曰房可謂小忠未可謂大忠何者昔秦時趙高用事有正先者非刺高而死高威自此成秦之亂正先趨之令臣得出守郡唯陛下毋使臣當正光之死爲姚平所笑由此觀之夫正先之所謂忠乃促秦禍忠何益哉鬼谷子曰將爲胠篋探囊發匱之盜胠音起居反胠發也從傍開爲胠爲之守備則必攝緘縢攝結也固扃鐍音決細也此代俗之所謂智也然而巨盜至則負遺揭篋揭音其謁也擔囊而趨唯恐緘縢扃鐍之不固也然則向之所謂智者有不爲盜積者乎反智也孫子曰

小盜之堅大盜之擒也其所謂聖者有不爲大盜守者乎何以知其然耶昔者齊國鄰邑相望雞狗之音相聞罔罟之所布耒耨之所刺方二千餘里闔四境之內所以立宗廟社稷治邑屋州閭鄉里者曷常不法聖人哉然而田成子一朝殺齊君而盜其國所盜者豈獨其國耶并與聖智之法而盜之故田成子有乎盜賊之名而身處堯舜之安小國不敢非大國不敢誅十二代而有齊國則是不乃竊齊國并與其聖智之法以守其盜賊之身乎反聖法也昔叔向問齊晏子曰齊其如何晏子曰此季世吾弗知齊其爲陳氏矣公弃其人而歸於陳氏齊舊四量豆區負鍾四升爲豆各自其四以登於釜釜十則鍾陳氏三量皆登一焉鍾乃大矣以家量貸而以公量收之山木如市弗加於山魚鹽蜃蛤弗知於海人叅其力二於公而衣食其一公聚朽蠹而三老凍餒國之諸市屨賤踊貴人多疾病而或燠

休之其愛之如父母歸之如流水欲無獲人將焉辟之

跖之徒問於跖曰盜亦有道乎跖曰何適其無有道耶夫忘意室中之藏聖也入先勇也出後義也知可否智也分均仁也五者不備而能成大盜者天下未之有也

後漢末董卓入朝將篡位乃引用名士范曄論曰董卓以虓闞為情遭崩剝之勢故得蹈藉彝倫毀裂冕服夫以刳肝斮趾之性則群生不足以饜其快然猶折意搢紳遲疑凌奪尚有盜竊之遺焉

由是觀之善人不得聖人之道不立盜跖不得聖人之道不行天下之善人少而不善人多則聖人之利天下也少而害天下也多矣

反仁義也議曰昔仲由為郈宰季氏以五月起長溝此當之時子路以其私秩粟為漿飯以餉溝者孔子聞之使子貢往覆其飯擊毀其器子路曰夫子嫉由之為仁義乎孔子曰夫禮天子愛天下諸侯愛境內大夫愛官職士愛其家過其所愛是曰侵官漢武時河間獻王來朝被服造次必於仁義武帝色然難之謂曰湯以七十里文王以百里王其勉之王知其意歸即縱酒由是言之夫仁義兼濟必有分乃可故尸子曰君臣父子上下長幼貴賤親疏皆得其分曰理愛得分曰仁施得分曰義慮得分曰智動得分曰適言得分曰信皆得其

分而後爲成人由是言之蹈徒之仁義非其分矣由是言之夫仁義禮樂名法刑賞忠孝賢智之道文武明察之端無隱於人而常存於代非自昭於堯湯之時非故逃桀紂之朝用得其道則天下理用失其道則天下亂孫卿曰羿之法非亡也而羿不世中禹之法猶存也而夏不代王故法不能獨立得其人則存失其人則亡矣莊子曰宋人有善爲不龜手之藥者代以洴澼絖爲事客聞之請買其方百金客得之以說吳王越人有難吳王使之將冬與越人水戰大敗越人裂地而封能不龜手一也或以封或不免於洴澼絖則其所用之異故知制度者代非無也在用之而已

是非第十四

夫損益殊塗質文異政或尚權以經緯或敦道以鎮俗是故前志垂教今皆可以理違何以明之是曰大雅云既明且哲以保其身易曰天地之大德曰生非曰語曰

士見危致命又曰君子有殺身以成人無求生以害
仁是曰管子曰疑今者察之古不知來者視之往古語
曰與死人同病者不可生也與亡國同行者不可存
也非曰呂氏春秋曰夫人以食死者欲禁天下之食悖矣
有以乘舟死者欲禁天下之船悖矣有以用兵喪其
國者欲偃天下之兵悖矣杜恕曰夫姦臣賊子自
古及今未嘗不有百歲一人是爲繼踵千里一人是
爲比肩而舉以爲戒是猶一噎而禁人食也噎者
雖少餓者必多是曰孔子曰惡訐惡以爲直非曰管子
曰惡隱惡以爲仁者魏曹羲至公論曰夫代人所謂
掩惡揚善者君子之大義保明同好者朋友之至

交斯言之作蓋閭閻之白談所以叙愛憎之相謗非薦正之至理折中之公議也世士不料其數而係其言故善惡不分以覆過爲弘也朋友忽義以雷同爲美也善惡不分亂實由之朋友雷同敗必從焉談論以當實爲情不以過難爲貴相知以等分爲交不以雷同爲固是以達者存其義不察於文識其心不求於言是曰越絶書曰衒女不貞衒士不信非曰漢書曰大行不細謹大禮不讓辭是曰黃石公曰務廣地者荒務廣德者強有其有者安貪人有者殘滅之政雖成必敗非曰司馬錯曰欲富國者務廣其地欲強兵者務富其人欲王者務博其德三資者備而

後王業隨之是曰傳曰心苟無瑕何恤乎無家語曰禮義之不愆何恤於人言非曰語曰積毀銷金積讒磨骨衆羽溺舟群輕折軸是曰孔子曰君子不器聖人智周萬物非曰列子曰天地無全功聖人無全能萬物無全用全備也故天職生覆地職載形聖職教化是曰孔子曰君子坦蕩蕩小人長戚戚非曰孔子曰晉重耳之有霸心也生於曹衞越勾踐之有霸心也生於會稽故居下而無憂者則思不遠覆身而常逸者則志不廣是曰韓子曰古之人目短於自見故以鏡觀面智短於自知故以道正己非曰老子曰反聽之謂聰內視之謂明自勝之謂彊是曰唐且曰專諸懷錐刀而天下皆謂之勇西施

被毭褐而天下稱美非曰慎子曰毛嬙西施天下之至姣也衣之以皮倛則見者皆走易之以玄緆則行者皆止由是觀之則玄緆色之助也姣者辭之則色厭矣是曰項梁曰先起者制服於人後起者受制於人軍志曰先人有奪人之心非曰史佚有言曰無始禍又曰始禍者死語曰不爲禍始不爲福先是曰慎子曰夫賢而屈於不肖者權輕也不肖而服於賢者位尊也堯爲匹夫不能使其鄰家及至南面而王則令行禁止由此觀之賢不足以服物而勢位足以屈賢矣非曰賈子曰自古至今與民爲仇者有遲有速耳而民必勝之矣故紂自謂天王也而桀自謂天父也已滅之後民以

罵之也以此觀之則位不足以爲尊而號不足以爲
榮矣是曰漢景帝時轅固與黃生爭論於上前黃生曰
湯武非受命乃殺也固曰不然夫桀紂荒亂天下之
心皆歸湯武湯武與天下之心而誅桀紂桀紂之人
弗爲使而歸湯武湯武不得已而立非受命爲何
非曰黃生曰冠雖弊必加於首履雖新必貫於足何
者上下之分也今桀紂雖失道然君上也湯武雖聖
臣下也夫主有失行臣不正言匡過以尊天子反因
過而誅之代立南面非殺而何是曰太公曰明罰則人
畏懾人畏懾則變故出明賞則不足不足則怨長故
明王之理人不知所好不知所惡非曰文子曰罰無度則

戮而無威賞無度則費而無恩故諸葛亮曰威之以法法行則知恩限之以爵爵加則知榮是曰文子曰人之化上不從其言從其行也故人君好勇而國家多難人君好色而國昏亂非曰秦王曰吾聞楚之鐵劍利而倡優拙夫鐵劍利則士勇倡優拙則思慮遠以遠思慮御勇士吾恐楚之圖秦也是曰墨子曰雖有賢君不愛無功之臣雖有慈父不愛無益之子非曰曹子建曰舍罪責功者明君之舉也矜愚愛能者慈父之恩也三略曰含氣之類皆願得其申志是以明君賢臣屈己申人是曰傳曰人心不同其猶面也曹子建曰人各有好尚蘭茝蓀蕙之芳衆人所好而海畔

有逐臭之夫咸池六英之發衆人所樂而墨子有非
之之論豈可同哉[非曰]語曰以心度心間不容針孔子曰
其恕乎己所不欲勿施於人[是曰]管子曰倉廩實知禮
節衣食足知榮辱[非曰]古語曰貴不與驕期而驕自至
富不與侈期而侈自來[是曰]語曰忠無不報[非曰]左傳曰
亂代則讒勝直[是曰]韓子曰凡人之大體取舍同則相
是取舍異則相非也易曰同聲相應同氣相求水
流濕火就燥雲從龍風從虎[非曰]易曰二女同居其志
不同語曰一棲不兩雄一泉無二蛟又曰凡人情以同
相妒故曰同美相妒同貴相害同利相忌[是曰]韓子曰
釋法術而以心理堯舜不能正一國去規矩而忘意

度奚仲不能成一輪使中主守法術拙匠執規矩則
萬不失矣非曰淮南子曰夫弓之所以射遠貫堅者弓
弩力也其所以中的剖微者人心也賞善罰暴者政
令也其所以行者精誠也故弩雖強不能獨中令雖
明不能獨行杜恕曰世有亂人而無亂法若使法可
專任則唐虞不須稷契之佐殷周無貴伊呂之輔矣
是曰慮不先定不可以應卒兵不先辨不可以應敵左
傳曰豫備不虞古之善政非曰左傳曰士蔿謂晉侯曰臣
聞之無喪而慼憂必讎之無戎而城讎必保焉春秋
外傳曰周景王將鑄大錢單穆公曰不可古者天災
降戾於是乎量資幣權輕重以振救人夫備預有未

至而設之（修國備也預備不虞安不忘危）有至而後救之（若救火療疾量資幣之屬）是不相入也（二者先後各有宜不相入）可先而不備謂之怠（怠緩也）可後而先之謂之召災（謂人未有患輕而重之離人之匱財是以召災也）周固羸國也天未厭禍焉而又離人以佐灾無乃不可乎（是曰）左傳曰古人有言曰縱敵數代之患也（非曰）晉楚遇於鄢范文子不欲戰曰吾先君之亟戰也有故秦狄齊楚皆強不盡力子孫將弱今三強服矣（齊秦狄矣）敵楚而已唯聖人能内外無患自非聖人外寧必有内憂（驕而冗則憂患生）盍釋楚以為外懼乎（是曰）三略曰無使仁者主財為其多恩施而附於下（非曰）陶朱公中男殺人囚於楚朱公欲使其少子裝黃金千鎰往視之其長男固請乃使行楚殺其弟

朱公曰吾固知必殺其弟是長與我俱見苦爲生之難故重其財如少弟生見我富乘堅驅良逐狡兎豈知財所從來固輕棄之今長者果殺其弟事理然也無足悲是曰語曰祿薄者不可與入亂賞輕者不可與入難愼子曰先王見不受祿者不臣祿不厚者不與入難非曰田單將攻狄見魯仲子仲子曰將軍攻狄弗能下也何者昔將軍之在即墨坐而織蕢立則杖插爲士卒唱此所以破燕今將軍東有液邑之奉西有蕢上之娛黃金橫帶而馳乎淄澠之間有生之樂無死之心所以不勝也後果然是曰語曰貧賤之交不可忘糟糠之妻不下堂非曰語曰交接廣而信衰於友

爵禄厚而忠衰於君是曰春秋後語曰楚春申君使
孫子爲宰客有說春申君曰湯以亳武王以鄗皆
不過百里以有天下今孫子賢人也而君籍之
百里之勢臣竊爲君危之春申君曰善於是使人謝
孫子孫子去之趙趙以爲上卿非曰客又說春申君曰
昔伊尹去夏入殷殷王而夏亡管仲去魯入齊魯弱
而齊強夫賢者之所在其君未嘗不尊其國未嘗
不榮也今孫子賢人也君何爲辭之春申君又曰善
復使人請孫子是曰韓宣王謂摎留曰吾兩欲用公仲公
叔其可乎對曰不可晉用六卿而國分簡公用田成
闞止而簡公弒魏兩用犀首張儀而西河之外亡今

王兩用之其多力者內樹其黨其寡力者又藉於外權群臣或內樹其黨以擅主命或外爲勢交以裂其地則王之國危矣又曰公孫衍爲魏將與其相田儒不善季文子爲衍說魏王曰王獨不見夫服牛驂驥乎不可百步今王以衍爲可使將固用之也而聽相之計是服牛驂驥之道牛馬俱死而不成其功則王之國傷矣願王察之非日

傅子曰天地至神不能同道而生萬物聖人至明不能一撿而治百姓故以異致同者天地之道也因物制宜者聖人之治也既得其道雖有相害之物不傷乎治體矣水火之性相滅也善用之者陳鼎釜乎其間爨之煮之而能兩盡

其用不相害也天下之物爲水火者多矣何憂乎相
害何患乎不盡其用耶易曰天地睽而其事同也男
女睽而其志通也萬物睽而其事類也是曰陳登爲呂
布說曹公曰養呂布譬如養虎常須飽其肉不飽則
噬人非曰曹公曰不似卿言譬如養鷹饑則爲人用飽則
颺去是曰劉備來奔曹公曹公以之爲豫州牧或謂曹
公曰備有雄志今不早圖後必爲患曹公以問郭嘉
嘉曰有是然公提劍起義兵爲百姓除暴推誠仗
信以招儁傑猶懼其未來也今備有英雄之名以窮
歸已而害之以害賢爲名則智士將自疑迴心擇主
公誰與定天下者夫除一人之患以沮四海之望安危

之機不可不察曹公曰善非曰傅子稱郭嘉言於太祖曰備有雄志而甚得衆心關羽張飛皆萬人之敵也爲之死用以嘉觀之其謀未可測也古人有言曰一日縱敵數世之患宜早爲之所曹公方招懷英雄以明大信未得從嘉謀是曰家語曰子路問孔子曰請釋古之道而行由之意可乎子曰不可也昔東夷慕諸夏之禮有女而寡爲内私壻終身不嫁不嫁則不嫁矣然非貞節之義也倉吾嬈音奴鳥反取妻而美讓與其兄讓則讓矣然非禮讓之讓也今子欲捨古之道而行子之意庸知子意以非爲是乎語曰變古亂常不死則亡書云事弗師古以克永代匪說攸聞非曰趙武靈

王欲胡服公子成不悅靈王曰夫服者所以便國禮
者所以便事聖人觀鄉而順宜因事而制禮所以利
其人而厚其國夫剪髮文身錯臂左衽臨越之人也
黑齒雕題却冠梨綜大吳之國也故禮服莫同而其
便一也鄉異而用變事異而禮易是以聖人謀可以
利其國不一其用謀可以便其禮不法其故儒者一
師而俗異中國同禮而離教況於山谷之便乎故去
就之變智者不能一遠迩之服賢聖莫能同窮鄉多
異俗曲學多殊辯今叔父之言俗也吾之所言以制俗
也叔父惡變服之名以忘効事之實非寡人之所望
也公子成遂胡服是曰務風易俗莫善於樂非曰孟子曰

天道因則大化則細因也者因人之情也日是李壽曰夫以喜怒賞誅而不顧時禁雖有堯舜之心猶不能致和平善言古者必有效於今善言天者必有徵於人設上農夫欲令冬田雖肉袒深耕汗出種之猶不生者非人心不至天時不得也易曰時止則止時行則行動靜不失於時其道光明書曰敬授人時故古之王者尊天地重陰陽敬四時月令順之以善政則和氣可立致猶枹鼓之相應也ヨ非太公謂武王曰天無益於兵勝而衆將所居者九日法令不行而任侵誅無德厚而用日月之數不順敵之強弱而幸於天無智慮而候氛氣少勇力而望天福不知地形

而歸過於時敵人怯弱不敢擊而信龜策士卒不勇而法鬼神設伏不巧而任背向之道凡天道鬼神視之不見聽之不聞不可以決勝敗故明將不法司馬遷曰陰陽之家使人拘而多忌范曄曰陰陽之道其弊也至是翼奉曰治道之要在知下之邪正人誠向正雖愚爲用若其懷邪智益爲害非夫人主莫不愛己也莫知愛己者不足愛也故桓子曰捕猛獸者不令美人舉手釣巨魚者不使稚子輕預非不親也力不堪也奈何萬乘之主而不擇人哉故曰夫犬之爲猛有非則鳴吠而不遑於夙夜此自效之至也昔宋人有沽酒者酒酸而不售何也以有猛犬之故夫

犬知愛其主而不能爲其主慮酒酸之患者智不足也是曰語曰巧詐不如拙誠非曰晉惠帝爲太子和嶠諫武帝曰季世多僞而太子尚信非四海之主憂不了陛下家事武帝不從後惠帝果敗是曰左傳曰孔子歎子產曰言以足志文以足言不言誰知其志言之無文行而不遠晉爲伯鄭入陳非文辭而不爲功慎辭也哉論語曰誦詩三百授之以政不達使於四方不能專對雖多亦奚以爲非曰漢文帝登虎圈美嗇夫口辯拜爲上林令張釋之前曰陛下以絳侯周勃何如人也上曰長者又問曰東陽侯張相如何如人也上復曰長者釋之曰此兩人言事曾不能出口

豐効此嗇夫喋喋利口捷給哉且秦以任刀筆之吏爭以亟疾苛察相高然其獘徒文具耳亡惻隱之實以故不聞其過陵遲至於二世天下土崩今陛下以嗇夫口辯而超遷之臣恐天下隨風而靡爭口辯無其實且下之化上疾於影響舉錯之閒不可不審帝乃止(是曰)太史公曰春秋推見至隱易隱之以顯大雅言王公大人而德逮黎庶小雅譏己之得失其流及上所言雖殊其合德一也相如雖虛辭濫說然其要歸引之節儉此與詩之諷諫何異(非曰)揚雄以為賦者將以諷也必推類而言極麗靡之辭閎侈鉅衍競於使人不能加也既乃歸之於正然覽已過矣往時武帝

好神仙相如上大人賦欲以諷帝帝反漂漂有凌雲之志由是言之賦勸而不止明矣又頗類俳優非法度所存賢人君子詩賦之正也（是曰）淮南子曰東海之魚名鰈（音土盍反与床獨字同）比目而行北方有獸名曰婁更食更候南方有鳥名曰鶼（音兼）比翼而飛夫鳥獸魚鰈猶知假力而況萬乘之主乎獨不知假天下之英雄俊士與之爲伍豈不痛哉（非曰）孤卷子曰父賢不過堯而丹朱放兄賢不過周公而管蔡誅臣賢不過湯武而桀紂伐況君之欲治亦須從身始人何可恃乎（是曰）孔子曰不患無位患己不立（非曰）孔子厄於陳蔡子路愠見曰昔聞諸夫子積善者天報以福今夫子積義懷仁久

矣奚居之窮也子曰由未之識也吾語汝以仁者爲必信耶則伯夷叔齊爲不餓首陽汝以智者爲必用耶則王子比干不見剖心汝以忠者爲必報耶則關龍逢不見刑汝以諫者爲必聽耶則伍子胥不見殺夫遇不遇者時也賢不肖者才也君子博學深謀而不遇時者衆矣何獨丘哉是曰神農形悴唐堯瘦臞舜梨黒禹胼胝伊尹負鼎而干湯呂望鼓刀而入周墨翟無黔突孔子無暖席非以貪禄位將欲起天下之利除萬人之害非曰李斯以書對秦二世云申子曰有天下而不恣睢命之曰以天下桎若堯禹然故謂之桎也夫以人徇己則己貴而人賤以己徇人則己賤

而人貴故徇人者賤而所徇者貴自古及今未有不
然夫堯禹以身徇天下謂之桎者不亦宜乎是曰論語
曰舉逸人天下之人歸心焉魏文侯受藝於子夏敬
段干木過其廬未嘗不式於是秦欲伐魏或曰魏君
賢國人稱仁上下和洽未可圖也秦王乃止由此得
譽於諸侯非曰韓子曰夫馬似鹿此馬直千金今有千
金之馬而無一金之鹿者何也馬爲人用而鹿不爲
人用今夐士不爲人用鹿類也所以太公至齊而斬
華士孔子爲司寇而誅少正卯趙主父使李疵視中
山可攻否還報曰可攻也其君好見巖穴之士布衣
之人主父曰如子之言是賢君也安可攻李疵曰不

吾

然夫上顯巖穴之士則戰士殆上尊學者則農夫惰
農夫惰則國貧戰士怠則兵弱兵弱於外國貧於
内不亡何待主父曰善遂滅中山是曰漢書曰陳平云
我多陰謀道家所禁吾世即廢亡已矣終不能復
起以吾多陰禍也其後玄孫坐酎金失侯非曰後漢范
曄論耿弇曰三代爲將道家所忌而耿氏累葉以功
名自終將其用兵欲以殺止殺乎何其獨能崇也是曰
易曰崇高莫大於富貴又曰聖人之大寶曰位非曰孫子
爲書謝春申君曰鄙諺曰癘人憐王此不恭之言也
雖然古無虛諺不可不審察也此爲劫殺死亡之主
言也夫人主年少而矜材無法術以知姦則大臣主

斷圖私以禁誅於己也故殺賢長而立幼弱廢正嫡而立不義春秋戒之曰楚王子圍聘於鄭未出境聞王病反問病遂以冠纓絞王殺之因自立也齊崔杼之妻美莊公通之崔杼率其黨而攻莊公莊公走出踰於外牆射中其股遂殺之而立其弟近代李兌用趙餓主父於沙丘百日而殺之淖齒用齊擢閔王之筋懸於廟梁宿昔而死夫厲雖腫胞之疾上比前代未至絞纓射股也下比近代未至擢筋餓死也夫劫殺死亡之主心之憂懼刑之困苦必甚於厲矣由此觀之厲雖憐王可也是曰易曰備物致用立成其器以為天下利者莫大於聖人非曰莊子曰聖人不死大盜不止雖

重聖人而治天下則是重利盜跖也爲之斗斛以量之則并與斗斛而竊之爲之權衡以稱之則并與權衡而竊之爲之符璽以信之則并與符璽而竊之爲之仁義以教之則并與仁義而竊之何以知其然耶彼竊鈎者誅竊國者爲諸侯諸侯之門而仁義存焉則是非竊仁義聖智耶故逐於大道揭諸侯竊仁義并斗斛權衡符璽之利雖有軒冕之賞弗能勸斧鉞之威弗能禁此重利盜跖而使不可禁者是乃聖人之過也故曰國之利器不可以示人彼聖人者天下之利器也非所以明天下也是曰論語曰君子固窮小人窮斯濫矣非曰易曰窮則變通則久是以自天祐之吉

無不利太史公曰鄙人有言何知仁義已饗其利者爲有德故伯夷醜周餓死首陽山而文武不以其故貶王跖蹻暴戾其徒誦義無窮由此觀之竊鉤者誅竊國者爲諸侯諸侯之門仁義存焉非虛言也今拘學或抱咫尺之義久孤於代豈若卑論濟俗與代沉浮而取榮名哉是曰東平王蒼曰爲善最樂非曰語曰時不與善已獨由之故曰非妖則妄是曰龐統好人倫勤於長養每所稱述多過於才時人怪而問之統曰當今天下大亂正道陵遲善人少而惡人多方欲興風俗長道業不美其談即聲名不足慕也不足慕企而爲善者少矣今拔十失五猶得其半而可以崇邁代教使

有志者自勵不亦可乎非曰人物志曰君子知損之為
益故功一而美二小人不知自益之為損故伐一而並失
由此論之則不伐者伐之也不爭者爭之也讓敵者
勝之也是故郤至上人而柳下滋甚王叔好爭而終於
出奔藺相如以迴車取勝於廉頗寇恂以不鬪取賢
於賈復物勢之反乃君子所謂道也是曰孝經曰居家
理治可移於官非曰鄙生落魄無以為衣食業陳蕃云
大丈夫當掃天下誰能掃一室是曰公孫弘曰力行近乎仁
好問近乎智知恥近乎勇知此三者知所自理知所以
自理然後知所以理人天下未有不能自理而能理人
著也此百代不易之道非曰淮南子曰夫審於毫釐

之計者必遺天下之數不失小物之選者或於大事
之舉今人才有欲平九州存危國而乃責之以閭閻
之禮脩鄉曲之俗是猶以斧斲毛以刀伐木皆失其
宜矣是曰 商鞅謂趙良曰子之 觀我理秦孰與五羖
大夫賢乎趙良曰夫五羖大夫荆之鄙人也聞繆公
之賢而願望見行而無資自鬻於秦客被褐飯牛
繆公知之舉之牛口之下而加之百姓之上秦國莫敢
望焉今君之見秦王也因嬖人景監以爲主非所以
爲名也非曰 史記曰藺相如因宦者繆賢見趙王又曰
鄒衍作談天論其語閎大不經然王公大人尊禮之適
梁梁惠王郊迎執賓主之禮如燕昭王擁篲先驅

十九

豈與仲尼菜色陳蔡孟軻困於齊梁同乎哉衛靈
公問陣於孔子孔子不荅梁惠王謀攻趙孟軻稱大
王去邠持方柄欲納圜鑿其能入乎或曰伊尹負鼎
而輔湯以王百里奚飾牛繆公用霸作先合然後引
之大道鄒衍其言雖不軌亦將有牛鼎之意乎是曰陳
仲舉體氣高烈有王臣之節李元禮忠平正直有
社稷之能陳留蔡伯喈以仲舉強於犯上元禮長於
接下犯上為難接下為易宜先仲舉而後元禮非曰姚
信云夫皐陶戒舜犯上之徵也舜理百揆接下之効
也故陳平謂王陵言面折庭諍我不如公至安劉氏
公不如我若犯上為優是王陵當高於良平朱雲當

勝於吳鄧乎是曰史記曰韓子稱儒者以文亂法而俠士以武犯禁二者皆譏而學士多稱於世至如以術取宰相卿大夫輔翼其世主固無可言者及若季次原憲季次孔子弟子未嘗仕孔子稱之讀書懷獨行議不苟合當世當世亦笑之今遊俠其行雖不軌於正義然其言必信其行必果已諾必誠不愛其軀赴士之阨困蓋伐其德蓋亦有足多者且緩急人之所時有也虞舜窘於井廩伊尹負鼎俎傅說匿於傅險呂尚困於棘津夷吾桎梏百里奚飯牛仲尼畏匡菜色陳蔡此皆學士所謂有道仁人也猶遭此菑況以中材而涉近代之末流乎其遇害何可勝道哉而布衣

之徒設所取予然諾千里故士窮窘而得委命此豈非人之所謂賢豪者耶誠使鄉曲之俠與季次原憲比權量力効功於當代不同日而論矣曷是小哉〔非日〕漢書曰天子建國諸侯立家自卿大夫以至庶人各有等差是以人服事其上而下無覬覦孔子曰天子有道政不在大夫百官有司奉法承令以脩所職越職有誅侵官有罰然故上下相順而庶事理焉周室既微禮樂征伐出自諸侯桓文之後大夫世權陪臣執命陵夷至於戰國合縱連橫力政爭強由是列國公魏有信陵趙有平原齊有孟嘗楚有春申皆籍王公之勢競為遊俠雞鳴狗盜無不賓禮而趙相虞

卿棄國捐君以周窮交魏齊之厄信陵無忌竊符矯命殺將專師以赴平原之急皆以取重諸侯彰名天下搤腕而遊談者以四豪爲稱首於是背公黨之議成守職奉土之義廢矣及至漢興禁網疏闊未之匡改也魏其武安之屬競逐於京師郭解劇孟之徒馳騖於閭閻權行州域力折公侯衆庶榮其名跡覬而慕之雖陷刑辟自與殺身成名若季路仇牧死而不悔也曾子曰上失其道人散久矣非明王在上示之好惡齊之以禮法人曷由知禁而反正乎古之正法五伯三王之罪人也而六國五伯之罪人也夫四豪者六國之罪人也況於郭解之倫以匹夫之細竊殺

生之權其罪也不容於誅矣是曰尸子曰人臣者以進賢爲功人主者以用賢爲功也史記曰鮑叔舉管仲天下不多管仲之賢而多鮑叔能知人也非曰蘇建賞責大將軍青曰至尊重而天下之賢士大夫毋稱焉願觀古今名將所招選擇賢者大將軍謝曰自魏其武安之厚賓客天子嘗切齒彼親附士大夫招賢黜不肖者人主之柄也人臣奉法遵職而已何與招士其爲將如此議曰此一是一非皆經史自相違者班固云昔王道既微諸侯力政時君世主好惡殊方是以諸家之術蜂起並作各引一端崇其所善以此馳說取合諸侯其言雖殊譬猶水火相滅亦能相生也仁之與義敬之與和事

雖相反而皆相成也易曰天下同歸而殊途一致而百慮此之謂也

適變第十五

昔先王當時而立法度臨務而制事法宜其時則理事適其務故有功今時移而法不變務易而事以古是則法與時詭而事與務易是以法立而時益亂務爲而事益廢故聖人之理國也不法古不脩今當時而立功在難而能免秦孝公用衛鞅鞅欲變法孝公恐天下議已疑之衛鞅曰疑行無名疑事無功夫有高人之行固必見非於世有獨智之慮者見贅於人愚者闇於成事智者見於未萌人不可與慮始而可與樂成論至德者不和於俗成大功者不謀於衆是以聖人苟可以強國不法其故苟可以利人不脩其禮孝公曰善甘龍曰不然聖人不易人而教智有變法而治因人而教不勞而功成緣法而理吏習而人安衛鞅曰龍之所言世俗之言常人安於習俗學者溺於所聞以此兩者居官守法可也非所以與論於法之外也三代不同禮而

立五百又同法而霸智者非法愚者制焉賢者更禮不肖者拘焉杜摯曰利不百不變法功不十不易器法古無過脩禮無邪衛鞅又曰治代不一道便國不必故故湯武不脩古而王夏殷不易禮而亡反古者不可非而脩禮者不足多孝公曰善遂變法也由是言之故知若人者各因其時而建功立德焉孟子曰雖有茲基不如逢時雖有智惠不如逢代范蠡曰時不至不可強生事不究不可強成語曰聖人脩備以待時也何以知其然耶桓子曰三皇以道治五帝用德化三王由仁義五霸用權智說曰無制令刑罰謂之皇有制令而無刑罰謂之帝賞善誅惡諸侯朝事謂之王興兵眾立約盟以信義矯代謂之伯文子曰帝者貴其德也王者尚其義也霸者迫於理也道狹然後任智德薄然後任刑明淺然後任察議曰夫建國立功其政不同也如此五帝以上久遠經傳無事唯王霸二盛之美以定古今之理焉秦漢居帝王之位所行者霸事也故以爲德之次夫王道之治先除人害而足其衣食論曰五畝之宅樹之以桑匹婦蠶之年五十者可以衣帛矣百畝之田數口之家耕稼脩理可以無飢矣雞豚狗彘之畜不失其時老者可以食肉矣夫上無貪欲之求下無奢淫之人薄稅省少而徭役不繁其仕者食祿而已不與人爭利焉是以產業均而貧富不得相懸然後

教以禮儀故明王審已正統慎乃在位宮室輿服不踰禮制九女正房於內三公分職於外制井田以齊之設諸侯以收之使儉不溢侈少不匱乏然後申以辟雍之化示以揖讓之容是以和氣四塞禍亂不生此聖王之教也而威以刑誅使知好惡去就虞帝先命禹平水土后稷播植百穀契班五穀皐陶脩刑故天下太平也是故大化四湊天下安樂此王者之術王者父天母地調和陰陽順四時而理五行養黎元而育群生故王之為言往也蓋言其惠澤優遊善養潤天下天下歸往之故曰王也霸功之大者尊君卑臣權繞由一政不二門賞罰必信法令著明百官循理威令必行夫霸君亦為人除難興利以富國強兵或承衰乱之後或興兵征伐皆未得遵法度申文理度代而制因時施宜以從便善之計而務在於立功也此霸者之術王道純而任德霸道駮而任法此優劣之差也道德經曰我無為而人自化文子曰所謂無為者非謂引之不來推之不往謂其循理而舉事因資而立功推自然之勢也故曰智而好問者聖勇而好問者勝乗衆人之智即無不任也用衆人之力即無不勝也故聖人舉事未嘗不因其資而用也故曰湯

武聖主也而不能與越人乘舲舟泛江湖伊尹賢相也而不能與胡人騎原馬服騊駼孔墨博通也而不能與山居者入榛薄出險阻由是觀之人智之於物淺矣而欲以照海內存萬方不因道理之數而專己之能則其窮不遠故智不足以爲理勇不足以爲強明矣然而君人者在廟堂之上而知四海之外者因物以識物因人以知人也呂氏春秋曰昊天無形而萬物以成大聖無事而千官盡能此謂不教之教無言之詔也夫冬日之陽夏日之陰萬物歸之而莫之使至精之感弗召自來待目而昭見待言而使令其於理難矣文子曰三月嬰兒未知利害而慈母之愛諭焉者情也故曰言之用者小不言之用者大又曰不言而信不施而仁不怒而威是以天心動化者也施而仁言而信怒而威是以精誠爲之者也施而不仁言而不信怒而不威是以外貌爲之也皐陶瘖而

爲大理天下無虐刑師曠瞽而爲太宰晉國無亂政莊子曰天地有大美而不言四時有明法而不議萬物有成理而不說聖人無爲大聖不作觀於天地之謂也不言之令不視之見聖人所以爲師此黃老之術也文子曰聖人所由曰道所爲曰事道由金石壹調不可更事由琴瑟每終而改調故法制禮樂者理之具也非所以爲理也音曹參相齊其治要用黃老術齊國安集及代蕭何爲漢相參去屬其後相曰以治齊獄市爲寄愼勿擾也後相曰治無大於者乎參曰不然夫獄市者所以并容也今君擾之姦人安所容乎吾是以先之由是觀之秦人極刑而天下叛孝武峻法而獄繁此其弊也經曰我無爲而人自化我好靜而人自正參欲以道化其本不欲擾其末也太史公曰參爲漢相國清淨寡欲言合道意然百姓離秦之酷攝參與俱息無爲故天下俱稱其美矣議曰黃老之風蓋帝道也孔子閒居謂曾參曰昔者明王內脩七教外行三至七教脩而可以守三至行而可以征明王之守也則必折衝千里之外其征也還師衽席之上曾子曰敢問七教孔子曰上敬老則下益孝上尊齒則下益悌上樂

施則下益亮上親賢則下擇交上好德則下無隱上惡貪則下恥爭上廉讓則下知節此之謂七教也七教者治之本也教定則本正矣凡上者人之表也表正則何物不正也昔明王之治人也必裂而封之分屬而理之使有司月省而時考之進賢良退不肖然則賢良者悅不肖者懼矣哀鰥寡養孤獨恤貧窮誘孝悌選才能此七者修則四海之內無刑人矣上之親下也如腹心則下之親上也如幼子之於慈母矣其於信也如四時而人信之也如寒暑之必驗故視遠若迩非道迩也見明德也是以兵革不動而威用利不施而親此之謂明王之守折衝千里之外者也議曰昔管子謂齊桓公曰君欲霸王舉大事則必從其本矣夫齊國百姓公之本也人甚憂饑而稅斂重人甚懼死而刑政險人甚傷勞而上舉事不時公輕其稅緩其

刑舉事以時則人安矣此謂修本而霸王也曾子曰何謂三至孔子曰至禮不讓而天下之自理至賞不費而天下之士悅至樂無聲而天下人和何則昔者明王必盡知天下良士之名既知其名又知其實既知其實然後因天下之爵以尊之此謂至禮不讓而天下治因天下之祿以富天下之士此之謂至賞不費而天下之士悅如此則天下之明譽興焉此謂之至樂無聲而天下之人和故曰所謂天下之至仁者能合天下之至親所謂天下之至智者能用天下之和所謂天下之至明者然能舉天下之至賢也故仁者莫大於愛人智者莫大於知賢政者莫大於能官有德之君修此三者則四海之內供命而已矣此之謂折衝千里之外夫明王之征必以道之所廢誅其君改其政弔其人而不奪其財矣故曰明王之征猶時雨之

降至則悅矣此之謂還師衽席之上言安而無憂也故楊雄曰六經之理貴於未亂兵家之勝貴於未戰此孔氏之術也議曰孔氏之訓務德行義益王道墨子曰古之人未知爲宮室就陵阜而居穴而處故聖王作爲宮室爲宮室之法高足以避潤濕邊足以圉風寒宮牆之高足以别男女之禮謹此則止不以爲觀樂也故天下之人財用可得而足也當今之王爲宮室則與此異矣必厚斂於百姓以爲宮室臺榭曲直之望青黄刻鏤之飾爲宮室若此故左右皆法而象之是以其財不足以待凶饑振孤寡故國貧而難理也爲宮室不可不節議曰此節宮室者古之人未知爲衣服時衣皮帶茭冬則不輕而煖夏則

不輕而清聖王以爲不中人之情故聖人作誨婦人以爲人衣爲衣服之法冬則練帛足以爲輕煖夏則絺綌足以爲輕清謹此則止非以榮耳目觀愚人也是以其人用儉約而易治其君用財節而易贍也當今之王其爲衣服則與此異矣必厚斂於百姓以爲文彩靡曼之衣鑄金以爲鉤珠玉以爲珮由此觀之其爲衣服非爲身體皆爲觀好也是以其人淫僻而難治其君奢侈而難諫夫以奢侈之君御淫僻之人欲國無亂不可得也爲衣服不可不節議曰此節衣服者也此墨翟之術也議曰墨家之議去奢節用盖強本道商子曰法令者人之命也爲治之本愼子曰君人者捨法而以身治則受賞者雖當望多無窮受罰者雖當望輕無已君捨

法而以心裁輕重怨之所由生也是以分馬者之用策分田者之用鈎非以鈎策爲過人之智也所以去和塞怨也故曰大君任法而不躬爲則怨不生而上下和也一兔走百人逐之非以兔可分爲百由名分之未定也賣兔滿市盜不敢取者由名分之定也故名分未定雖堯舜禹湯且皆加務而逐之名分已定則貧盜不敢取故聖人之爲法令也置官也置吏也所以定分也尸子曰夫使衆者詔作則遲分地則速是何也無所逃其罪也言亦有地不可不分君臣同地則臣有所逃其罪矣故陳繩則木之枉者有罪審名分則群臣之不審者有罪矣名分定則大詐貞信巨盜愿愨而各自治也尹文子曰名定則物不競分明則私不行物不競非無心由名定故無所措其心私不行非無欲由分明故無所措其欲然則心欲人人有之而得同於無心無欲者在制之有道故也申子曰君如身臣如手君設其本臣操其末爲人君者操契以責其名名者天地之綱聖人之符張天地之綱用聖人之符則萬物無

所逃矣議曰韓子曰人主者非目若師曠乃爲明也不任其數而待目以爲明所見者少矣非不弊之術也不因其勢而待耳以爲聰所聞者寡矣非不欺之道也明主者使天下不得不爲巳視使天下不得不爲巳聽身居深宮之中明燭四海之内而天下不能蔽不能欺者何也匿罪之罰重而告姦之賞厚也孫卿曰明職分序事業材伎官能莫不治理如是則厚德者進廉節者起兼聽齊明而百事無留故天子不視而見不聽而聞不慮而知不動而功塊然獨坐而天下從之此操契以責名者也尸子曰明君之立其貌莊其心虛其視不躁其聽不淫審分應辭以立於朝則隱匿疏遠雖有非焉必不多矣明君不長耳目不行閒諜不強聞見形至而觀聲至而聽事至而應近者不過則遠者理矣明者不失則微者敬矣此萬物無所逃也動者搖靜者安名自名也事自定也議曰尸子曰治水潦者禹也播五穀者后稷也聽獄折衷者皋陶也舜無爲也而爲天下父母此則名自名也太公謂文王曰天有常刑人有常生与天人共其生者而天下靜矣此則事自定之矣是以有道者因名而正之隨事而定之尹文子曰因賢者之有用使不得不用因愚者之無用使不得用用与不用各得其用奚患物之亂也尸子曰聽朝之道使人有分有大善者必問其孰進之有大過者必問其孰任之而行賞罰焉且以觀賢不肖也明分則不弊正名則不虛賢則貴之不肖則賤之賢不肖忠不忠以道觀之由白黑也昔者堯之治天下也以名其名正則天下

治桀之治天下也亦以名其名倚而天下亂是以聖人貴名之正也議曰夫闇主以非賢爲賢不忠爲忠非法爲法以名之不正也李斯書曰韓子稱慈母有敗子而嚴家無格虜者何也則罰之加焉必也故商君之法刑棄灰於道者夫棄灰薄罪也而被刑重罰也夫輕罪且督而況有重罪乎故人弗敢犯矣今不務所以不犯而事慈母之所以敗子則亦不察於聖人之論矣商君之法皆令爲什伍而相司牧犯禁相連於不告姦者明尊卑爵秩等級各以差次田宅妻妾衣服以家次有功者顯榮無功者雖富無芬華務於耕戰此商君之法也此商鞅申韓之術也桓範曰夫商鞅申韓之徒貴尚譎詐務行苛剋廢禮義之教任刑名之數不師古始敗俗傷化此則伊尹周邵之罪人也然則尊君卑臣富國強兵守法持術有可取焉逮至漢興有寗成郅都之輩放商韓之治專以殺伐殘暴爲能順人主之意希旨而行要時趍利敢行禍敗此又商韓之罪人也然其抑強友撫孤弱清己禁姦背私立公亦有此焉至於晚代之所謂能者乃犯公家之法趍私門之勢廢百姓之務趨人間之事

吏煩理務臨時苟辯使官無譴負之累不省下人之寃復是申韓甯鄄之罪人由是觀之故知治天下者有王霸焉有黃老焉有孔墨焉有申商焉此其所以異也雖經緯殊致救弊不同然康濟群生皆有以矣今議者或引長代之法詰救弊之言議曰救弊爲夏人尚忠殷人尚敬周人尚文者或引帝王之風譏霸者之政不論時變而務以飾說故是非之論紛然作矣言僞而辯順非而澤此罪人也故君子禁之

正論第十六

議曰反經是非適變三篇雖博辨利害然其弊流遁漫羨無所歸故作正論以質之

孔子曰六藝於理一也禮以節人樂以發和書以導事詩以達意易以神化春秋以義司馬談曰易著天地陰陽四時五行故長於變禮經紀人倫故長於行書記先王之事故長於政詩記山川谿谷禽獸草木兆牡雌雄故長於風樂所以立故長於和春秋是非故長於理人也

故曰入其國其教可知也其爲人也温柔敦厚詩教也疏通知遠書教也廣博易良樂教也絜靜精微易教也恭儉莊敬禮教也屬辭比事春秋教也故詩之失愚書之失誣樂之失奢易之失賊禮之失煩春秋之失亂其爲人也温柔敦厚而不愚則深於詩也子夏曰聲成文謂之音治世之音安以樂其政和乱世之音怨以怒其政乖亡國之音哀以思其人困故正得失動天地感鬼神莫近於詩太史公曰大雅言王公大人而德建黎庶小雅譏己得失其流及上所言雖殊其合德一也晉時王政陵遲南陽魯褒著錢神論吴郡蔡洪作孫憤前史以爲乱世之音怨以怒其政乖此之謂也疏通知遠而不誣則深於書也書著帝王之道典謨訓誥誓命之文三千之徒並受其義也廣博易良而不奢則深於樂也樂書曰凡音者生人心者也情動其中故形於聲聲成文謂之音是故治世之音安以樂其政和乱世之音怨以怒其政乖亡國之音哀以思其人困樂書曰聲音之道与正相通宮爲君商爲臣角爲人徵爲事羽爲物五者不亂則無怗懘之音矣宮亂則荒其君驕商亂則槌其臣壞角亂則憂其人怨徵乱則哀其事

懃羽乱則危其財匱五者皆乱則誣佚相陵謂之慢如此國滅亡無日矣
夫上古明王舉樂者非以娛心快意所動盪血脉流通精神而和正心
也故宫動脾而和正聲商動肺而和正義角動肝而和正仁徵動心而
和正智羽動腎而和正禮故聞宫音者使人溫舒而廣大聞商音者使
人方正而好義聞角音者使人惻隱而愛人聞徵音者使人樂善而好施
聞羽音者使人整齊而好禮夫禮由外入樂自内出故聖王使人耳聞雅
頌之音目視威儀之禮足行恭敬之容口言仁義之道故君子終日而
邪僻無由入也班固曰樂者聖人之所樂也而可以善人心其感人也深
故先王著其教焉夫人有血氣心知之性而無哀樂喜怒之常應感而
動然後心術形焉故纖微憔悴之音作而民思憂闡諧慢易之音作
而民康樂粗厲猛奮之音作而民剛毅廉直正誠之音作而民肅敬
寬裕順和之音作而民慈愛流僻邪散之音作而民淫乱先王耻其乱也
故制雅頌之聲本之情性稽之度數制之禮義合生氣之和導五常
之行使之陽而不散陰而不集剛氣不怒柔氣不懾四暢交於中而
發作於外足以感人之善心而不使邪氣得接焉是先王立樂之方也
呂氏春秋曰亡國戮人非無樂也其樂不樂溺者非不笑也罪人非不
歌也狂者非不舞也乱世之樂有似於此范曄曰夫鐘鼓非樂之本而
器不可去三牲非孝之主而養不可廢夫存器而亡本樂之失也調氣
以和聲樂之職也崇養以傷行孝之累也行孝以致養孝之大也議曰
東方角主仁南方徵主禮中央宮主信西方商主義北方羽主智此常
理也今太史公以為徵動心而和正智羽動腎而和正禮
則以徵主智羽主禮与舊例乖殊故非末學所能詳也

潔淨精微

而不賊則深於易也易之精微愛惡相攻遠近相取則不能容人近相害之恭儉莊敬而不煩則深於禮也太史公曰余至大行禮官觀三代損益乃知緣人情而制禮依人性而作義人道經緯万端規矩無所不貫誘進以仁義縛束以刑罰故德厚者位尊禄重者寵榮所以總一海內而整齊万人也人體安駕乘為之金与錯衡以繁其飾目好五色為之黼黻文章以表其能耳樂鍾磬為之調諧八音以蕩其心口甘五味為之庶羞酸鹹以致其美情好珍善為之琢磨珪璧以通其意故大路越席皮弁布裳朱絃洞越大羹玄酒所以防其淫侈救其弊也是以君臣朝庭尊卑貴賤之序下及黎庶車与衣服宮室飲食嫁娶喪祭之分事有適宜物有節文周衰禮廢樂壞大小相踰管仲之家遂備三歸循法守正者見侮於世奢溢潛安者謂之顯榮自子夏門人之高弟也猶云出見紛華盛麗而悅入聞夫子之道而樂二者心戰未能決而況中庸以下漸漬於失教服於成俗乎孔子必正名於衛所居不合豈不哀哉班固曰人函天地陰陽之氣有喜怒哀樂之情天稟其性而不能節也聖人能為之節而不能絶也故象天地而制禮樂所以通神明立人倫正情性節万事也人性有男女之情妬忌之別為制婚姻之禮有交接長幼之序為制鄉飲之禮有哀死思遠之情為制喪祭之禮有尊尊敬上之心為制朝覲之禮哀其哭踊之節樂有歌舞之容正人足以副其誠邪人足以防其失故婚姻之禮廢則夫婦之道苦而淫辟之罪多鄉飲之禮廢則長幼之序乱而爭鬪之獄煩喪祭之禮廢則骨肉之恩薄而背死忘生者衆朝聘之禮廢則君臣之位失而

侵凌之漸起故孔子曰安上治人莫善於礼移風易俗莫善於樂揖讓而治天下者禮樂之謂也

屬辭比事而不亂

則深於春秋也

壷遂曰昔孔子何謂作春秋哉太史公曰余聞之董生曰由周道衰微孔子為魯司寇諸侯害之大夫壅之孔子知言之不用道之不行也是非二百四十二年之中以為天下儀表貶天子退諸侯討大夫以達王事而已矣子曰我欲載之空言不如見之於行事之深切著明也夫春秋上明三王之道下辯人事之紀別嫌疑明是非定猶豫善善惡惡賢賢賤不肖存亡國繼絕世補弊起廢王道之大者也撥亂代反之正道莫近於春秋春秋之中殺君三十六亡國五十二諸侯奔走不得保其社稷者不可勝數察其所以皆失其本也壷遂曰孔子之時上無明君下不得任用故作春秋垂空文以斷禮義當一正之法今夫子上遇明天子下得保其社稷者不曠守職夫子所論然以何明太史公曰伏羲至純厚作易八卦堯舜之盛尚書載之禮樂作焉湯武之隆詩人歌之春秋採善貶惡推三代之德襃周室非獨刺譏而已漢興已來至明天子受命於穆清澤流罔極臣下百官力誦聖德猶不能宣盡其意且士賢能而不用有國之耻也主上明聖而聽不布聞有司之過也且余掌其官廢明聖罪莫大焉余所謂述非所謂作也而君比之春秋繆矣

自仲尼沒而微言絕七十子喪而大義乖戰國縱橫真偽分爭諸子之言紛然散亂矣儒家者蓋出於司徒之官助人

君順陰陽明教化者也遊文於六經之中留意於仁義之際祖述堯舜憲章文武崇師仲尼此其最高也然惑者既失精微而辟者又隨時抑揚違離道本苟以譁衆取寵此辟儒之患也司馬談曰儒者博而寡要勞而少功是以其事難盡從然其叙君臣父子之禮列夫婦長幼之別不可易也夫儒者以六藝爲法經傳以十數累世不能通其學當年不能究其禮故曰博而寡要勞而少功若夫列君臣父子之禮序夫婦長幼之別雖百家弗能易也范曄曰夫遊庠序服儒衣所談者仁義所傳者聖法也故人識君臣父子之綱家知違邪歸正之路自桓靈之間朝綱日陵國隙屢啓中智以下靡不審其崩離而剛强之臣息其闚盜之謀豪俊之夫屈於鄙生之義者民誦先王之言也下畏逆順之勢也至如張温皇甫嵩之徒功定天下之半聲絶四海之表俯仰顧眄則大業移矣猶鞠躬昏主之下狼狽折禮之命散成兵就繩約而無悔心者斯豈非學者之効乎故先師褒勵學者之功篤矣道家者蓋出於史官歷紀成敗秉要執本清虛以自守卑弱以自持此君人南面之術也合於堯之克讓易之謙謙此

其所長也及弊者爲之則欲絶去禮樂兼棄仁義獨任清虛何以爲治此道家之弊也司馬談曰道家使人精神專一動合無形贍足万物其為術也因陰陽之大順乘儒墨之善撮名法之要與時遷徙應物變化立信施事無所不宜指約而易操事少而功多夫道家無為又曰無不為其實易行其辭難知其術以虛無為本以因循為用無成勢無常形故能究万物之情不為物先不為物後故能為万物主有法無法因時為業有度無度因無與合故曰聖人不巧時變是守虛者道之常因者君之綱君臣並至使自明也

陰陽家者蓋出於羲和之官敬順昊天歷象日月星辰敬授人時此其所長也及拘者爲之則牽於禁忌泥於小數捨人事而任鬼神此陰陽之弊也司馬談曰陰陽之術大詳而衆忌諱使人拘而多畏然其敘四時之大順不可失也夫陰陽四時八位十二度二十四節各有教令曰順之者昌逆之者亡未必然也故曰使人拘而多忌夫春生夏長秋收冬藏此天之大經也弗順則無以為天下紀綱故曰敘四時之大順不可失也漢書曰天人之際精祲有以相盪善惡有以相推事作乎下者象動乎上陰陽之理各應其感陰變則靜者動陽蔽則明者晻水旱之災隨類而至故曰日蝕地震皆陽微陰盛也臣者君之陰

也子者父之陰也妻者夫之陰也夷狄者中國之陰也春秋曰蝕三十六
地震五十二或夷狄侵中國或政權在臣下或婦弃夫或臣子背君父
事雖不同其類一也是以明王即位正五事五事者貌言視聽思也建大
中以承天心則庶徵序於下日月理於上如人君淫溺後宮般樂游田五
事失於躬大中之道不立則咎徵降而六極至凡災異之發各象過失
以類告人傳曰田獵不宿飲食不享出入不節奪人農時反有姦謀則
木不曲直又曰弃法律逐功臣殺太子以妾為妻則火不炎上又曰好治
宮室飾臺榭內淫亂犯親戚侮父兄則稼穡不成又曰好攻戰輕百姓
飾成郭侵邊戍則金不從革又曰簡宗廟不禱祠廢祭祀逆天時則水
不潤下管輅曰貴人有事其應在天在天則日月星辰也兵動人憂其
應在物在物則山林鳥獸也又曰夫天雖大象而不能言故運星精於上
流神明於下驗風雲以表異役鳥獸以通靈表異者必有沉浮之候通靈
者必有宮商之應是以宋襄失德六鷁退飛伯姬將焚鳥鳴其哭四國
未火融風以發赤雲夾日陝在荊此乃上天之所使自然之明符也後漢
竇武上書曰間者有嘉禾芝草黃龍之瑞見夫瑞生必於嘉士福至實
由吉人在德為瑞無德為災陛下所行不合天意不宜稱慶又裴楷曰
按春秋已來及古帝王未有河清者也臣以為河者諸侯位也清者屬
陽濁者屬陰河當濁而反清者陰欲為陽諸侯欲為帝也京房易傳曰
河水清天下平今天垂異地吐妖民癘疫三者並時而有河清猶春秋
麟不當見而見孔子書以為異也魏青龍中張掖郡云川溢涌寶石負
鼎狀麟鳳龍馬炳煥成形時人以為魏瑞任令于綽齎以問張臶臶密
讖緯曰夫神以知來不追以往以禎祥先見然後廢興從之漢已久亡魏

以得之何所追發興微祥乎此石當今之變異而將來之禎瑞後司馬氏來代魏漢武時至爲上致神君神君但聞其聲不見其形苟悅曰易稱有天道焉有地道焉有人道焉各當其理而不相亂亂則有氣變而然若夫大石自立僵柳復生此形之異也男化爲女死而復生此含氣之異也鬼神髣髴在於人間言語音聲此精神之異也夫形神之異各以類感善則生吉惡則生凶精氣之際自然之符異也故逆天之理則神失其節而妖神事興逆地之理則形失其節而妖妄生逆中和之理則含氣失其節而妖物妄出此其大旨也若夫神君之類精神之異也春秋傳曰作事不時怨讟動於人則有非言之物而言當漢武之時賦斂繁衆人民彫弊故有無形而言至也其於洪範言僭則生時妖此蓋怨讟而生妖之類也故通於道者正身則萬物精神形氣各反其本也後漢陳蕃上書曰昔春秋之末周德衰微數十年間無復災眚者天所棄也天之於漢悢悢無已故慇懃示變以悟陛下除妖去孽實在修德故周書曰天子見怪則修德諸侯見怪則修政大夫見怪則修職士庶見怪則修身神不能傷道妖不能害德漢書曰夫動人以行不以言應天以實不以文此天人之大略矣

法家者蓋出於理官信賞必罰以輔禮制此其所長也及刻者爲之則亡教化去仁愛專任刑法而欲以致治至於殘賊至親傷恩薄厚此法家之弊也司馬談曰法家嚴而少恩然正君臣上下之分不可改也

夫法家不別親踈不殊貴賤一斷於法則親親尊尊之恩絕矣可使行一時之計而不可長用也故嚴而少恩至於尊主卑臣明職分不相踰越雖百家不能改也名家者蓋出於禮官古者名位不同禮亦異數孔子曰必也正名乎此其所長也及繳者為之繳音工釣反則茍鈎鈲析辭而已此名家之弊也司馬談曰名家使人撿而若失貞然其正名實不可不察夫名家苛察繳繞使人不得反其意專決於名時失人情故曰使人撿而善失真若夫控名責實參伍不失此不可不察也鈲音普覓反墨家者蓋出於清廟之官茅屋采椽是以貴儉養三老五更是以兼愛選士大射是以上賢宗祀嚴父是以右鬼右信也四時而行是以非命言無吉凶之命但有賢不肖善惡也以孝示天下是以上同言皆同於治也此其所長也及弊者為之見儉之利因以非禮樂推愛之意而不知別親踈此墨家之弊也司馬談曰墨者儉而難遵是以其事不可偏循然其強本節用不可廢也夫墨者亦上論堯舜

言其德行曰堂高三尺土堦三等茅茨不翦采椽不斲飯土簋飲上形鉶
粱之食藜藿之羹夏日葛衣冬日鹿裘其送死桐棺三寸舉音不
盡其哀教喪禮必以此爲万人率故天下法若此則尊卑無別夫世異時
移事業不同故曰儉而難遵也要曰強本節用則家給人足之道此墨家
之所長雖百家不能廢也漢武帝問董仲舒策曰蓋儉者不造玄黃旌
旗之飾及至周室設兩觀乘大輅八佾陳於庭而頌聲興夫帝王之道豈
異旨哉對曰制度文彩玄黃之飾所以明尊卑異貴賤而勸有德也故
春秋受命所先制者改正朔易服色所以應天也然則宮室旌旗之制有
法而然者也孔子曰奢則不遜儉則固儉非聖人之中制故曰奢不僭上儉不逼下此王道也縱橫家者蓋出於
行人之官孔子曰使乎使乎言當權事制宜受命
不受辭此其所長也及邪人爲之則上詐諼許遠反而
棄其信此縱橫之弊也荀悦曰世有三遊德之賊也一曰遊俠二曰遊說三曰遊行夫立氣勢作威福結
私交以立強於世者謂之遊俠飾辯辭設詐謀馳逐於天下以要時世者
謂之遊說色取人合時好連黨類立虛譽以爲權利者謂之遊行此三
三者亂之所由生傷道害德敗法或世先王之所慎也凡三遊之作主於
季世周秦之末尤甚焉上不明下無正制度不立綱紀弛廢以毀譽爲榮
辱不核其眞以愛憎爲利害不論其實言論者計厚薄而吐辭選舉
者度親疏而下筆然則利不可以不義求害不可以道避是以君子犯禮

小人犯法飾華廢實覽取時利薄骨肉之恩篤僚友之厚忘修身之道而求衆人之譽苞苴盈於門庭聘問交於道路於是流俗成而正道壞矣遊俠之本生於武毅不撓久要不忘平生之言見危授命以救時難而濟同類以正行之者謂之武義其失之甚者至於爲盜賊矣遊說之本生於是非使於四方不辱君命出疆有可以安社稷利國家則專對解結之辭繹矣民之瘼矣以正行之者謂之辯智其失之甚者至於詐矣遊行之本生於道德仁義汎愛容衆以文會友和而不同進德及時以立功業於世以正行之者謂之君子其失之甚者至於因事害私爲姦究矣甚相殊遠豈不哀哉故大道之行則三遊廢矣雜家者蓋出於議官兼儒墨合名法知國體之有此見王理之無不貫此其所長也及盪者爲之則漫羨而無所歸心此雜家之弊也農家者蓋出於農稷之官播百穀勸耕桑以足衣食孔子曰所重人食此其所長也及鄙者爲之則欲君臣之幷耕勃上下之序農家之弊也班固曰馬遷史記其是非頗謬於聖人論大道則先黄老而後六經序遊俠則退處士而進姦雄述殖貨則崇利勢而羞賤貧此其所弊也然其善序事理辯而不華質而不俚其文直事核不虛

美不隱惡故世謂之實錄文子曰聖人之從事也所由異路而同歸秦楚燕魏之歌異轉而皆樂九夷八狄之哭異聲而皆哀夫歌者樂之徵也哭者哀之効也憤憤於中而應於外故在所以感之矣論曰范曄稱百家之言政者尚矣大略歸乎寧固根柢革易時弊也而遭運無恒意見偏雜故是非之論紛然相乖嘗試論之夫世非胥庭人乖鷇飲理迹万肇情故萌生雖周物之智不能研其推變山川之奧未足況其紆險則應俗適事難以常條何以言之若夫玄聖御代則大同極軌施舍之道宜無殊典而損益異運文朴遞行用明居晦迴穴於曩時興戈陳俎參差於上世及至戴

黃屋服絺衣豈薄不齊而致治則一亦有宥公族黜國鞸寬躁己隔而防非必同此其分波而共源百慮而一致者也若乃偏情矯用則枉直必過故葛屨履霜弊由崇儉楚楚衣服戒在窮奢疏禁厚下以尾大陵弱斂威峻法以苛薄分崩斯曹魏之剌所以明乎國風周秦末軌所以彰於微滅故用捨之端興敗資焉是以繁簡唯時寬猛相濟刑書鑄鼎事有可詳三章在令取貴能約太叔致猛政之衰國子流遺愛之涕宣孟改冬日之和平陽循畫一之法斯實弛張之弘致庶可以徵其統乎數子之言當世失得皆悉究矣然多謬通方之訓好申一隅

之說貴清淨者以席上爲腐議束名實者以柱下爲誕辭或推前王之風可行於當年有引救弊之規宜流於長世稽之篤論將爲蔽矣由此言之故知有法無法因時爲業時止則止時行則行動不失其時其道光明非至精者孰能通於變哉

長短文經第三

淨戒院印

長短經卷第四　　霸紀上

霸圖第十七

臣聞周有天下其理三百餘年成康之隆也刑錯四十餘年而不用及其衰也亦三百餘年太公謂文王曰雖屈於一人之下則申於萬人之上唯賢人而後能爲之於是文王所就而見者六人求而見者十人所呼而友者千人友之友謂之朋朋之朋謂之黨黨之黨謂之羣以此友天下賢人者二人而歸之故曰三分天下有其二以服事殷此之謂者也故五伯音霸更起伯者常佐天子興利除害誅暴禁邪匡主海內以尊天子五伯既沒賢聖莫續天子孤弱號令不行諸侯恣行強凌弱衆暴寡吳王問伍子胥曰伐楚如何對曰楚執政衆而乖莫適任患若爲三師以肄之一師至彼必皆出彼出則歸彼歸則出楚必道敝亟肄以疲之多方以誤之既疲而後以三軍繼之必大克闔閭從之楚於是乎始病越王句踐問於大夫種曰伐吳何如對曰伐吳有七術其略云一曰尊天事鬼以空其邪遺之好美以熒其志遺之巧工使起宮室以盡其財遺之諛臣使之易伐

強其諫臣使之自殺堅甲厲兵以承其獘越王於是飾美女西施獻之吳王吳王悅之子胥諫不受吳王誅子胥越又爲禁楣鏤以黃金獻之吳王吳王受之而起姑蘇之臺五年乃能成百姓道死越又蒸粟種遺吳王吳王付人種之不生吳大飢齊桓公欲弱楚乃鑄錢市生鹿於楚楚聞之喜廢耕而獵鹿桓公藏粟五倍楚足錢而乏粟桓公乃閉關楚降者十四五及柯之盟桓公欲倍曹沫之約管仲因而信之諸侯由是歸齊故其稱曰知與之爲取政之寶也鄭桓公欲襲鄶先問鄶之豪傑良臣辯七書其名姓擇鄶之良田賂之爲官爵之名而書之因爲壇墉郭門之外而埋之釁以鷄猳之血鄶君以爲内難也盡殺之桓公因襲鄶此皆諸侯恣行天子之令不行也

田常篡齊六卿分晉並爲戰國此人之始苦也

齊侯與晏子坐于露寢公歎曰美哉兹室其誰有此乎晏子曰如君之言其陳氏乎陳氏雖無大德而有施於人豆區釜鍾之數其取之公也薄其施之人也厚公厚斂焉陳氏厚施焉人歸之矣詩云雖無德與汝式歌且舞陳氏之施人歌舞之矣復世若少隋陳氏而不亡則國其國也已後果篡齊智伯從韓魏之君伐趙韓魏陰謀叛智果曰二主殆將有變不如殺之不殺則遂親之智伯曰親之奈何智果曰魏宣子之謀臣趙葭韓康子之謀臣段規是皆能移其君之計君與二君約破趙則封二子萬家之縣各一如是則一主之心可以無變智伯不從韓魏果反殺智伯

於是強國務攻弱國務守合縱連衡馳車轂擊介胄生蟣蝨人無

所告訐及至秦蠶食天下并吞戰國一海内之政壞諸侯之城法嚴政峻諂諛者衆使蒙恬將兵北攻胡尉他將卒以戍越宿兵無用之地人不聊生始皇崩天下大叛陳勝吳廣舉於陳陳涉吳廣戍漁陽屯大澤會天雨道不通度巳失期失期當斬二人乃謀曰今巳失期當斬今舉大計亦死死爲国可乎乃先巳鬼神威衆因斬尉召令徒屬曰公等遇雨皆巳失期失期當斬藉令弟無斬而戍死者固十六七且壯士不死則亡巳死則舉大名侯王將相寧有種乎徒屬皆曰敬受命遂分將徇地自立爲陳王

武臣張耳舉於趙武臣略定趙地號武信君蒯通說范陽令徐公曰臣范陽百姓蒯通也竊閔公之將死故弔雖然賀公得通而生也徐公再拜曰何以弔之通曰足下爲令十年矣殺人之父孤人之子斷人之足黥人之首甚衆然而慈父孝子所以不敢傳刃公之腹中者畏秦法也今天下大亂秦政不施然則慈父孝子將爭接刃公之腹以復其怨而成其名此通之所以弔也曰何以賀得子而生也通曰趙武信君不知通不肖使人候通問其死生通見武信君而說之曰必將戰勝而後略地攻得而後取天下城臣竊以爲殆矣用臣之計無戰而略地不攻而下城傳檄而千里可定可矣彼將曰何謂也臣因說曰范陽令宜整頓其士卒以守戰者也怯而畏死貪而好富者故

欲以其城先下君先下君而不利則邊地之城皆將相告曰范陽令先降而身死必將嬰城因守皆宜金城湯池不可攻矣爲君計者莫如以黃屋朱輪迎范陽令使馳騖於燕趙之郊則邊城皆相告曰范陽令先下而身富貴矣必相率而降由是如坂上走丸也此臣所謂傳檄而千里定者也徐公再拜遺其車馬遣通通遂以此說武臣武臣以車百乘騎二百侯印迎徐公燕趙聞之降其三十餘城如蒯通策也項梁舉吳梁令項羽殺假守通便舉兵起吳吳今蘇州也田儋舉齊儋從少年縛奴欲殺之以狀令因殺令舉兵也景駒舉郢周市舉魏韓廣舉燕窮山通谷豪傑並起而亡秦族矣

漢高祖名邦字季姓劉氏沛國豐邑人爲泗上之亭長秦二世元年陳勝等起勝自立爲楚王張耳陳餘諫曰將軍出萬死之計爲天下除害今始至陳而自立爲王是示天下之私也不如立六國後自爲樹黨進師而西則野無交兵城無守墻誅暴秦據咸陽以令諸侯天下可圖也勝不聽沛人殺其令立高祖爲沛公時項梁止薛沛公往從之共立義帝范增說項梁曰秦滅六國楚最無罪自懷王入秦不反楚人憐之故語曰

楚雖三戶亡秦必楚今陳勝首事不立楚後其勢不長今君起江東楚鋒起之將皆爭附君者以君代代楚將為能復立楚後也梁自求懷王孫心立也約曰先入咸陽者王之秦將章邯大敗項梁於定陶梁死章邯以為楚不足憂乃北伐趙楚使項羽等救趙遣沛公別將西入關沛公遂攻宛降之沛公攻宛南陽太守呂齮保城不下沛公欲遂西張良曰強秦在前宛兵在後此危道也乃圍宛宛急齮欲自殺其舍人陳恢踰城見沛公曰宛吏人懼死堅守足下盡日攻之死傷者必衆引兵而去宛必隨之足下前失咸陽之約後有強宛之患不如降封其守引其甲卒而西諸城未下者必開門而待足下沛公曰善封呂齮為殷侯攻武關大破秦軍趙高殺二世立子嬰遣兵距關張良曰秦兵尚強未可輕也願益張其熾諸山上為疑兵令酈食其持重寶啗秦秦將果欲連和俱西沛公欲聽之良曰此獨其將欲叛恐士卒不從士卒不從必危不如因其解而擊之乃擊秦軍破之入咸陽與秦人約法三章秦人獻牛酒沛公讓不受於是人知德矣遣兵拒關欲王關中是時項羽破秦軍於河北率諸侯兵四十萬至鴻門欲擊沛公沛公因項伯自解于羽羽遂殺子嬰而東都彭城

立沛公爲漢王王巴漢漢王不肯就國欲攻楚蕭何曰王雖王漢之惡不猶愈於死乎且該曰天漢其稱甚美夫能屈於一人之下則申於萬人之上湯武是也願大王王漢中撫其士人以致賢人收用巴蜀還定三秦天下可圖

於是用韓信策乃東伐還定三秦漢王之國也韓信亡楚從入蜀無所知名數與蕭何語何奇之薦爲大將軍信拜禮畢王曰丞相數言將軍將軍何以敎寡人計策信謝因問王曰今東向爭權天下者豈非項王耶曰然信曰大王自料勇悍仁強孰與項王比漢王默然良久曰不如也信再拜賀曰雖信亦以爲大王不如然臣嘗事之請言項王之爲人也項王喑啞喑啞叱咤千人皆廢然不能任屬賢將此特匹夫之勇也項王見人恭敬慈愛言語呴嘔呴嘔人有疾病涕泣分食飲至使人有功當封爵者銷印列弊忍不能與此所謂婦人之仁也項王雖霸中國而臣諸侯不居關中而都彭城有倍義帝之約而以親愛王諸侯不平諸侯之見項王遷逐義帝置江南亦皆歸逐其主而以自王善地項王所過無不殘滅者天下多怨百姓不親附特劫於威強服耳名雖爲霸實失天下心故曰其強亦弱今大王誠能反其道任天下武勇何所不誅以天下城邑封功臣何所不服以義兵從思東歸之士何所不散且三秦王爲秦將將秦子弟數歲矣殺亡不可勝計又欺其衆降諸侯至新安項王詐坑秦降卒三十餘萬唯獨邯欣翳得脫秦人父兄怨此三人痛入骨髓今楚強以威而王此三人秦人莫威也大王之入武關秋毫無所害除秦苛法与秦約法三章耳秦人無不欲得大王王秦者於諸侯之約大王當王關中關

中人户咸知之大王失識入漢中秦人無不恨者今大王舉而東三秦可傳檄而定是漢王大喜遂聽信計初漢王之國也張良送至襃中說漢王曰王何不燒絶所過棧道示天下無還心以固項王項王意漢王乃使張良還因燒之楚以此無憂漢王之心也田榮怨項王之不已殺田市自立爲齊王羽北擊滅齊項羽以吳令鄭昌爲韓王拒漢張良遺項羽書曰漢王失職之蜀欲得王關中如約即止不敢反又以齊反書遺羽曰齊欲滅楚羽以故不西行而北擊齊而使九江王殺義帝於郴漢王爲之縞素發喪臨三日以告諸侯董公說漢王曰臣聞順德者昌失德者亡兵出無名事故不成故曰明其爲賊敵乃可服項王爲無道放殺其主天下之賊也夫仁不以勇義不以力三軍之衆爲之素服以告諸侯爲此東伐四海之内莫不仰德此三王之舉也漢王曰善漢王因項羽之擊齊率諸侯之師五十六萬東襲楚破彭城羽聞之留其將擊齊自以精兵三萬歸擊漢漢王與羽大戰彭城下漢王不利出梁地至虞謂左右曰孰能爲使淮南王黥布令發兵背楚留項

王於齊數月我之取天下可以萬全隨何乃使淮南說布背楚隨何說淮南王曰漢王使使臣敬進書於大王御者竊惟大王與楚何親也淮南王曰寡人北向而臣事之必以楚爲強可以託國也隨何曰大王與項王俱列爲諸侯北面而臣事之必以楚爲強可以託國也項王伐齊身自負版築以爲士卒先大王宜悉淮南之衆身自將之爲楚軍前鋒今乃發四千人以助楚北面而臣事人者固若是乎夫漢王戰於彭城項王未出齊也大王宜掃淮南之兵渡淮南日夜會戰彭城下大王撫萬人之聚無渡淮者垂拱而觀孰勝夫託國於人臣者固若是乎大王提空名以向楚而欲厚自託臣竊爲大王不取也然大王不背楚者以漢爲弱也夫楚兵雖強天下負之以不義之名以其背約而殺義帝也然而楚王將以戰勝自強漢王收諸侯還守滎陽下蜀漢之粟深溝高壘分卒守徼乘塞楚人還兵間以梁地深入敵國八九百里欲戰則不得攻城則力不能老弱轉糧千里之外楚兵至滎陽城皋漢堅守而不動進則不得攻退則不得解故曰楚不足恃也使楚勝則諸侯自危懼而相救夫楚之強適足以致天下之兵耳故楚不如漢其勢易見也今王不與萬人全之漢而自託於危亡之楚臣竊爲大王惑之臣非以淮南之兵足以亡楚也夫王發兵而倍楚項王必留齊數月漢之取天下可以萬全臣請以大王提劍而歸漢：王必裂地土而分天下大王又況淮南淮南必大王有也故使臣進愚計願大王留意也淮南王曰請奉命陰許叛楚與漢未敢泄楚使者在淮南方急責英布發兵傳舍隨何直入坐楚使者上坐曰九江王

以歸漢楚何得以令發兵布愕然楚使者起何因說布曰事巳搆矣獨殺楚使者無使歸而疾走漢幷力乃如漢使者敎於是殺楚使者因起兵攻楚也

漢王如滎陽使韓信擊魏王豹虜之 漢王問酈生曰魏大將誰也曰栢直王曰此其口尚乳臭不能當韓信騎將馮敬王曰不能當灌嬰步將項他王曰不能當曹叅在吾無患矣王乃以信爲左丞相擊魏信進兵爲陳船欲渡臨晉魏衆兵距之信乃伏兵從夏陽以木罌渡軍襲安邑虜魏王豹使進兵伐趙也

漢遂與楚相拒於滎陽楚圍漢王用陳平計間得出 漢王急問陳平策安出陳平曰彼項王骨鯁之臣亞父鍾離末之屬不過數人大王能出捐數萬金行反間間其君臣以疑其心項王爲人意忌信讒必內相誅漢因舉攻之破楚必矣漢王乃以四萬斤金與平恣其所爲不問出入平既多以金縱反間於楚軍宣言諸將鍾離末等爲項王將功多矣然終不能裂地而封欲與漢爲一以滅項氏分王其地項王果疑使使至漢漢爲大牢之具舉進見楚使即佯驚曰吾以爲亞父使乃項王使也復持去以惡具進楚使使歸具報項王項王大疑亞父亞父欲急擊漢王項王不信亞父亞父聞項王疑乃曰天下事大定矣君王自爲之願賜骸骨項王從之

入關收兵欲復東轅生說漢王出軍宛葉引項王南渡使韓信等得集河北羽兵果引兵南渡如其策 轅生說曰漢与楚相

長四

五

非於滎陽城皐數月漢常困願王出武關項王必引兵南走王深壁令滎陽城皐閒且得休息使韓信等得集於河北趙地君王乃復走滎陽計出軍宛葉閒項王聞漢王在宛果引兵南渡如轅生之策如此則楚備者多力分漢得休息復與之戰破楚必矣漢王從此

韓信與張耳以兵數萬東下井陘擊趙破之乃報漢因請立張耳爲趙王以鎮撫其國漢王從之

初趙王與成安君陳餘聞漢且襲兵之聚兵井陘口廣武君李佐車說曰聞漢將韓信涉西河虜魏王擒夏說新喋血閼與今乃輔於張耳議欲下趙此乘勝而去國遠鬬其鋒不可當臣聞千里餽粮士有饑色樵蘇後爨師不宿飽今井陘之道車不得方軌騎不得成列行數百里其勢粮食必在後願足下假臣奇兵三萬人從閒道出絶其輜重足下深溝高壘堅營勿與戰使前不得鬬退不得還吾奇兵絶其後野無所掠鹵不至十日而兩將之首可致於戲下願足下留意臣之計不必爲二子所禽成安君不聽廣武君廣武君策不用信閒知之大喜乃進軍擊趙破之趙之破也韓信令軍中無殺廣武君有能生得者購千金於是有縛廣武君而致戲下者信乃解其縛師事之問曰僕欲北攻燕南伐齊何若而有攻廣武君辭謝曰臣聞敗軍之將不可與言勇亡國之大夫不可與圖存今臣敗亡之虜何足以權大事乎信曰僕聞百里奚居虞而虞亡在秦而秦霸非愚於虞而智於秦用聽與不用聽也誠令成安君聽足下計若信者亦爲禽矣僕委心歸計願足下勿辭廣武君曰臣聞智者千慮

必有一失愚者千慮必有一得故曰狂夫之言聖人擇焉顧恐臣計未必足用願効愚忠夫成安君有百戰百勝之計一旦而失之軍破鄗下身死泜上今將軍涉西河虜魏王禽夏說閼與一舉而下井陘不終朝而破趙二十萬衆誅成安君名聞海內威震天下農夫莫不輟耕釋耒工女下機褕衣甘食傾耳以待命若此者將軍之所長也然而衆勞卒疲其實難用今將軍欲舉倦弊之兵頓燕堅城之下欲戰恐不得攻城不能拔情見勢屈曠日糧竭而弱燕不服齊必距境以自強也燕齊相持而不可下劉項之權未有所分也若此者將軍之短也臣愚竊以爲過矣故善用兵者不以短擊長而以長擊短韓信曰然則何用廣武君曰方今爲將軍計莫如案甲休兵以鎮趙撫其孤弱百里之內牛酒日至以饗士大夫醳兵北首燕路而後遣辯士奉咫尺之書暴所長於燕燕必不敢不聽燕以從使諠告者東告齊齊必從風而服雖有智者亦不知爲齊計矣如是則天下事可圖也兵固有先聲而後實者此之謂也韓信曰善從其策發使燕燕從風而靡也十二月漢王拒楚於成皐享師欲復戰郎中鄭忠說曰王高壘深壁勿與戰使劉賈佐彭越入楚地焚其積聚破楚師必矣項羽乃東擊彭越留曹無咎守成皐時漢數困滎陽成皐計欲捐成皐以東屯鞏洛以距楚用

長四　　六

酈生計復守成皐

酈生說曰臣聞知人之天者王事可成不知人之天者王事不可成王者以人爲天而人以食爲天夫敖倉天下轉輸久矣臣聞其下乃有藏粟甚多楚人拔滎陽不堅守敖倉乃引而東令適卒東守成皐此乃天所以資漢也方今楚易取而漢反却自奪便臣臣以爲過矣且兩雄不俱立楚漢久相持不决百姓騷動海内揺蕩農夫釋耒工女下機天下之心未有所定願足下急復進兵收滎陽據敖倉之粟塞成皐之險杜太行之路拒飛狐之口守白馬之津以視諸侯効實形制之勢則天下知所歸矣今燕趙已定唯齊未下今田廣據千里之齊田閒將二十萬之衆軍於歷城諸田宗彊負河阻海濟南近楚人多變詐足下雖遣數十萬師未可以歲月破也臣請得奉明詔說齊王使爲漢而稱東藩上曰善乃從其畫復守敖倉而使酈生說齊王曰王知天下之所歸乎王曰不知也曰王知天下之所歸則齊國可得而有也若王不知天下之歸即齊國未可得保也齊王曰天下何歸酈生曰天下歸漢王曰先生何以知之酈生曰漢王與項羽戮力西向擊秦約先入咸陽者王之漢王先入咸陽項王負約不與而王之漢中項羽遷殺義帝漢王聞之起蜀漢之兵擊三秦出武關而責義帝之處收天下之兵立諸侯之後降城即以侯其將得賂即以分其士與天下同其利英豪賢才皆樂爲之用諸侯之兵四面而至蜀漢之粟方船而下項王有背約之名殺義帝負於人之功無所記於人之罪心不忘戰勝而不得其賞拔城而不得其封非項氏莫能用事爲人刻印而不能授攻城得賂積財而不能賞天下叛之賢才怨之而莫爲用故天下之士歸於漢王可坐而策也夫漢王發蜀漢之三秦涉西河之水授上黨之兵下

長四 六

井陘之路誅成安君之罪北破魏舉二十三城此蚩尤之兵非人力也天之福也今已據敖倉之粟塞成皋之險守白馬之津杜太行之坂拒飛狐之口天下後服者先亡矣王疾先下漢王齊國社稷可得而保也不下漢王危亡立可待也田廣以爲然乃聽酈生說罷歷下兵守淮陰侯乃夜渡兵平原襲齊齊王亨酈生引兵東走初酈生見沛公沛公方倨牀使兩女子洗足而見酈生酈生入則長揖不拜曰足下欲助秦攻諸侯耶且欲率諸侯破秦耶沛公罵曰竪儒天下同苦秦久矣故諸侯相率而攻秦何爲助秦攻諸侯乎酈生曰必欲聚徒合義兵誅無道之秦不宜倨見長者於是沛公輟洗起而謝之

羽初東囑曹咎曰漢即挑戰愼勿與戰勿令漢得東而已咎乃出戰死漢王遂進兵取成皋漢挑曹咎戰楚軍不出使人辱之數日咎怒渡兵汜水上士卒半渡擊破之盡得楚國寶貨羽聞咎破乃還軍廣武閒爲高壇置太公於其上漢王遣侯公說羽求太公羽乃與漢約中分天下割鴻溝以西爲漢以東爲楚歸漢王父母及呂后項王解而東漢王欲西張良曰今漢有天下太半而諸侯皆附楚兵疲

食盡此天亡楚之時不如因其東而取之漢王乃追羽與齊王韓信魏相彭越期會擊楚皆不會用張良計信等皆引兵圍羽垓下遂滅項氏漢王問張良曰諸侯不從奈何良曰楚兵且破未有分地其不至固宜君王能與共天下可立致也齊王信之言非君王意信亦不自堅彭越本定梁地始君以魏豹死越得拜爲相國今豹死越亦望王而君王不早定今能取睢陽以北至穀城以王彭越從陳以東傳海與齊王信信家在楚其意欲復得故邑能出捐此地以許兩人使各自爲戰則楚易敗於是漢王發使使韓信彭越劉賈等皆引兵圍羽垓下都洛陽用婁敬策從都長安婁敬說上曰陛下都洛豈欲與周室並隆哉上曰然敬曰陛下取天下與周室異周之先自后稷堯封之於邰積德累善十有餘世公劉避桀居豳大王以戎狄故去豳杖馬箠居岐國人爭歸之及至文王爲西伯斷虞芮之訟始受命呂望伯夷自海濱來歸之武王伐紂不期而會孟津之上者八百諸侯皆曰紂可伐矣遂滅殷成王即位周公之屬傅相焉乃營成周洛邑以此爲天下之中也諸侯四方咸納職貢道理均矣有德則易以王無德則易以亡凡居此者欲令周務以德致人不欲依阻險令後世驕奢以虐人也及周之盛時天下和洽四夷向風慕義懷德附離而並事天下不屯一卒不戰一士四夷大國之民莫不賓服效其貢職及其周之衰

也分而爲兩三天下莫朝周不能制非其德薄形勢弱也今陛下起豐擊沛收卒三千人以足徑往而卷蜀漢定三秦與項藉戰於滎陽爭成皋之口大戰七十小戰四十使天下之民肝腦塗地父子暴骨於中野不可勝數哭泣之聲未絕傷夷之者未起而欲比隆於成康之時臣切以爲不侔矣且夫秦地被山帶河四塞以爲固卒然有急百萬之衆可拒此所謂天府也陛下入關而都之山東雖亂秦之故地可全而有夫與人鬬不搤其喉而拊其背未能全勝也今陛下入關而都長安業秦之故地此亦搤天下之喉而拊其背高祖以問羣臣羣臣皆曰山東人爭王周曰周王七百年秦二世即滅不如都洛陽洛陽東有成皋西有崤澠背河向伊雒其固亦足恃也留侯曰洛陽雖有此固其中小不過數百里地薄四面受敵此非用武之國也夫關中左崤函右隴蜀沃野千里南有巴蜀之饒北有胡苑之利阻三面而守獨以一面東制諸侯諸侯安定河渭漕輓天下足以西給京師諸侯有變順流而下足以委輸此所謂金城千里天府之國婁敬說是也於是高帝即日駕西都關中

有告楚王韓信反用陳平計擒之廢爲淮陰侯

高帝問上將將曰亟發兵坑豎子耳高帝默然問陳平平曰人上書言信反人有聞知者乎曰未有曰信知之乎曰不知平曰陛下精兵孰與楚上曰不能過平曰陛下將用兵有能敵韓信乎上曰莫及也平曰今兵不如楚精兵將又不及而舉兵擊之是趣戰也切爲陛下危之上曰爲之奈何平曰古者天子巡狩會諸侯南方有雲夢陛下弟出僞遊雲夢會諸侯於陳楚之西界信聞天子以好出遊其勢必郊迎謁而陛下因擒之此時

一力士之事高帝以爲然發使告諸侯上因隨行信果迎道中帝預具武士見信即執縛之田肎賀上曰甚善陛下得韓信又治秦中秦形勝之國帶河阻山懸隔千里執戟百萬秦得百二焉地勢便利其以下兵於諸侯譬猶居高屋之上建瓴水也夫齊東有琅邪即墨之饒南有太山之固西有濁河之限北有渤海之利地方二千里持戟百萬懸隔千里之外齊得十二焉此東西秦也非親子弟莫可使王齊者上曰善賜金五百斤

陳豨爲代相與韓信王黃等反豨自立爲代主上自往破之

高祖赦趙代吏人爲豨所詿誤者趙相奏斬常山守尉曰常山二十五城豨反亡其二十城上問曰守尉反乎對曰不反上曰是力不足也赦之復以爲守尉上既至邯鄲喜曰豨不南據漳水北守邯鄲吾知其無能爲也問周昌曰趙亦有壯士可令將者乎對曰見有四人四人謁上慢罵曰豎子能爲將乎各封之千戶以爲將左右諫曰從入蜀漢伐楚功未徧行今此何功而封上曰非爾所知也陳豨反邯鄲以北皆豨有也吾以羽檄徵天下兵未有至者今唯獨邯鄲中兵耳吾乎愛四千戶不封此四人以慰趙子弟心皆曰善於是上曰陳豨將誰也曰王黃曼丘臣皆故賈人上曰吾知之矣乃各以千金購黃臣等其黃臣等麾下授購賞皆生得以固陳豨軍遂敗初韓信知漢畏惡其能與陳豨謀反高帝自將擊豨信稱病不從行欲從中起信舍人得罪信囚之欲殺舍人弟告信反狀於呂后呂后欲召恐其黨不就乃與蕭相國謀詐令人從上所來言豨已死矣列侯群臣皆賀相國詐信曰雖病強入賀信入呂后使武士縛信斬之長樂宮矣

尉他王南

越反高祖使陸賈賜尉他印綬爲南越王令稱臣奉

漢約陸生至南越尉他魋髻箕踞見陸生陸生因進說曰足下中國人親戚昆弟墳墓在眞定今足下反天性弃冠帶欲以區區之

越與天子抗衡爲敵國禍且及身矣且夫秦失其政諸侯豪傑並起唯漢王先入關據咸陽項王背約自立爲西楚霸王諸侯皆屬可謂至強然漢王起巴蜀鞭笞天下制諸侯遂誅項羽滅之五年閒海內平定此非人力天之所建也天子聞君王南越不助天下誅暴逆將欲移兵而誅王天子憐百姓新勞苦且休之遣臣授君王印綬剖符通使君王宜郊迎北面稱臣乃欲以新造未集之越屈強於此漢誠聞之掘王先人冢夷王種宗族使一偏將將十萬衆以臨越越則殺王以降如反覆手耳於是尉他蹶然起謝陸生卒拜尉他而還初南海尉任囂病且死召龍川令趙他謂曰聞陳勝作亂豪傑叛秦相立番禺負山險阻南海東西數千里頗有中國人相輔此一州之主也可以立國即以他行南海尉事囂死他移檄告諸郡曰盜兵即至急絶新道聚兵自守因稍以法誅秦所置長吏以其黨爲假守自立爲南越武王

高祖在位十二年崩年六十二惠帝立呂后臨政呂后時陳平燕居深念陸

生曰何念之深也平曰生揣我何念陸生曰足下位爲上相食三萬戸侯可謂極富貴無欲矣然有憂念不過患諸呂少主耳平曰然謂之柰何陸生曰天下安注意於相天下危注意於將將相和則士預附士預附天下雖有變則權不分權不分爲社稷計在兩君掌握耳何不交歡太尉深相交結平用其

計竟誅諸呂祿呂后之崩也大臣誅諸呂呂祿為將北軍太尉勃不得入北軍
時酈商子寄与呂祿善於是乃使人劫酈商其子結呂祿信之故與出遊
而太尉乃得入北軍誅呂氏也

景帝時吳楚反征平之

帝使太尉周亞夫東擊吳楚亞夫問父客鄧都尉曰策將安出客曰吳兵銳甚難爭鋒楚兵輕不能持久方今為將軍計莫若引兵東壁昌邑以梁餧吳吳必盡銳攻之將軍深溝高壘使輕兵絕淮泗口吳糧道絕使吳梁相弊而糧食竭乃以全制其極破吳必矣條侯曰善因請上曰楚兵剽輕難與爭鋒願以梁餧之絕其糧道乃可制也上許之亞夫至滎陽吳方急攻梁梁急請救亞夫引兵東北走昌邑深壁而守梁王使使請亞夫夫守便宜不往堅不出而使弓高侯等屯吳楚兵後絕其餉道吳楚兵乏糧飢欲退數挑戰終不王吳楚既餓乃引兵而去亞夫出精兵追擊大破吳也

崩太子徹立

是為武帝

崩子勿立

是為昭帝霍光輔政上官桀害光寵詐為帝兄燕王旦上書稱光行上林稱蹕又私調校尉帝不信而上官桀詐偽事果發伏誅

崩立武帝孫昌邑王賀

賀昌邑哀王髆之子即位二十七日事有千一百二十七條霍光廢賀為海昏侯也

廢立武帝曾孫詢

是為宣帝帝衞太子之孫

崩立太子奭

是為元帝

崩立太子驁

是為成帝委政諸舅王鳳等同日拜鳳兄弟五人為侯號曰五侯五侯皆專政也

崩立宣帝孫定陶恭王子欣

是為哀帝即位六年崩無嗣

崩立帝弟中山

孝王衍（是爲平帝帝年幼爲王莽所酖崩立宣帝玄孫嬰是爲孺子莽廢嬰自立）僞新室王莽者

成帝舅王曼之子元帝王皇后之姪也元帝崩成帝

即位以元舅鳳爲大司馬兄弟五人皆爲侯（元帝皇后魏郡王禁之女生成帝時鳳秉政同日封兄弟五人爲五侯）曼早卒鳳將薨以莽託太后（太后莽之姑也）封爲新

都侯五侯競爲僭侈起治第舍莽幼孤貧獨折節謹

當世名士多爲莽言上由是賢之拜爲侍中（莽交結將相收贍名士賑施賓客故虛譽隆洽傾爍其諸父矣）時成帝廢許后立趙飛鷰飛鷰女

弟爲昭儀昭儀立後宮皇太子帝無嗣乃立定陶王忻

爲皇太子（忻者宣帝孫成帝弟之子初王祖母傅太后陰爲王求爲漢嗣私事趙皇后昭儀及帝舅王鳳故勸立之）莽

以發定陵侯淳于長大姦拜爲大司馬（初長與許皇后姊孊私通因孊賂遺長長許欲白上爲左皇后時王根輔政久病長當代根莽心害長寵白根曰長與許貴人私交通見將軍久病私喜根怒令莽白長長下獄死）

時年三十八成帝崩哀帝即位立皇后傅后（后即帝祖母定陶恭太后從女弟也）封后父傅晏為孔鄉侯帝母丁后曰恭皇太后舅丁明為安陽侯莽乞骸骨避丁傅也哀帝崩時莽以侯在弟太皇太后令莽備佐喪事（太皇太后元帝皇后也）復為大司馬徵立中山王為帝（即平帝帝名衎為中山王即孝王子也）太皇太后臨朝莽秉政百官揔己以聽於莽（附順者拔擢忤恨者誅滅以王舜王邑為腹心甄豐甄邯主擊斷平晏典樞機劉歆典文章孫建為爪牙皆以才能並任顯職莽色厲而言方欲有所為微見風采黨與百姓而顯奏之莽因固讓示不得已上以惑太后下以耳信於衆庶越裳氏重譯獻白雉一黒雉二莽令益州諷羣臣奏言莽功德比周公宜賜號安漢公）平帝崩莽徵宣帝玄孫廣戚侯子嬰立之年三歲遂謀居攝如周公故事（時元帝統絕宣帝曾孫五人莽惡其長者託以卜相宜吉乃立嬰也）東都太守翟義反敗死（義丞相方進子也立劉信為天子也）莽自謂威德遂盛獲天人

之助用銅匱符命遂即眞梓橦人哀章上銅匱符命其九年赤眉賊起琅邪女子呂母爲子報仇黨衆復侵多號赤眉賊十四年世祖起兵與王匡等共立劉聖公爲更始皇帝更始即世祖族兄世祖及兄伯昇與新市平林兵士王匡等合軍攻棘陽莽遣王尋王邑擊更始二公兵敗于昆陽漢兵遂入城中人皆降莽走漸臺藏於室中北隅問校尉公孫賓就斬莽遂傳首詣更始于宛

世祖光武皇帝諱秀字文叔南陽蔡陽人高皇帝之九代孫也王莽末天下連歲災蝗寇盜連歲蜂起莽末南方飢饉人民羣入野澤掘鳧茈而食更相侵奪新市人王匡爲平理爭訟遂推而爲渠帥時劉玄避吏平林時劉玄避吏新野因賣穀宛宛人李通以圖讖說世祖通父守好讖記通素聞守說云劉氏復興李氏爲輔私嘗懷之及下江新市兵起通弟軼乃共計議曰今四方擾亂新室且亡漢當更興南陽宗室獨劉伯昇兄弟汎愛容衆可與

謀大事笑曰吾意也會世祖避事在宛通聞之即遣軼迎世祖遂相約
結未世祖與伯昇鄧晨俱之宛與穰人蔡恭少公等讌語少公頗學
圖讖言劉秀當為天子或曰是國師劉秀乎世祖笑曰何用知非僕耶坐
者皆大笑晨心獨喜後因謂世祖曰王莽殘暴盛夏斬人此天亡之時
往時之會宛語獨當應耶世祖
笑及漢兵起鄧晨遂往從之

世祖於是與通弟李軼起於宛兄伯昇起於舂陵鄧晨起新野會衆兵擊長聚新市人王匡等立劉聖公為天子而害伯昇

劉玄字聖公世祖族兄也避吏
于平林王匡等立之初伯昇自
王莽篡漢帝憤憤懷匡復社稷之慮不事家人之居業傾財破產交結
天下雄俊王莽末盜賊羣起伯昇召諸豪傑計議於是使親客鄧晨起
新野世祖李軼起於宛伯昇發舂陵子弟七八千人部署賓客自稱柱
天都部使劉嘉誘新市平林兵王匡陳牧等合軍而進屠長聚諸將議
立劉氏以從人望豪傑咸欲歸伯昇而新市平林將帥樂放縱憚伯昇
威明貪聖公懦弱先定策立之然後召伯昇示其議伯昇曰諸將軍欲
尊立宗室德甚厚焉愚鄙之見竊有未同今赤眉起青徐衆數十萬聞
南陽立宗室恐赤眉復有所立如此將內自爭今王莽未滅而宗室相攻是疑天
下而自損權非所以破莽也且首兵唱號鮮有能遂陳勝項羽即其事
也舂陵去宛三百里耳未足為功而遽自尊立為天下準的使後人能
承吾斃非計善者也今且稱王以號令若赤眉所立者賢則相率而往從之
若無所立破莽除赤眉然後舉尊號亦未晚也願善詳思之諸將不從

遂立聖公由是豪傑失望伯昇部將劉稷勇冠三軍聞更始立怒曰本起兵圖大事者劉伯昇兄弟也更始何者耶更始君臣聞而心忌之乃陳兵數千收稷將誅之伯昇固爭李軼朱鮪因勸更始并執伯昇即日害之李軼與世祖既隙後因馮公孫致密書求効誠節弍勸秘之世祖乃埀露軼書曰李文李多詐不信人也今移其書告守尉書既宣露朱鮪使人殺軼也

號更始元年更始使世祖爲偏將軍徇昆陽王莽聞漢帝立大懼遣大司徒王尋大司空王邑將兵百萬擊世祖於昆陽世祖破之

初伯昇拔宛已三日而世祖尚未知乃僞使人持書報城中宛下兵到而佯墮下其書尋邑得之不喜諸將既經累捷膽氣益壯無不一當百世祖乃與敢死者三千人從城西出衝中堅尋邑陣亂乘鋭崩之遂殺王尋莽兵大潰走者是相騰踐奔殪百餘里間會大雷風雨飛如注滍水盛溢虎豹皆戰慄溺死者以萬數水爲之不流

三輔豪傑共誅王莽傳首詣宛更始以世祖行大司馬事持節北渡河鎮慰州郡

鄧禹杖策北渡河追世祖世祖見禹甚歡謂曰我得專封拜先生遠來寧欲仕乎禹曰不願也明公威德加於四海禹得效其尺寸垂功名於竹帛耳世祖笑因留宿禹進說曰更始雖都關西今山東未安赤眉青犢之屬動以萬數三輔假號往往羣聚更始既未有挫而不自聽斷諸將皆庸人

屈起志在財帛爭用威力朝夕自快而已非有忠良明智深慮遠圖欲尊主安人者也四方分崩離析形勢可見明公雖建蕃輔之功猶恐未可成立於今之計莫如延攬英雄務悅人心立高祖之業救萬人之命以公而慮之天下不足定也世祖大悅及從至廣阿披輿地圖指示禹曰天下郡國如是今始得其一子前言以吾慮之天下不足定何也禹曰今海內散亂人思明君猶赤子之慕慈母也古之興者在德厚薄不可以小大世祖笑悅又馮異說世祖曰人思漢久矣今更始諸將縱橫暴虐所至虜掠百姓失望無所依戴今公專命方面施行恩德夫有桀紂之亂乃見湯武之功久久飢渴易爲充飽宜急分遣官屬巡行郡縣理冤結布惠澤世祖納之也

王郎詐爲成帝子子輿立爲天子都邯鄲遣使降下郡國世祖滅之

王昌一名王郎趙國邯鄲人也素爲卜相常以河北有天子氣時趙繆王子林好奇數任俠趙魏閒而郎與之善初王莽篡位長安中或稱成帝子子輿者莽殺之郎緣是稱眞子輿云更始元年平林等率車騎數百晨入邯鄲城立郎爲天子世祖進攻邯鄲郎少傅李立爲反開關門內漢軍遂拔邯鄲斬王郎收文書得人吏與郎交關謗毀上者數十章世祖不省會諸將燒之曰令反側以自安也

世祖威聲日盛更始疑慮乃遣使立世祖爲蕭王令罷兵與諸將有功者還長安遣苗曾爲幽州牧韋順爲上谷守並

北之郡時世祖居邯鄲宮耿弇請間說曰今更始失政君臣淫亂諸將擅命於畿外貴戚縱横於都内天子之命不出城門所拜牧守輒自遷易百姓不知所從士人莫敢自安虜掠財物刼掠婦女懷金玉者至不生歸元元叩心更思王莽又銅馬赤眉之屬數十輩數及百萬聖公不能辦也其敗不久公首事南陽破百萬之軍今定河北據天府之地以義征伐發音響應天下可馳檄而定天下至重不可令他姓得之聞使者從西方來欲罷兵不可從也今吏士死亡者多弇願北歸幽州益發精兵以集大計世祖大悅弇歸上谷斬韋順蔡

世祖辭不就徵斬苗曾等自是始貳於更始是時長安政亂四方背叛皆平之梁王劉永擅命睢陽公孫述稱王巴蜀李憲自立為淮南王秦豐自号為楚黎王張步起琅邪董憲起東海岑延起漢中田戎起夷陵並置將署將帥侵略郡縣又有赤眉銅馬之屬不可勝計初銅馬降世祖猶不自安世祖知其意勑令各歸營勒兵馬乃自乘輕騎按行步陣降者更相語曰蕭王推赤心致人腹中安得不投死乎由是悉服世祖使耿弇討張步步聞之乃使其大將費邑軍歷下又分兵屯祝阿别於太山鍾城列營數十以待弇弇乃度兵先擊祝阿自旦攻城日未中而拔之故開圍一角令其衆得奔歸鍾城鍾城聞祝阿潰大懼遂空壁亡去費邑分遣其弟敢守巨里弇留兵貫巨里使多伐樹木揚言以塡塞坑壍數日有降者言邑聞弇欲攻巨里謀來救之弇乃令軍中曰後三日當悉力攻巨里城陰緩生口令得亡歸歸者以弇期告邑邑至日果自將救之弇喜謂將曰吾所以修攻具者

欲誘致邑耳今來適所求也即分三千人守巨里自引精兵上崗坂乘
高合戰臨陣斬邑既而收首級以示巨里城城中兇懼費敢悉衆亡歸
張步步時都劇使其弟藍守西安諸郡太守守臨菑相去三十里弇進
軍居二城之間弇視西安城雖小而堅臨菑雖大而實易攻乃勑諸部後
五日攻西安城藍聞之晨夜警守至期夜半弇勑諸將皆蓐食會明至臨
菑城出其不意半日拔之入據其城張藍懼遂將其衆亡歸劇弇乃令軍
中無得妄掠劇下須張步至乃取之以激怒步步聞之大笑至臨菑攻
弇弇先出臨菑水上突騎欲縱弇恐挫其鋒令步不敢進故示若弱以
盛其氣乃引歸小城陳兵於內步氣盛直攻弇營與劉歆合戰弇昇王
宮懷臺望之視歆鋒交乃自引精兵以橫突步陣大破之步走降世祖
陳俊逃弇欲招其故衆令後追斬諸賊悉平之

赤眉賊入函關攻更始世祖乃遣鄧禹引兵而西以乘更始赤眉之亂

赤眉賊樊崇立劉盆子爲天子入長安殺更始寇掠關中

於是諸將上尊號乃命有司設壇於鄗南千秋亭五城陌即皇帝位

諸將上奏曰漢遭王莽宗廟廢絕豪傑憤怒兆人塗炭王与伯升首舉義兵更始因其資以據帝位不能奉承大統而敗乱綱紀盜賊日多羣生危蹙大王初征昆陽王莽自潰後拔邯鄲北州弭定三分天下有其二跨州據土帶甲百万言武力則莫之敢抗論文德則無所與辭臣聞帝王不可以久曠天命不可以謙拒惟大王以社稷爲計萬姓爲心又經華夏自關中奉赤伏符曰劉秀發兵捕不道四夷雲集龍鬭於野四七之際大

爲主然後即皇帝位十月駕東幸洛陽赤眉降大司徒鄧禹馮異劉弘等征赤眉畢曰異前與戰拒華陰經數十日雖屢獲雄將餘衆尚多可稍以恩信傾犇卒用兵破也上令使諸將澠池要其東異以擊其西一舉而取之此萬成計也禹弘不從遂大戰赤眉佯敗弃輜重走東皆載土以豆覆其上兵士飢爭取之赤眉引還擊弘等弘等軍亂潰異與禹救之赤眉小却異歸壁約期會戰異使壯士變服色與赤眉同伏於道側旦日赤眉使萬人攻異前部異裁出兵救之賊見勢弱遂悉衆攻異異乃縱兵大戰日昃賊氣衰伏兵卒起衣服相亂赤眉不復識遂驚潰赤眉君臣面縛奉皇帝璽綬降世祖平隴蜀滅公孫述天下大定崩于南宮時年六十三世祖初起兵時年二十八末孫靈帝用奄人曹節等矯制誅太傅陳蕃李膺其黨人皆禁錮中平九年黃巾賊起鉅鹿張角自稱大賢師奉事黃老道畜養子弟連結郡國期三月五日內外俱起唐周告之角便起皆著黃巾爲摽幟也靈帝崩太子辯即位董卓入朝因廢帝爲弘農王而立獻帝李傕逼帝東遷曹操遷帝都許操薨帝遜位于曹丕

魏太祖武皇帝沛國譙人也姓曹諱操字孟德靈帝時爲典農校尉漢末奄豎擅權何進謀誅奄官太后不聽進乃召四方猛將使引兵向京師欲以恐刼太后陳琳進諫曰易稱即鹿無虞諺有掩口捕雀夫物微而尚不可欺以得志況國之大事而可詐立乎今將軍揔皇威握兵要龍驤虎視高下在心以比行事無異於鼓洪鑪而燎毛髮但當速發雷霆行權立斷違經合道天人順之而反釋其利器更徵於他大兵一聚強者爲雄所謂倒持干戈授人以柄必無成功秖爲亂階進不納其言董卓至廢帝爲弘農王而立獻帝京師大亂太祖亡出關至陳留散家財合義兵於巴吾與後將軍袁術冀州刺史韓馥豫州刺史孔伷兖州刺史劉岱渤海太守袁紹同時俱起衆各數萬推紹爲盟主設壇埸共盟誓臧洪操盤血而盟曰漢室不幸皇綱失統賊臣董卓乘釁縱暴害加至尊毒流百姓大懼淪喪翦覆四海兖州刺史劉岱豫州刺史孔伷等糾合義兵並赴國難凡我同盟齊心勠力以致臣節殞首喪元必無二志有渝此盟俾墜其命無克

十四

遺育皇天后土祖宗盟靈實皆鑒覽
之洪慷慨涕泗立下聞者激揚
曹公行稱奮擊將軍卓
聞兵起乃徙天子都長安卓留兵屯洛陽司徒王允與
呂布殺卓楊奉韓暹以天子還洛陽太祖至洛陽衛
京邑暹遁走太祖以洛陽燒焚殘破奉天子都許下詔
責袁紹以地廣兵強專自樹黨不聞勤王之師
紹時并
公孫瓚
兼四州
之地
紹遂攻許太祖破之官渡紹嘔血死
袁紹字本初汝南
人也爲司隸校尉
董卓議廢立紹不聽卓怒紹懸節於上東門奔冀州卓購求紹伍瓊爲
卓所信陳爲紹說曰夫廢立大事非常人所及袁紹不達大體恐懼出
奔非有他志今急購之勢必爲變袁氏樹恩四世門生故吏遍於天下
若收豪傑以聚徒衆英雄因之而起即山東非公所有也不如赦之拜一郡守
紹喜於免罪必無患矣卓以爲然乃遣授詔渤海太守紹乃与孔伯等同起父
襲奪韓馥冀州據河北揀精卒十万騎万匹欲進攻曹操共舜組授進説曰近
討公孫師徒歷年百姓疲弊賦役方殷此國之深憂也宜先獻捷天子
務農逸民若不得通乃表紹曹操隔我王命然後進屯黎陽漸營河南
益作舟船繕治器械分遣精騎抄其邊鄙令彼不得安我取其逸如此
可坐定也郭圖審配曰兵書之法十圍五攻敵則能戰今以明公神武

卷四　十五

連河朔之強衆以伐曹操其勢譬如覆手今不時取後難圖之授曰蓋
聞救亂誅暴謂之義兵恃衆憑強謂之驕兵兵義無敵驕者先滅曹操
奉定天子建宮許都今舉兵相向於義則違且廟勝之策不在強弱曹
操法令既行士卒精練非公孫瓚坐受圍者也今弃萬安之術而興無
名之師竊爲公懼之圖曰武王伐紂不爲不義況兵加曹操而去無名
且曹公師徒精銳將士思奮而不及時早定大業所爲之天與不取反
受其咎此越之所以霸吳之所以亡也監軍之計在於持勢而非見時
知機之變也紹遂不用沮授之計曹公軍官渡紹將悉衆而南田豐說
紹曰曹公善用兵變化無方衆雖少未可輕也不如以久持之將軍據
山河之固擁四州之衆外結英雄內修農戰然後簡其精銳分爲奇
兵乘虛迭實以擾河南救右則擊其左救左則擊其右使敵疲於奔命
人不得安業我不勞而彼巳用不及三年可坐克也今釋廟勝之策而
決成敗於一戰若不如志悔無及也紹不從遂攻操於官渡紹自引兵
至黎陽沮授臨行散其資財會宗族以與之曰勢在威無不如勢忘則
不保其身哀哉其弟宗曰曹操士馬不敵君何懼焉授曰以曹兗州之
明略又挾天子以爲資我雖克伯珪衆實疲弊而主驕將汰軍之破敗
在此舉也揚雄有言六國嗤嗤爲嬴疲誰殆今之謂耶及渡河臨舟歎
曰上盈其志下務其功悠悠黃河吾將濟乎紹果爲曹公之所取紹進
保武陽與操相持沮授又說曰北兵雖衆而果勁不及南南穀虛少財
貨不及北南利在於急戰北利於緩博宜修持以久曠以日月紹不從
連營漸逼官渡許攸進曰曹操兵少而悉師拒我許下餘守勢必虛弱
若分遣輕騎星行掩襲許拔則操爲成擒如其未潰可令首尾奔命

破之必也紹又不能用會攸家犯法審配收繫之攸不得志遂奔曹公而說操使襲取淳于瓊瓊時督軍屯在烏巢去紹軍四十里操自將急擊之時張郃說紹曰曹公兵精往必破瓊瓊破則將軍事去矣宜引兵救之郭圖曰郃計非也不如攻其本營勢必還此為不救而自解也郃曰曹公營固攻之必不拔若瓊等見擒吾屬盡為虜矣紹但遣輕騎救瓊而以重兵攻操營不能下曹公破瓊焚其積聚紹軍潰散奔北曹公遂破紹乃威震天下也

太祖討紹子譚尚於黎陽尚與熙奔遼東太守公孫康斬尚熙送其首遂平河北

初太祖討譚尚於黎陽連戰數克諸將欲乘勝攻之郭嘉曰袁紹愛此二子莫適立也有郭圖逢紀為之謀臣必交鬭其間還相離也急之則相持緩之則後爭心生不如南向荊州征劉表以待其變變成而後擊之可一舉而定也太祖曰善太祖方征劉表譚果與弟尚爭冀州譚遣辛毗乞降請救太祖以問群臣群臣多以為表強宜先平之譚不足憂也荀攸曰天下方有事而表坐保江漢間其無四方之志可知矣袁氏據四州之地帶甲十萬紹以寬得衆欲使二子和睦以守其成業則天下之難未息今兄弟遘惡其勢不兩全若有所并則力全力全則圖也及其亂而取之則天下不足定也此時不可失也太祖曰善乃許譚和破袁尚

太祖征劉表會表卒子琮降

劉表字景升山陽高平人初平元年詔以表為荊州刺史南接五岑嶺北據漢川地方數千里帶甲十餘萬曹操與袁紹相持於官渡紹遣人求助表許之而不至亦不援操且欲觀天下之變劉先生說表曰今豪傑並爭兩

雄相持天下之重在於將軍將軍若有所為起乘其弊可也如其不然固將釋所宜從豈可擁甲十萬坐觀成敗求援而不能助見賢士而不能歸此兩怨必集於將軍恐不得復中立矣曹操善用兵且賢俊多歸之其勢必舉袁紹然後移兵向江漢恐將軍不能禦也今之勝計莫若以荊州附操操必重德將軍長享福祚垂之後嗣此萬全之策也表不從十三年曹操自將征表未至表疽發背卒操軍新野傅巽說琮歸降琮曰今與諸君據全楚之地守先君之業以觀天下何為不可巽曰逆順有大體強弱有定勢以人臣拒人主逆道也以新造之楚而禦中國必危也以劉備而敵曹公不當也三者皆短欲以抗王師之鋒必亡之道也將軍自料何如琮曰不若也巽曰誠以備不足禦曹公即雖保全楚不能以存誠以劉備足敵曹公則備不能為將軍也願將軍勿疑琮遂舉衆降時劉備奔在荊州表不能用聞荊州降遂奔夏口也

關中諸將馬超韓遂成宜等反曹公破之

曹公與馬超等夾關為界曹上急持之而潛遣徐晃等夜渡蒲坂津據河為營以自河北渡未濟超赴船急戰丁斐放牛馬以餌賊賊亂取牛馬公乃得渡絕營河南超遣信求割地任子以和公為許之韓遂請以公相見至期交馬上語移時不及軍事但說京都故舊拊手歡笑既罷超問遂何言遂曰無所言超疑之他日公又與遂書多所毀滅點竄如遂改定者超愈疑遂曹公乃與戰大破之關中平諸將問公曰初賊守潼關河北道缺不從河東擊馮翊而反守潼關引日而復北渡也公曰賊守潼關若吾入河東賊必引守諸津則河西未可渡也吾故盛兵向潼關賊悉衆南守西河之備虛故二將得

擅敗西河然後引軍北渡賊不能與吾爭西河者以有二將之軍連車樹柵為通道而南者既爲不可勝且以示弱渡河為堅壘虜至而不出所以驕之也故賊不爲營壘而求割地吾順言許之所以從其意使自安而不爲備田畜士卒之力一旦擊之所謂疾雷不及掩耳卒電不及瞑目兵之乘變固非一道也天子策命公爲魏王孫權稱吳王據江東劉備襲益州牧劉璋據蜀天下遂三分矣二十五年薨于洛陽子丕嗣丕字子桓武帝太子也是為文帝受漢禪崩子叡嗣叡字元仲文帝太子也是為明帝崩子齊王芳立十五年廢廢高貴鄉公髦立七年殺廢常道鄉公璜立璜禪晉晉封為陳留王

晉高祖宣皇帝名懿字仲達姓司馬河內溫人也仕於魏武之世歷文明二年居將相之位平孟達達為新城太守反滅公孫度度世稱燕王據遼東擒王陵陵謀立楚王為帝兵敗自殺魏明帝崩遺詔使帝爲太尉與大將軍曹爽輔少主少主齊王芳也帝誅曹爽爽謀爲不軌宣帝謝病避之爽黨李勝為荊州別帝帝詭為耄惛云并州近胡可爲其備勝退謂爽曰司馬公屍居殘氣神形

十七

以爽不足虞也爽於是專恣惡太后知政遷于永寧宫嘉平元年天子謁高陵爽兄弟權兵從出宣帝乃起奏永寧宫廢爽然後勒兵至洛水迎天子奏爽其黨謀反皆誅宣帝崩子師代爲相師字子元是爲肅宗景皇帝鎮東將軍毌丘儉楊州刺史文欽反征平之儉欽初反也景帝問王肅肅曰安國寧主其術安在肅荅曰昔關羽率荊州之衆降于禁於漢濱遂有北向爭天下心後孫權取其將士家屬羽士衆一旦瓦解今淮南將士父母皆在州但急往禦之使不得前必有關羽土崩之勢景王從之遂破儉等也景帝崩弟昭代爲相昭字子上是爲太祖文帝輔政爲司空諸葛誕據壽春反奉詔征平之伐蜀擒劉禪于時政出於權臣人君主祭而已魏帝不能容自勒兵敗相府太祖用長史賈充計逆戰舍人成濟執殺魏帝高貴鄉公也名髦字士彥乃僞令皇太后下令廢少帝又委罪成濟誅其三族太祖崩子炎受魏禪炎字子安文帝太子是爲世祖武皇帝旣受魏禪用羊祜杜預計征吳平之立二十五年崩太子衷立字正度是爲惠帝武帝太子惠帝不惠

妃賈充女爲皇后后秉權殺楊駿廢太后賈后淫妬遇姑無禮乃詐誣太后父楊駿反使帝誅之廢太后於金墉城餓殺之誅太宰汝南王亮太保衛瓘亮瓘並以名德執政后意不得行乃使帝弟楚王瑋矯詔誅亮瓘因又誅瑋戮楚王瑋殞太子遹賈后無子乃詐有娠養賈謐子爲子太子遹宮人謝氏生也少而聰惠賈后惡之譖太子廢之金墉城又遣小黃門殺太子用趙王倫爲相國倫惡司空張華僕射裴頠正直矯詔誅之倫遂篡帝位於是齊王攸之子冏與帝弟成都王穎等起義兵誅倫穎於是鎮鄴并州刺史東瀛公騰安北將軍王浚又起兵討穎穎敗挾天子南奔洛陽後惠帝復位帝弟長沙王乂譖冏誅之由是戎狄並興四方阻亂遂分爲三十六國劉元海爲匈奴質子在洛陽晉武帝與語說之謂王渾曰元海容儀機鑒由金日磾無以加也渾對曰元海容儀實如聖言然其文武才幹賢於二子遠陛下若任之以東南之事吳會不足平也帝稱善孔恂楊珧曰臣觀元海之才當今無比陛下若輕

其衆不足以成事若假之威權平吳之後恐其不復北渡也非我族類
其心必異任之本部臣竊爲陛下寒心若與太祖之國以賢之無乃不
可乎帝默然後秦涼覆沒帝疇咨將帥李熹曰陛下誠能發匈奴五
部之衆假元海一將之號鼓行而西指期可定也孔恂曰李公之言未
盡殄患之理元海若能平涼州斬樹機能恐涼州方有難耳蛟龍得雲雨
非復池中物也帝乃止惠帝失馭寇賊蜂起成都王穎鎮鄴表元海
行寧朔將軍監五部軍事及王浚等討穎元海說穎曰今二鎮跋扈衆
十餘萬恐非宿衛及近郡士衆所能禦之請爲殿下還說五部衆以赴
國難穎從之元海至國左賢王劉宣等上大單于之號二旬之間衆以
五萬遂寇平陽陷之入蒲子時五胡亂中原矣石勒者上黨羯胡也據
於趙幽州之牧王浚署置百官勒有并吞之意欲先發使以觀之議者
僉曰宜如羊祜陸抗之事亢書相聞時張賓有疾勒就而謀之賓曰王浚
假三部之力圖稱南面雖曰晉藩實懷潛逆之志必思協英雄圖濟事
業將軍威振海內去就爲存亡所在爲輕重浚之欲將軍猶楚之招韓
信也今權譎遣使無誠款之形脫猜疑圖之兆露後雖奇略無所設也
夫立大事必先爲之卑當稱藩推奉尚恐不信羊祜之事臣未見其可也
勒曰君侯之計是也乃遣其舍人王子春賫珍寶奉表推崇浚浚謂子
春曰石公一時英武據有舊趙成鼎峙之時何爲稱藩於孤其可信乎
子春曰石將軍英才俊拔士馬盛強實如聖旨仰唯明公州郡貴望累
葉重光出鎮藩岳威聲播於八表固以胡越欽風戎夷歌德豈唯區區
小府而敢不斂衽神闕者乎昔陳嬰豈其鄙王而不王韓信薄帝而不
帝哉但以帝王不可以勇致力爭故也石將軍之擬明公猶陰精之比太

陽江河之比洪海耳項籍子陽覆車不遠是石將軍之明鑒也明公亦
何怪乎自古誠胡人而為名臣者實有之矣帝王則未之有也石將軍非
以惡帝王而讓明公也顧取之不為天下所許也願公勿疑浚大悅遣
使郭勒勒復遣使奉表于浚期親詣幽州上尊號亦修牋于棗嵩乞并州
牧廣平公以見必信之誠勒纂兵戒期襲浚而懼劉琨及鮮卑為其
後患沉吟未發張賓曰夫襲敵國當出其不意軍嚴經日不行豈顧有三
方之慮乎勒曰然為之奈何賓曰王彭祖之據幽州唯杖三部今皆離
叛還為寇讎此則外無聲援以抗我也幽州飢儉人皆蔬食衆叛親離
甲旅寡弱此內無強兵以禦我也若大軍在郊必土崩瓦解今三方未
謂將軍使能懸軍千里以征幽州也輕軍往反不出二旬就使三方有
動勢足旋趾宜應機電發勿後時也且劉琨王浚雖同名晉藩其實仇敵
若修牋於琨送質請和琨必欣於得我喜於浚滅終不救浚而襲我也
勒曰善於是輕騎襲幽州勒晨至薊北門叱門者疑有伏兵先驅牛羊
數千頭聲言上禮實塡諸街巷使兵不得發勒入浚乃懼勒入其廳
事令甲士執浚送于襄國市斬之此三十六國之大略也

惠帝立十四年崩弟豫章王熾立字豐度是為懷帝都長安為胡賊所殺後魏跖跋氏以晉懷帝永嘉三年自雲中入鴈門北有沙漠南據陰山衆數十万至
孝文乃改拓跋為元氏都洛陽肅宗崩大都督爾朱榮謀立莊帝榮害
靈太后及王公二千人立莊帝帝殺爾朱榮左僕射爾朱世隆率榮部
曲自晉陽襲京城執莊帝殺之而立恭帝又廢之高歡乃知廣平王子
修後為斛律斯椿所賫走入關周太祖宇文黑獺奉帝都長安披草萊

長四　十九

立朝廷是爲西魏詔授宇文黑泰爲丞相秦又害出帝立南陽王寶炬是爲文帝文帝崩立王子朗爲帝又廢之而立恭帝秦爲太師秦覺子覺嗣封周公魏帝禪位于覺覺黑泰第三子受禪國號周至宣帝崩禪于隨初爾朱世隆之殺莊帝也高歡爲晉州刺史起兵誅之立魏出帝歡爲丞相後魏既西入關乃立清河王之子善見爲帝遷都鄴是爲東魏高歡薨子齊王洋受東魏禪國號齊至溫公偉爲周所滅周又爲隨所滅隨文帝既受周禪又南滅陳天下一統矣

懷帝崩立吳王晏 晏字子業是爲愍帝 愍帝亦爲胡賊所殺 此時胡乱中原晉元乃遷都江左也

中宗元皇帝睿乃興於江東 睿字景文宣帝曾孫也元帝幼而聰敏及中原喪乱乃与王敦等渡江綏撫江左甚得衆心後王敦於武昌反至石頭帝攻之不克乃委政於敦敦還鎮武昌 帝在位十六年崩太子紹立 紹字道畿是爲肅宗明皇帝 王敦威振內外將謀爲逆肅宗征破之 用溫嶠等決計征之初敦之謀反也溫嶠爲其從事中郎夙夜綜其府事僞相親善京兆尹缺嶠說敦曰宜自樹腹心以閒搆人主愚謂錢鳳何用敦曰莫若君嶠爲辭讓臨別之際自嶠起行酒嶠僞醉以手板擊錢鳳幘幘爲之墮乃作色曰錢世儀何人溫太真自行酒而敢不飲鳳不悅以醉爲解明日嶠將發鳳說敦留之敦曰嶠常云錢世儀精神滿腹昨小加聲色豈得以此相讒耶嶠至都陳敦反逆狀 三年肅宗崩

至孝帝昌明立簡文帝第三子。氐賊苻堅寇淮南，晉冠軍將軍謝玄等大破堅于淝水。苻堅以百萬之衆至淝水，謝玄乃選勇士八千人涉渡淝水。玄遣使謂堅曰：阻水爲陣，曠日持久，請小却，與君周旋。秦諸將聞前軍唱却，謂已失利。朱序之徒聲云堅敗，大軍退，自相塡籍，聞風聲鶴唳，皆曰南軍至也，遂大敗。堅還長安。苻堅因此卒亡滅也。二十一年帝崩。自後遂干戈相繼。至安帝，爲桓玄所篡。宋祖劉裕平玄。至恭帝，遂禪于宋。

高祖武皇帝姓劉，名裕，字德輿，彭城人。桓玄篡晉，僞楚。桓玄字敬道，譙國龍亢人也。形貌瓌特，為江州刺史，襲殺荊州刺史殷仲堪。會稽王世子元顯專政，以玄跋扈，遣軍征之。玄聞見討，即率衆下至京師，殺元顯。詔以玄爲丞相，封楚王，遂禪位。高祖與劉毅、何無忌等潛謀匡復，起兵平玄。時桓玄使桓弘鎭廣陵，劉道規爲弘中兵參軍，令道規襲桓弘；循鎭丹徒，高祖爲循中兵參軍，自襲循，克期同發。劉毅、道規等旣襲廣陽，斬桓弘，以其衆南渡。高祖、何無忌襲京師，斬桓循，率二州之衆千二百人，進舍竹里，移檄京師曰：夫成敗相因，理不常泰，校焉縱虐，或値聖明。自我大晉，屢遘陽九之厄，隆安已來，皇家多故，貞良斃於豺狼，忠臣碎於虎口。逆臣桓玄，敢肆陵慢，阻兵荊郢，盜暴都邑

天未亡難凶力寔繁踰年之間遂傾皇祚主播越流幸非所神器沉辱
七廟隳墜雖夏后之罹浞殪有漢之遭莽卓方今於玄未足為喻自玄
篡逆于今歷載彌年亢旱民不聊生士庶病於轉輸文武困於版築室
家分非父子乖離豈唯大東有杼軸之悲摽梅有傾筐之怨而已哉仰
觀天文俯察人事此而可存孰有可亡凡在有心誰不扼腕裕等所以
扣心泣血不遑啓處夕寐宵興思奬忠烈潛構崎嶇過於履虎乘機奮
發義不圖全輔國將軍劉毅廣武將軍何無忌等忠烈斷金精誠貫日
投袂荷戈志在畢命義衆既集文武爭先咸謂不有一事無以輯辭不
獲已遂總軍要庶上憑祖宗之靈下罄義夫之力翦馘逋逆盪清華夏
公侯諸君或世樹忠貞或身饗爵禄而並俛眉猾豎無由自効顧瞻周
道寧不弔乎今日之事良其會也裕以虛薄才非古人受任於既傾之
運勢接於已踐之機丹誠未宣感憤填激望霄漢以永懷覩山川而增
佇投檄之日神馳賊廷何無忌之辭也桓玄使桓謙屯東陵卞範之屯
覆舟山義軍朝食并其餘糧進造覆舟山東令羸兵登山多張旗幟布滿
山谷高祖率衆奔之士皆殊死戰謙軍一時潰走玄挾天單舸
走江陵玄將入蜀奔至牧四州逢益州參軍費恬之黨射殺之**奉天子**
反正因居將相之任封豫章郡公蜀賊譙縱稱王高祖遣將
征平之高祖使朱齡石率衆二萬自江陵伐蜀高祖誡曰劉敬先往
至廣武無功而退今者師出應道青衣賊料我由出其不意復
從內水如此則倍城之戍必有重兵若逼廣武正隨其計今軍自外
水出取城都疑兵向廣武此制敵之上策為書於函署曰白帝發諸將

雖行未知所趨及次白帝乃發書書言衆軍悉由外水臧喜自中水出廣陵使羸弱
乘高艦千餘向廣武譙縱果譙道福重兵守涪城朱齡石謂次鍾摸拒成都二百
里譙縱大將侯暉等屯平摸朱齡石謂劉鍾曰天方暑熱賊今固險攻之難拔秖
困吾師欲畜鋭息甲伺隙而進卿以為何如鍾曰而然前揚聲言大衆由内水故
譙道福不敢捨涪今重兵卒出其不意侯暉之徒已破膽矣暉之阻兵非堅壁也因
其懼而攻之其勢易克克平謀鼓行而前成都不能守矣緩兵相持虚實將見涪
軍復來難為敵也若進不能戰退無所資二萬餘人同為蜀子虜矣從
之明日遂攻皆克克斬侯暉於是遂進克諸城諸城守相次瓦解縱自
縊而死

姚泓僭號於西京高祖征平之擒泓

高祖既滅秦入長安留子義真鎮長
安而還江南時赫連勃勃統萬人聞之大悅謂王買德曰朕將進圖長安
卿試言進取之方略買德曰劉裕滅秦所謂以亂未有德政以濟蒼生
關中形勝之地而以弱才小智而守之非經遠之規狼狽而反者欲連
成篡事無勝有意於京師陛下以順伐逆義貫幽顯者以君命望陛
下旗鼓以日為歲清泥上洛南師之要衝宜致遊軍斷其去東之路然
後度潼關塞崤陝絶其水陸之道聲撥長申布恩澤三輔之人皆壺漿
以迎王師矣義眞獨坐空城逃竄無所一旬之閒必見縛於麾下所謂
兵不血刃不戰而自定也勃勃善之南伐長安高祖懼召義眞東鎮洛
陽以朱齡石守長安長安人逐
齡石而迎勃勃遂失關中也

鮮卑慕容超據守青州稱燕王高祖征擒超

初超叔父德盜有三齊德死超襲其位遂寇淮北高
祖將有事時華因其侵也乃北伐超大將軍公孫

五樓說超曰吳兵輕銳難與爭鋒截斷大峴使不得入上策也堅壁青野芟除粟麥中策也據城待戰下策也超曰引使過峴我以鐵騎躪之成擒矣何據青野自取蹙弱乎初謀是役也諫者曰賊若不嚴守大峴則堅壁廣固守而不出軍無所資何能自支高祖曰不然鮮卑性貪略不及遠既幸其勝且愛其穀謂我孤軍將不及久必將引我且示輕戰師一入峴吾所患焉既逾峴虜軍未出高祖喜曰天贊我也衆曰軍未克公何悅焉高祖曰師既過險士有必死之志餘糧棲畝軍無匱乏之憂虜隨吾計勝可必也六月慕容超使五樓據臨朐羸老守廣固聞軍近超亦會焉拒臨朐四十里有巨蔑水超使五樓往據之曰晉軍得水則難敗也五樓馳進前鋒孟龍符奔就爭先得據之五樓退大軍有四千人分爲兩翼方軌徐進未及臨朐賊騎交至龍符等拒之日向側戰猶酣高祖謂檀韶等曰虜之精兵悉於是矣臨朐留守必將寡弱子以潛軍逾其後往必剋城多易旗幟此韓信所以剋趙也且吾前言兵自海道往必聲之韶等行鼓而進賊望曰海軍至超奔城走遂剋之軍聞城陷懼而不敢動高祖親鼓士卒咸奮大奔崩之超奔廣固進軍圍之城陷獲超歸于京師斬于建康市

賊盧循據南海因高祖北伐燕乘虛下襲建業高祖還乃平之劉毅據荊州貳於高祖高祖遣將征誅毅

裴子野曰義旗同盟莫有能全其功名者何也相與見疇曰期之遄捷不知王業之艱難彼則褰裳濡足唯利是規我則芟夷群醜寧或負人劉希樂諸葛長民皆人傑也豈可暗于天命亦勢使然歟假其何孟齡長庸詎其有血食

善哉武王之作周也八百諸侯皆同會曰紂可伐矣尚還師於盟津豈不知順人行戮惡欲速多禍也高祖東方之師疾則疾矣而僥倖之釁至於偷薄而況奇功哉

荆州刺史司馬休之反征之 裴子野曰書稱慮善以動動惟厥時若司馬休之之動非其時天方厭晋因敢知去巳雖得衆能違天乎五運推移無不亡之國爲廢姓亂朝賢若三仁且猶顛沛而況豪俠者哉昔中原殄滅衣冠道盡于時四海爭奉中宗豈徒繫於晋德寔大有禮義故能遂兼南國其興也勃焉至乎義熙不欲異於是矣而宗室交流未忘前事波迸越逸禍敗相尋豈龕龍黎之伐弘多將咎周之徒孔熾不達興廢何其黜歟

晋帝加高祖位相國揔百揆楊州牧封十郡爲宋公晋安帝崩大司馬瑯瑘王即位徵帝入輔禪位於宋 帝奉表陳讓表獲不通宋臺臣勸進猶不許太史令路造陳天文符應曰安晋義熙元年至元熙元年太白晝見經天凡七占曰太白經晝天人更主異姓興義熙七年五虹見于東方占曰五虹見天子黜聖人出十年鎮星歲星太白熒惑聚于東井十三年鎮星入太微占曰鎮星守大微有立王有徙王元熙元年黑龍四登于天易傳曰冬龍見天子亡社稷大人受命漢建武至建安末一百七十六年而禪魏魏自黃初至咸熙末四十六年而禪晋晋自太始至今百五十六年三代揖讓咸窮於六六亢位也帝乃從之

永初元年六月丁卯即帝位於南郊設

壇柴燎告天禮畢備法駕幸建康宮臨太極前殿大赦改元在位三年崩初大漸召太子誡之曰檀道濟雖有幹略而無遠志徐羨之与傅亮當無異圖謝晦常從征伐頗識機變若有同異必此人也可以會稽處之後皆如言也立太子義符是為滎陽王即位昏亂司空徐羨之輔政廢為滎陽王廢立宜都王義隆是為文帝帝高祖第三子為太子劭所煞初劭及弟濬並多乖礼度懼上知乃為巫蠱呪咀帝聞之大怒將廢劭而煞濬更議所立持疑未定以事語濬母潘淑妃潘淑妃以告劭劭勒兵乃煞帝于合殿劭即位也立武陵王駿是為孝武皇帝文帝弟三子也劭殺帝駿建義兵至京誅劭崩立太子子業是為前廢帝帝凶勃左右壽寂煞之崩立湘東王彧是為明帝帝文帝弟十八子也孝武諸子江州刺史晉安王勛尋陽王子房等並舉兵反皆征平崩立太子昱是為後廢帝在位凶勃常欲殺揚玉夫玉夫懼是夜七夕令玉夫伺織女渡報已王劭則先与玉夫通謀玉夫候帝眠熟遂斬之送首与齊王蕭道成也崩立順帝準是為順皇帝明帝第三子也遜位于齊蕭道成凡八代六十年齊太祖高皇帝諱道成姓蕭氏東海蘭陵人也為輔國將軍宋明帝

初會稽太守尋陽王子房反在東諸郡起兵徐州刺史薛安都據彭城歸魏遣從子索兒攻淮陰晉安王勛遣臨川內史張淹自鄱陽道入三吳帝並討平之使鎮淮陰七年徵還都宋明帝嫌帝非人臣相而人間流言帝為天子愈以為疑帝初見徵部下勸勿就徵帝曰主上自誅諸弟為太子幼弱作万歲後計何関他族唯應速發緩當見疑骨肉相殘自非靈長之運禍難方興与卿等戮力也至拜常侍明帝崩遺詔使与袁粲共掌機事江州刺史桂陽王休範舉兵反帝討平之初範舉兵朝庭惶駭帝与褚彥回集中書省計議莫有言者帝曰昔上流謀逆皆因淹緩以敗休範必遠懲前失輕兵急下乘我無備請頓新亭以當其鋒因索筆下議餘並注同乃單車白服出新亭築壘未畢賊騎交至乃單車白服出新亭築壘未畢賊騎交至乃解衣高卧以安衆心竟破之也還中領軍蒼梧王深相猜忌帝晝卧裸袒蒼梧王率數十人直入領軍府立帝於宮內畫腹為射的自引滿射之左右王夫因諫曰領軍腹大是佳射堋而一箭便死後無復射不如以骲箭射之一箭中臍蒼梧投弓於地也常語左

卷四　二十三

右陽玉夫伺織女度報我是夜七夕玉夫懼耶千
牛刀殺之玉夫与王敬則通謀殺蒼梧賫首送領軍府報帝帝行我服夜入殿中明旦召袁粲等計議粲欲有言帝鬚髯盡張
眼光如電敬則拔刀跳躍麾衆曰天下之事皆應決蕭公敢有開一言者染敬
則刀乃自取白紗帽加帝首令即位曰事須及熱帝正色曰卿都不自解也
帝乃迎立順帝荆州刺史沈攸之反帝討之初攸之稱太后名巳下都
袁粲劉秉等見帝威名曰盛不自安与攸之
通謀舉事殿内帝命王敬則於殿内誅之進位相國封齊公備
九錫策曰朕以不造夙罹閔凶嗣君失德書契未紀癈侮五行虔劉九族神歇靈澤海水群飛綴旒之殆未足為譬豈直小苑興刺黍離作歌
而巳哉天贊皇宋寔賚啓明宰爰登賓务昧篡纂承大業高勳至德振古絶倫雖
保衡翼與郎博陸匡漢方斯蔑如也今將授公典礼其敬聽朕命乃者袁鄧搆禍
寔繁有徒子房不臣稱兵協乱顧瞻宫掖將成茂草言念邦國剪為仇讎當
此之時人無固志公投袂徇難超然奮發登戎車而戒路報金版而先驅麾鉞
一臨凶黨冰泮此則覇業之基勤王之始也安都背叛竊據徐方敢率犬羊凌
虐淮浦索兒愚悖同惡相濟天許無勇背順歸逆北鄙黔黎奄墜塗炭公受
命宗社精貫朝日擁節軍門氣踰霄漢破釜之捷斬馘藪野石梁之戰
梟其渠帥保境全人江陽即序此又公之功也張淹迷昧不顧本朝爰自南
區志圖東夏潛軍間入竊覬不虞于時江服未夷皇塗荐阻公忠義奮發
在險弥亮以竊制衆所向風偃朝廷無東顧之憂閩越有來蘇之望此又公

之功也匈奴野心侵掠疆埸醜羯倡張勢振彭泗公奉辭伐罪戒旦晨征兵車始交氛祲時蕩弔死扶傷弘宣皇澤俾我淮淝復沾盛化此又公之功也自茲厥後獫狁孔熾封豕長虵重窺上國而世故相仍師出已老角城高壘指曰淪陷公眷言王事發憤忘食躬擐甲冑視險若夷分疆畫界開創青兗此又公之功也桂陽負衆輕問九鼎裂冠毀冕拔本塞源烈火焚于王城飛矢集乎君屋群后夏憂憬元戎無主公挺劍凝神則奇謀不世把旄指麾則懦夫成勇信宿之間寅陽底定此又公之功也蒼梧肆虐諸夏糜沸淫刑已逞誅則無辜黔首相悲朝不謀夕高祖之業已淪文明之軌誰嗣公遠稽彤漢之義近遵魏晉之典狠以眇身入奉宗社七廟清謐九區反政此又公之功也来劉携貳成此亂階醜國潛搆危機密發據有石頭志犯應路公神謨內運霜鋒外舉拔弥載澄國途悅穆此又公之功也沈攸包禍歲月滋彰蜂目豺聲阻兵安忍乃眷西顧緬同異域而經綸惟始九伐未申長惡不悛遂逞凶逆公杖鉞出關疑威江甸正情与皎日同亮明略与秋雲競爽至義所感人百其心積年逋誅一朝顯戮湘浦安流章甚順軌此又公之功也公有濟天下之勳加之以明懋道庇生靈志匡宇宙戮力肆心劬勞王室險阻艱難備嘗之矣若乃締搆宗社之動造物資始之澤雲布霧散光被六戎弼余一人永清四海遐方款關而慕義恭服重譯而来庭汪哉邈乎無得而名之

四月宋帝禪位于齊甲午即皇帝位於南郊紫燎告天曰皇帝臣道成敢用玄牡昭告于皇皇后帝夫肇自生靈樹以司牧所以闡極則天開元創物肆涉大道惟命不于常昔在虞夏受終上代粤自漢魏揖讓中葉咸煥諸方冊載在典謨水德在微仍世多故實賴道成匡救之功以弘濟于厥難大造顛墜再搆區宇誕惟天人罔弗和會迺仰協歸運景屬与能用集大命于茲辭德匪嗣至于累仍而群公卿士庶尹御事爰及黎獻暨

子百戎僉曰皇天眷命不可以固違人神無統不可以曠土畏天之威敢不祗順鴻歷數簡元辰虔奉皇符登壇命禪告類上帝以荅人衷式敷万国惟明靈是饗禮畢備法駕幸建康宮臨太極前殿大赦改元建元四年崩立太子賾是為世祖武皇帝也崩立太孫昭業是為鬱林王即位無道武帝梓宮下諸帝於端門內奏舞輼輬車載入閤即奏胡伎高宗殺之崩立弟昭文廢為海陵王也廢立西昌侯鸞是為高宗明皇帝始安貞王道生子也即位亟行誅戮且寢疾經年預為梓宮之故地高武諸子掃地無遺也崩立太子寶卷是為東昏侯即位凶暴以金花帖地令潘妃行上曰此步步生蓮花也又於苑中為市自為市吏以潘妃為市令義師至為左右所殺也崩立和帝寶融明帝第八子也以位禪梁先是文惠太子与才人共賦七言詩句後輒云愁和帝是驗矣東昏侯宮裏作散叛髻反根向後東昏時天下散叛矣又立帽褰其口而舒兩翅名曰鳳渡三橋裂裙向後揔而結之名曰反縛黃鸝梁武宅在三橋而鳳渡之鳳翔之驗也黃鸝者皇離也而反縛之東昏戮死之應也先是百姓及朝士以帛填肩名曰假兩假者非正名也儲兩服之明不得真也東昏誅子廢為庶人諸兩之意也

梁高祖武皇帝石衍姓蕭氏為巴陵王法曹後為竟陵王子良八友初皇考之薨不得志及至鬱林失德齊明帝作輔將為廢立計常欲助齊明傾齊武之嗣以雪

心恥齊明亦知之每与帝謀時齊明將追随王恐不從又以王敬則在會稽恐為變以問帝帝曰随王雖有美名其實庸劣既無智謀之士爪牙唯仗司馬垣歷生武陵太守卞白龍耳此並唯利是為若啗以顯職無不載馳齊于正須折簡耳敬則志安江東窮其富貴宜選美女以娛其心齊明曰吾意也果如其策

魏將王肅攻司州帝破之以功封建康郡男齊明帝崩東昏即位遺詔以帝為都督雍州刺史

東昏時劉暄等六人更直省内分日帖勅世謂六貴又有御刀等八人号曰八要皆口擅王言權行國憲帝謂王弘策曰政出多門乱其階矣當今避禍唯有此地勤行仁義可坐作西伯但諸弟在都恐罹時患也須与益州啚之耳時上長兄懿罷益州還仍行郢州州事帝与謀不從懿尋被害也

長兄懿被害帝起義

召僚佐集於廳事告以舉兵是日建牙先是東昏以劉山陽為巴西太守使過荆州就行事蕭穎冑以襲襄陽帝知兵謀乃遣王天武詣江陵遍与州府人書論軍事天武發帝謂弘策曰今日坐收天下矣荆州得天武至必恛惶無計若不見同取之如拾芥耳斷三峽據巴蜀分兵定湘中便全有上流以此威聲臨九派斷彭蠡傳檄江南風之靡草不足比也政小延引日月耳江陵本憚襄陽人加脣亡齒寒必不孤立寧得不見同耶以荆雍之兵掃定東夏韓白重出不能為計況以無筭昏主役御刀應勅之徒哉及山陽至巴陵帝復令天武賫書与穎冑兄弟去後帝謂張弘策曰用兵之道攻心為上攻城次之心戰為上兵戰次之今日是也近遣天武往州府人皆有書今假只有兩封与行事兄弟云一一具天武口及問天武口無所說天武是行事必贊彼間必謂行

事兄弟共隱其事則人人生疑山陽惑於衆口判相嫌貳二則行事進退無以自明是馳兩空函定一州也山陽至江安果疑不止潁胄乃斬天武送山陽信之至荆州馳入城將踰國懸門奮發折其軨投車而走陳秀拔戟逐之斬于門外潁胄即遣驛使傳首于帝仍似南陽王尊号之議來告曰時不利當須待來年二月帝荅曰今坐甲十万粮用日竭若頓兵十旬必生悔吝且太白出西方仗義而動天時人謀有何不利昔武王伐紂行逆太歲復須待來年耶帝不從乃赫然大号也

伐申帝發自襄陽 帝留弟守襄陽城謂曰當置心襄陽人腹中推誠信之勿疑也天下一家乃當相見也

郢魯諸城及諸將並降 初東昏遣吴子陽十三軍救郢州進據巴口帝命王茂潛師襲加湖子陽竄走衆盡溺于江郢魯二城相視奪氣先是東昏使陳伯之鎮江州為子陽聲援帝謂諸將曰夫征討未必須實力聽威聲耳今加湖之敗誰不讋服陳武牙即伯之之子狼狽奔歸彼人之情當凶懼我謂九江可傳檄而定也因命搜所獲俘因得伯之幢主蘇隆之厚加賞賜使致命焉魯山城郢並降伯之及子武牙見帝至並東甲請罪

壬午帝鎮石頭命衆軍圍六門衛尉張稷斬東昏以黃油褁首送軍 帝命召僧勒兵封府庫及圖籍收潘妃誅之以宮女二千人分賚將士也

平京邑齊和帝以位禪梁帝即位太清元年齊司徒侯景以十三州内屬侯景景景反至京師幽帝而崩 天監中釋寶誌為詩

曰昔年三十八今年八十二四中復有四城北火酣酣帝封記之帝三十八尅建鄴八十三遇火災元年四月十四日同泰寺火災皆如其言此之謂也 侯景立武帝太子綱為帝又為景所殺追尊為太宗簡文皇帝也 湘東王繹於荊州使王僧辯等平侯景傳首江陵僧辯等勸進曰今衆以今月戊子惣集建康分勒武旅百道同趨轟轢然大潰群凶四滅伏惟陛下咀痛茹哀嬰思憤酷自紫庭絳闕胡塵四起捩垣好畤冀馬雲屯豺狼當路非止一人鯨鯢不梟經載矣天威既振寃耻並雪百司岳牧仰祈宸鑒咸以錫珪之功既歸有道當璧之禮允屬聖明而優詔謙冲沓然凝邈飛龍可躋而乾文在四帝閽云叫而閶闔未開謳謌再馳是用翹首豈可久稽群議有曠彛則也 景子湘東王即位于江陵是謂孝元皇帝武帝第七子也 魏使萬紐于謹來攻梁王蕭詧率衆會之帝見執魏人戕帝初武陵之平議者欲因其舟艦遷都建鄴宗懍黄羅漢皆楚人不願移曰建鄴王氣已盡渚宮洲已滿百於是乃留尋而歲星在井熒惑守心帝觀之慨然謂朝臣曰吾觀玄象將恐有賊但吉凶在我運數由人避之何益尋為魏軍所逼城陷見執進土囊而殞之古老相傳云洲滿百荊州出天子桓玄為荊州刺史內懷逆意乃遣鑿破一洲以應百數隨而崩破竟無所成宋文帝為宜都王在藩一洲自立俄而文帝纂統太清末柏江揚閤浦生一洲明年而梁元帝立承聖末其洲与大岸通也 江陵既陷王僧辯陳

霸先等議立帝子方智是爲敬皇帝元帝第九子於江州奉迎至建鄴即位太平二年禪位于陳高祖武皇帝姓陳氏名霸先吳興長城人也梁武帝時爲直閤將軍侯景反高祖率所領與侯景大戰侯景敗死湘東王即位授南徐州刺史還鎮京口承聖三年西魏攻陷西臺高祖與王僧辯立晉安王進帝位司空僧辯又與齊氏和親納貞陽侯高祖歎曰嗣主高皇之孫元皇之子竟有何辜坐見廢黜立見非次此情可知也高祖以爲不義潛師襲王僧辯於石頭剋之是夜縊僧辯貞陽侯遜位晉安王復立徐嗣徽北引齊師遠蕭軌等四十六將潛江至莫府山高祖並破之進帝位丞相進爵爲陳王永定三年梁帝禪位於陳

三年（熒惑守心人之尊也）上崩（時上長子衡陽王昌爲質於周乃立高祖弟始興列王長子蒨也）立弟子蒨（是爲世祖文皇帝也）崩立太子伯宗（是爲廢帝）廢立頊（是爲高宗宣皇帝始興列王第二子也）崩立太子叔寶是爲長城公也叔寶在東宮好學有文藝及即位躭酒色（左右佞嬖珥貂者五十人婦人美貌麗服者千餘人常使孔貴妃等八人夾坐江總孔範等十人預宴號曰狎客先令八婦人襞綵牋製五言詩十客一時繼和遲則罰酒君臣酣飲從昏達旦以此爲常也）隋文帝初受周禪甚敦鄰好宣帝崩遣使赴弔脩敵國之禮書稱名頓首而後主驕奢書末云想彼統內如宜此宇宙清泰隋文帝不悅以示朝臣賀若弼楊素等以爲主辱再拜請罪並求致討文帝曰我爲人父母豈可限一衣帶水而不拯之乎命作戰艦（人請密之文帝曰吾將顯行天誅何密之有使投柹於江若彼能改吾又何求也）以晉王廣爲元帥督八十總

管以致討

初隋師送璽書暴後主惡三十紙遍諭江東諸軍既下江鎮戍相繼奏聞沈客卿掌機密抑而不言隋軍臨江後主曰王氣在此齊兵三度來周兵再度至無不摧沒虜今來必自敗縱酒作詩不輟隋軍或進拔姑熟或斷曲阿之衡乃下詔曰犬羊凌縱侵竊郊畿蜂蠆有毒宜時掃定以蕭摩訶為皇畿大都督分兵守要害僧尼道士執役隋軍南北道並進衆軍敗績

韓擒虎入自南掖門文武百官皆遁出擒後主

隋師之入也僕射袁憲勸端坐殿上正色待之後主曰鋒刃之下未可交當吾自有計乃逃於井隋軍人以繩引之驚其太重乃與張貴妃孔貴人同束而上隋文帝聞之大驚鮑宏對曰東井於天文為秦分今王都所在投井其天意也先是江東多唱王獻之桃葉辭云桃葉復桃葉渡江不用楫但渡無所苦我自迎接汝及晉王廣軍於六合鎮其山名桃葉果乘陳船而渡之也

晉王廣入據臺城送後主于東宮巳後主與王公百司發自建鄴之長安及至京師列陳輿服引後主及王公使宣詔讓後主後主雀息不能對封長城公

隋文帝東巡登芒山後主侍飲賦詩曰日月光天德山河壯帝居太平無以報願上東封書及出隋文帝目送之曰此敗豈不由詩酒將作詩功夫何如思安時事也

至仁壽四年終於洛陽

先是舞山衆鳥鼓翼撫膺曰奈何帝奈何帝後主在東宮時有鳥一

足集其庭殿以箭畫地成文曰獨足上高臺盛草化爲灰欲知我家處朱闕當水開解者以爲獨足言後主獨行無衆盛草言蕪穢隋承火運草得火而灰及至京師家於都水臺所謂高臺當水也有會稽人史溥曾夢著朱衣人武冠自天而下以手執金板溥往看上文曰陳氏五主三十四年陳亡果如夢梁末童謠云可憐巴馬子一日行千里不見馬上郎但見黃塵起黃塵汚人衣皂莢相料理及僧辯滅群臣以謠言奏言僧辯本乘巴馬擊侯景馬上郎王字也塵謂塵也而不解皂莢之謂既而陳滅於隋說者以爲江東謂羖羊角爲皂莢隋氏姓揚揚羊也言終滅於隋北齊末諸省官多稱省主主將見省也則知興亡之兆盡有徵云

隋高祖姓楊氏名堅周武帝初爲隋州刺史女爲太子妃 周宣帝立拜爲大司馬宣帝崩立靖帝進爵爲隋王遂禪位焉改號開皇元年九年平陳廢太子勇爲庶人立晉王廣爲皇太子高祖崩太子即位是爲煬帝煬帝無道盜賊蜂起十三年幸江都李密設壇於鞏自署爲魏公密遼東襄平人蒲山公寬之子也少倜儻有大志常有思亂之心與楊玄感爲刎頸交玄感以勢凌之密怒曰決機兩陣之間喑啞叱咤三軍披靡遼功一時密不如公若涉彼長途驅策賢俊使

各中其用公不如密豈可以一階一級而輕天下士大夫耶及玄感反密歸之為其謀主後玄感敗密變姓名奔翟讓讓立密為魏公開幕府置僚屬凡
十餘万人
梁歸都據夏州劉武周殺太原留守王恭舉
兵反竇建德自号夏王朱粲自号楚王劉元進據
吳都煬帝聞群賊起大懼使馮慈明徵兵東都煬帝
聞盜賊蜂起召群臣問之皆曰此鼠竊狗盜何足以憂侍御史韋德裕曰今海內土崩綱紀大壞而內史侍郎虞世基御史大夫裴蘊等阿媚陛
下隱秘不言所謂積薪已燃宗廟必不血食矣周書曰綿綿不絕將成江河陛下勿以諫言不以介意乃詔馮慈明詣東都徵兵將以討密為徵邏所獲
歸之李密密聞慈明至大悅謂慈明曰皇天無親惟德是輔主上毒流四海天下咸知密糾合豪傑思平宇內熊羆之士百万有餘據敖倉之粟帶成皋之
險干戈精練甲冑堅實決東海可西流蹴太山可東倒以此禦敵何敵不摧以此攻城何城不陷東都危急不日將降幸少留意同建功名慈明曰蒲山
公業名先帝位極朝端明公不思造我之恩翻懷反噬之志弃皇隋之大德即梟感之頭罝嚚惡積禍盈敗不旋踵網漏吞舟至于今日昔臣君以天下之
衆弊於光武雺仲以江左之師窮乎明帝明公以烏合之卒不越數千狼顧鴟張強梁村塢唯德是輔公何預焉密乃幽之于司徒府慈明密令
人詣東都事泄翟讓殺之
詔唐國公諱鎮太原五月甲子唐公舉義

兵遥尊煬帝爲太上皇立代王侑爲天子行伊霍故事傳檄天下聞之響應（此裴寂劉開山計也代王侑時在西京）秋七月唐公將西圖長安仗白旗誓衆於太原之野被甲三万留公子元吉守太原義師次霍邑隋武牙郎將宋老生拒義師時連雨不霽粮運不給又訛言突厥將襲太原唐公懼命旋師用秦王諫乃止（秦王諫曰獨夫肆虐天下崩離狼顧蜂飛跨州連縣丈夫不得耕耘女子不得紡績故杖劍汾晉舉旆參墟將斬封豕以安万人戮鯨鯢而清四海據崤函之固挾天子之威令諸侯定天下是以聞之響應投足如歸今遇小敵便將返旆恐義師一朝解體大事去矣勢不可全還守太原則一城賊耳恐不及旋踵禍變仍生 乃止也）老生背城而陣一戰斬之平霍邑（諸城皆降唯屈突通鎮河東堅守不下也）冬十月義師次長樂宮衛文昇挾代王秉城拒守十一月平京師尊代王爲天子改元義寧（遣使四出徇郡縣隨行宮唐公悉罷之後宮還其親屬初隋將多侵

記　二十九

百姓百姓患之及義師至秋毫無犯皆曰真吾君矣時煬帝將之丹陽而上六臣將卒皆北人不願南遷咸思歸宇文化及因百姓之不堪命殺煬帝於江都隋室王侯無少長皆斬之立嗣王浩為天子化及為丞相上曾夢見青衣兒謂曰去亦死往亦死不若乘舡渡江水裴蘊虞基皆南人贊成其事將卒不彰南遷將因會鴆之南陽公主懼殺其壻以讓吉宇文士及士及告其兄化及遂反執帝帝曰吾何負於天地而致此乎馬文舉對曰臣聞万姓不可無主故立君以撫之是知一人養万姓非万姓養一人高祖文皇帝粵有下國丕隆大寶除苛政布恩德南滅強陳北威獠虜二十餘年河清海晏既而弃世升遐陛下即位違遠社稷委弃京都巡遊行幸略無寧歲漕通河洛控引江淮丁壯倦勞老弱疲轉餉高顓賀若弼先朝重臣勲德俱茂薛道衡英華冠世經綸之才咸被非辜卒遭夷戮賢哲之士退諂佞之子昇又頻年討遼征役不息行者不反國用空虛白骨被於原野肝膽塗於草澤悠悠冤魂有請上帝將假手於人矣及在鴈門取辱戎虜重圍既解理須寧息方更巡遊吳越翱翔上江頭會箕斂以供行樂士卒無短褐後宮猒羅綺士卒無糟糠犬馬賤粟肉甲胄生蟣虱戎馬不解鞍拒諫飾非無心反駕遂使九縣瓜分八紘幅裂以天下之富四海之貴一旦弃之猶曰無罪臣竊為陛下羞之乃默然縊殺之五月戊午天子侑遜位于別宮禪位

于唐都長安大業末謡曰桃李子洪水遶楊山宛在花園裏李唐姓也洪水者唐王諱也楊隋姓也花者華不實也園圍也代王名侑侑与圍音同言楊侑雖爲帝終於曆數有歸唐王當踐其位也巳己王世充段達等立越王侗爲皇帝於洛陽六月宇文化及自江都至彭城據黎陽稱許李密率大軍壁清淇敦煌張守一聞密之拒化及也說越王以討越王不用其策用孟琮計與密連和張守一說曰臣聞鴻鵠之翮未就冲天之情以萌武豹之文未備食牛之心已成今陛下據全周之地背河面洛帶甲十万粟支數十年此覇王之資非待翮成文備之勢也固城自守不以濟世爲心何異夫群蟻之聚一穴乎竊爲陛下不取越王曰若之何對曰三王之興五伯之舉莫不由兵以成大業故夏啓有甘野之師齊桓起邵陵之衆皆以征討不遑伐叛威懾者也今天下土崩英雄競起爲陛下腹心之患者莫過夏魏夏人遣師涉河則東都非陛下之地魏遣師踰洛洛口之粟陛下所有累卵之危無以加也臣聞兵以正合而以奇勝韓信所以斬成安子房所以降秦也請選精鋭之士三万人守洛陽三万人循河而守以備夏寇陛下親率大軍出洛口擒魏之師魏之君臣還陛下從天而至蒼卒之間智者不爲計矣李密既滅則建德懾氣偏守邊疆相時而動則文皇之業可循世祖之基不墜越王曰朕新受命人神未附兵革屢興恐士大夫解體於我守一日陛下以累聖之資繼二祖之業雖夏人之患爲

三十

德復戴少康漢室之戀劉宗重尊光武以今況古彼有慙德況密有可代之勢者三何則始密与翟讓同起烏合之衆大業已就密乃殺讓而奪其位士卒初喪其主鬼神新失其祀人神未附一也地廣兵衆法令不明賞罰不信也精銳之卒並拒秦王羣洛所留悉皆老病乘其虛而襲之必得志矣三也古日奪人之先又曰天時不如地利地利不如人和陛下兼此三事又居之以先無不克矣王將從之孟琮曰化及率思歸之衆其鋒不可當李密英雄勇略不世非密無以滅化及且龍襲之不得復生一化及臣請說以利害示以大義使為元戎以除凶禝徐議其後未為晚焉王曰善孟琮東說密曰明公以烏合之卒密迹王城罕慕德之人無山澤之固兵法所謂四分五裂持所忌焉今東有化及之師西有東都之衆東拒化及則王師襲其後東都而不行則化及之師曰至於是六軍出洛口化及下武牢誠恐不暇轉旋敗亡已及今皇帝世宗成帝之子世祖明帝之孫也以累世之資當樂推之運士馬百万據有舊都字文化及懷音藏闇親行梟鏡主上枕戈待旦將卒畜力待明將軍誠能率先啓行誅鋤兇暴則有盤石之安無累卵之危也晉文捨斬袪齊桓置射鉤況主上聖哲自天寬和容衆將軍勿以疇昔之失過望於皇帝也狐裘羔袖將軍擇焉密勑闇張守一之謀大懼及琮至大悅使記室李儉朝越王大悅拜密為太尉魏国公

李密無東都之慮盡銳攻化及破之密自敗化及之益以驕慠越王命王充擊密密不用祖君彥計密師敗績遂西奔京師尋謀叛殺之王世充之擊密也密會群寮議之

裴仁基曰世充今悉銳而至洛下必空但堅守其要路無令得東而已以銳卒三万循河曲西上示逼東都東都必急世充必救待其至洛然後還軍如此我有餘力彼勞奔命兵法所謂彼出則歸彼歸則出數戰以疲之多方以誤之也密曰公知其一不知其二今世充之兵不可當者三兵仗精銳一也決計深入二也食盡求戰三也我但乘城固守蓄力待時彼欲戰不得求走無路不盈十日世充之首可致麾下諸君以為何如單雄信曰以樂戰之兵當思歸之卒食飽不敵戰必剋矣祖君彥曰不可夫師曲為老師正為直曲則為飢直則為飽世充挾隋室之威不可為曲主公以逆為名不可謂直裴光祿之謀一時之上也主公之策久之上也單將軍之言滅亡之下也天物不兩大勝無常資故慶者在閭弔者在門誠恐乘於化及必殆於世充請寨甲息兵俟時觀釁世充志大而體強心勇而多悍恃於自伐必有異圖不盈數年禍將作矣然後仗順而舉應天順人嵩岳為城洛水為池武臣勁兵經略於水文吏儒士守之於內孰與邀一時之功墮万全之業欲取之先与之將弱之必強之欲取而不与必受天咎將弱而強必受天殃願王公姑与之而強之我承其弊以全制其後無捷矣密曰智哉欲不戰王伯當單雄信曰天下安樂百姓無事搢文采墨從容於廟堂武不如文四海沸騰英雄競起角帝圖王蕩清氛祲文不如武各有其時不可廢也越王淫虐之餘天厭之久矣且天命不常能者代之何曲直之有請以定亂屬武臣制治屬文吏今日不戰則大事去矣密遂用單雄信策合戰密師敗績世充乘勝趍洛口密左長史邴元真以倉城降密奔武牢不敢入北渡河遂奔唐裕王伯當与單雄信徐世勣俱為密將單中号為三傑故密信之而戰

大唐武德二年王充殺越王侗於洛陽僭

稱尊号隋氏滅矣梁時沙門寶誌為書曰韋三來就九索虜下殿走意欲東南遊厄在彭城口今茲三月江都童謠曰江水何泠泠楊柳何青青人今正好樂已復戎彭城韋三就九十二年也戎言輸也吳人謂北人為虜江都西有彭城村村有彭城水上引其水入西閣之下果於此被執初上在江都聞英雄競起皆曰此乃狂賊終無所成及聞義師起上方目驚起曰此得之矣揚廣博覽多聞而不知李諱為天子安用聖為撫心而歎久之復臥曰王者不死天自成人也論曰干寶稱帝王之興必俟天命苟有代謝非人事也堯舜內禪體文德也漢魏外禪順大名也湯武革命應天人也高光爭伐定功業也各因其運而得天下隨時之義大矣哉范曄曰自古喪大業絕宗禋其所以致削弱禍敗者蓋漸有由矣三代以嬖色取禍嬴氏以奢虐致災西京自外戚失祚東都緣閹尹傾國成敗之來先史商之久矣自秦漢迄于周隋觀其興亡雖亦有數然大

抠得之者皆因得賢豪爲人興利除害其失之也莫不因任用群小奢汰無度孔子曰以約失之者鮮矣又曰遠佞人去辟惡有音哉昔秦王見周之失統喪權於諸侯遂自恃任人不封立諸侯及陳勝楚漢咸由布衣非封君有土而並滅秦高祖既定天下念項王從函谷入而已由武關到惟脩關梁強守禦內充實三軍外多發屯戍及王翁之奪取乃不犯關梁而坐得其處王翁見以專國秉政得之即抑重臣收下權及其失之又不從大臣生焉更始見王翁以失百姓心亡天下既西到京師恃人悅聲則自安樂不納諫臣赤眉圍其外近臣反於城遂以破敗由是觀之夫患害非一何可勝爲防備哉賈誼曰夫事有招禍法有起姦唯置賢良然後無患耳

長短文經卷第四

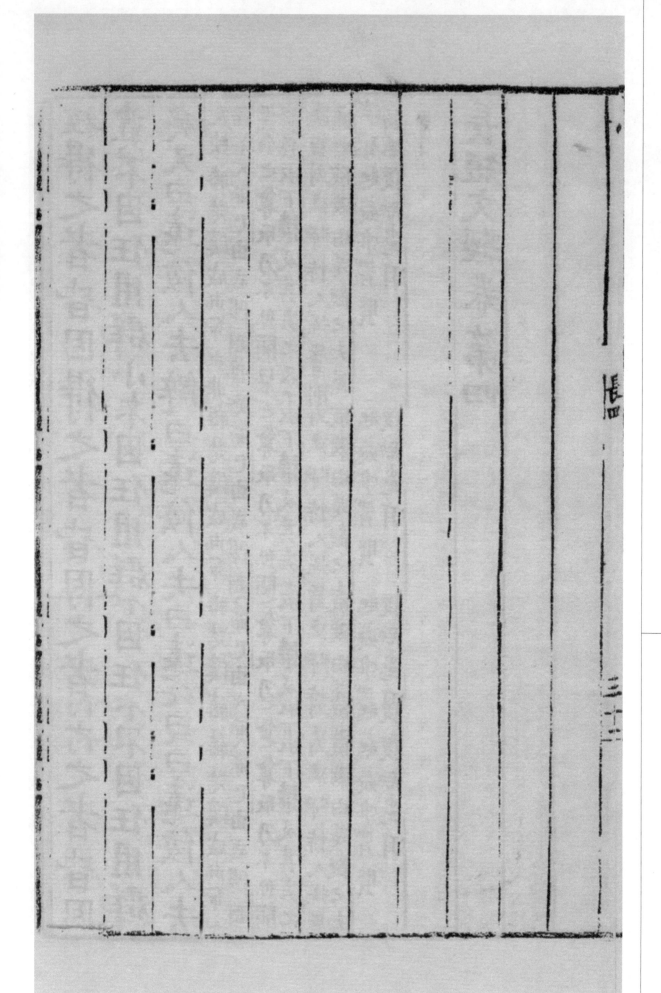

長短經卷第五

七雄略第十八　霸紀中

臣聞天下大器也群生重蓄也器大不可以獨理蓄重不可以自守故劃野分疆所以利建侯也親疎相鎮所以關盛衰也昔周監二代立爵五等封國八百同姓五十五深根固本爲不可拔者也故盛則周邵相其治衰則五霸扶其弱所以夾輔王室左右厥世此三聖制法之意（文武周公爲三聖）然厚下之典弊於尾大自幽平之後日以陵夷爵祿多出於陪臣征伐不由於天子吴幷於越（越王勾踐敗吴欲遷吴王於甬東與百家君之吴王曰孤老矣不能事君王遂自剄死越王滅吴）晉分爲三（晉昭公六年卒六卿欲弱公室遂以法盡滅羊舌氏之族而分其邑爲十縣六卿各以其子爲大夫晉益弱六卿皆

大哀公四年趙襄子韓康子魏桓子共殺智伯盡分其地至烈公十九年周威王賜趙韓魏皆命爲諸侯晉遂滅鄭兼於韓鄭桓公者周厲王少子也幽王以爲司徒問太史伯曰王室多故子安逃死乎太史伯曰獨有雒之東土河濟之南可居公曰何如對曰地近虢鄶虢鄶之君貪而好利百姓不附今公爲司徒民皆愛公請試居之民皆公之民也桓公曰善竟國之至後世君乙爲韓哀侯所滅并其國鄭遂亡魯滅於楚魯頃公二年楚考烈王滅魯魯頃公亡遷于下邑爲家人魯遂絕海內無主四十餘年而爲戰國矣秦據勢勝之地騁狙詐之兵蠶食山東山東患之蘇秦洛陽人也合諸侯之縱以賓秦張儀魏人也破諸侯之縱以連横此縱横之所起也議曰易稱先王建萬國而親諸侯孔子作春秋爲後世法譏世卿不改制世侯由是觀之諸侯之制所從來上矣荀悅曰封建諸侯各世其位欲使視人如子愛國如家置賢卿大夫考績黜陟使有分土而無分人而王者總其一統以御其政故有暴於其國者則人叛人叛於下誅加於上是以計利思害勸賞畏威各覺其力而無亂心天子失道則侯伯正之王室微弱則大國輔之雖無道不虐於天下此所以輔相天地之宜以左右人者也曹元首曰先王知獨理之不能久故與人共理人知獨守之不能固故與人共守之兼親疏而兩用參

同異而並進輕重足以相鎮親踈足以相衞兼并路塞逆節不生也陸士衡曰夫爲人不如厚己利物不如圖身安上在乎悅下爲己存乎利人夫然則南面之君各矜其治九服之人知有定主上之子愛於是乎生下之體信於是乎結世治足以敦風道衰足以禦暴強毅之國不能擅一時之勢雄俊之人無以寄霸王之志蓋三代所以直道四王所以垂業夫興衰隆弊理所固有教之廢興存乎其人愿法期於必涼明道有時而闇故也及之制弊於強禦厚下之典漏於末折浸弱之釁遘自三季陵夷之禍終于七雄所謂末大必折尾大難掉此建侯之弊也

蘇秦初合縱至燕周武定殷封邵公於燕燕與六國並稱王說燕文侯曰燕東有朝鮮遼東北有胡林樓煩西有雲中九原南有呼沲易水地方二千餘里帶甲數十萬車六百乘騎六千匹粟支數年南有碣石鴈門之饒北有棗栗之利民雖不田作而足於棗栗矣此所謂天府者也夫安樂無事不見覆軍殺將無過燕者大王知其所以然乎夫燕所以不犯寇被甲者以趙之爲弊其南

也秦趙相斃而王以全燕制其後此燕之所以不犯寇也且夫秦之攻燕也踰雲中九原過代上谷今易州也彌地數千里雖得燕城秦計固不能守也秦之不能害燕亦明矣今趙之攻燕也發號出令不至十日而數十萬之軍軍於東垣矣渡呼沲涉易水不至四五日而距國都矣故曰秦之攻燕也戰於千里之外趙之攻燕也戰於百里之內夫不憂百里之患而重於千里之外計無過於此者是故願大王與趙從親天下爲一則燕國必無事矣燕文侯許之樂毅獻書燕王曰比目之魚不相得則不能行故古者稱之以其合兩而如一也今山東不能合弱而如一是山東之智不如魚也又譬如軍王之引車也三人不能行索二人五人而車因行矣今山東三國弱而不能敵秦秦索二國因能勝秦矣然而山東不知相索則智固不如軍士矣胡與越人言語不相知志意

不相通同舟而渡波至其相救助如一今山東之相與也如同舟而濟
秦之兵至不能相救助如一智又不如胡越之人矣三物者人之所能
爲一山東主遂不悟此臣之所爲山東苦也願大王熟慮之今韓梁趙
三國已合矣秦見三晉之堅也必南伐楚趙見秦之伐楚必北攻燕物
固有勢異而患同者秦久伐韓故中山民今秦之伐楚燕必亡臣竊爲
大王計不如以兵南合三晉約戍韓梁之西邊山東不能爲此此必皆
亡矣燕果以兵南合三晉趙將伐燕蘇代爲燕說趙王曰今者臣從外
來過水見蚌方出曝而鷸啄其肉蚌合而挾其喙鷸曰今日不雨明日
不雨必見蚌脯蚌亦謂鷸曰今日不出明日不出必見死鷸兩者不肯
相捨漁父得而幷擒之今趙且伐燕燕趙久相支以弊其衆臣恐強秦
之爲漁父也願大王熟計之趙王乃止齊宣王因燕喪伐燕取十城燕
易王謂蘇秦曰先生能爲燕得侵地乎秦曰請爲王取之遂如齊見齊
王拜而慶仰而弔齊王曰是何慶弔相隨之速也蘇秦曰臣聞飢人之
所以飢而不食烏喙者爲其偷充腹而與死人同患也今燕雖小弱即
秦王之女壻也大王利其十城而長與強秦爲仇今使弱燕爲鴈行而
強秦推其後是食烏喙之類也齊王曰然則奈何蘇秦曰臣聞古之善
制事者轉禍而爲福因敗而爲功大王誠能聽臣歸燕十城燕必大喜
秦王知以己之故而歸燕之十城亦必喜此所謂弃仇讎而結碩友也
齊王曰善於是歸燕十城

蘇秦如趙

趙之先與秦同祖周繆王使造父御破徐偃王乃賜造父以趙城趙氏世爲晉卿也

說趙肅侯曰臣竊爲君計莫若安民無事且無庸

有事民爲也安民之本在於擇交擇交而得則民安
擇交而不得則民終身不安請言外患齊秦爲兩
敵而民不得安倚秦攻齊而民不得安倚齊攻秦而
民不得安君誠能聽臣燕必致氊裘狗馬之地齊必
致魚鹽之海楚必致橘柚之園韓魏中山皆可使致
湯沐之俸而貴戚父兄皆可受封侯夫割地利邑五
伯之所以覆軍擒將而求也封侯貴戚湯武所以放
弑而爭也今君高拱而兩有之此臣之所爲君願也
夫秦下軹道則南陽危劫韓苞周則趙自銷擽兵據
衛取淇卷則齊必入朝秦秦欲已得乎山東則必舉
兵而嚮趙矣秦甲渡河踰漳據番吾則兵必戰於邯

鄲之下矣此臣之所爲君危也當今之時山東之建國莫强於趙趙地方二千餘里帶甲數十萬車千乘騎萬匹粟支數年西有常山南有河漳東有清河北有燕燕固弱國不足畏也秦之所害於天下莫如趙然而秦不敢舉兵而伐趙者何也畏韓魏之議其後也然則韓魏趙之南蔽也秦之攻韓魏也無名山大川之險稍稍蠶食之傅國都而止韓魏不能支秦必入臣於秦秦無韓魏之規則禍必中於趙矣此臣之所謂君患也臣聞堯無三夫之分舜無咫尺之地以有天下禹無百人之聚以王諸侯湯武之士不過三千車不過三百乘卒不過三萬立爲天子誠得其道

也是故明主外料其敵之強弱內度其士卒賢不肖
不待兩軍相當而勝敗存亡之機固已形於胷中矣
豈掩於衆人之言而以冥冥決事哉臣竊以天下之
地圖按之諸侯之地五倍於秦料度諸侯之卒十倍於秦
六國并力西面而攻秦秦必破矣今西面而事之見臣於秦
夫破人之與見破於人臣之與見臣於人也豈可同日而論
哉夫衡人者皆欲割諸侯之地以與秦秦成則高臺榭
美宮室聽笙竽之音國被秦患而不與其憂是故
衡人日夜務以秦權恐愒諸侯以求割地願大王熟
計之臣聞明主絕疑去讒屏流言之迹塞朋黨之門
故尊主強兵之臣得陳忠於前矣故竊爲大王計莫

若一韓魏齊楚燕趙從親以畔秦合天下之將相會於洹水之上通質刑白馬而盟約曰秦攻楚齊魏各出銳師以佐之韓絕其粮道趙涉河漳燕守常山之北秦攻韓魏則楚絕其後齊出銳師以佐之趙涉河漳燕守雲中秦攻齊則楚絕其後韓守成皐魏塞其粮道趙涉河漳博關燕出銳師以佐之秦攻燕則趙守常山楚軍武關齊涉渤海（今滄州也）韓魏皆出銳師以佐之秦攻趙則韓軍宜陽楚軍武關魏軍河外齊涉清河（今貝州也）燕出銳師以佐之諸侯有不如約者以五國之兵共伐之六國從親以賓秦則秦甲必不敢出於函谷以害山東矣如此則霸王之業成矣趙王

曰善◦秦既破趙長平軍遂圍邯鄲趙人震恐東徙乃使蘇代厚幣說
秦相應侯曰武安君擒馬服子乎曰然又欲圍邯鄲乎曰然代
曰趙亡則秦王矣夫武安君所謂秦戰勝攻取者七十餘城南取鄢郢
漢中北擒馬服之軍雖周召呂望之功不益於此趙亡即秦王矣以武
安君為三公君能為之下乎欲無為之下固不得矣秦攻韓圍邢丘困
上黨上黨之人皆歸趙不樂為秦人之日久矣今趙北地入燕東地入
齊南地入韓魏君之所得無幾何故不如因而割之無以為武安君
之功也於是應侯言於秦王曰秦兵疲勞請許韓趙之君割地以和秦
既罷軍趙王使趙赦約事秦欲割六城而與之虞卿謂王曰秦之攻趙
也倦而歸乎其力尚能進愛王而弗攻乎王曰秦之攻我無餘力矣必
以倦歸耳虞卿曰秦以其力攻其所不能取倦而歸王又割其力之所
不能守以送之是助秦自攻耳來年秦復求割地王將與之乎弗與則
棄前功而兆後禍也與之則無地以給之語曰強者善攻弱者善守今
聽秦秦兵不弊而多得地是強秦而弱趙也以益秦之強而割逾弱其
計固不止矣且王之地有盡而秦之求無已以有盡之地而給無已之
求其勢必無趙矣王計未定樓緩從秦來王以問之緩曰不如與之虞
卿曰臣言勿與非固勿與而已也秦索六城於王王以六城賂齊齊秦
之深讎也得王之六城并力而西擊秦齊之德王不待辭之畢也則王
失之於齊取償於秦而齊趙之深讎可以報矣且示天下有能為也王
以此發聲兵未窺於境秦之重賂必至於趙而反請和於王秦既請和
韓魏聞之必盡重王重王必出重寶以一於王則是王一舉而得三國
之親而秦益危矣趙王曰善即遣虞卿東見齊王與之謀秦虞卿未及

發而秦使者已在趙矣樓緩聞之亡去秦圍趙趙王使平原君入楚從親
而請其救平原君之楚見楚王説以利害日出而言日中不决毛遂乃
按劒歷階而上謂平原君曰從之利害兩言而决耳今日出而言日中
不决何也楚王叱曰胡不下吾與汝君言汝何爲者毛遂按劒而前曰
王之所以遇遂者以楚国之衆也今十步之内王不得恃楚国之衆王
之命懸於遂之手矣吾君在前叱者何也且遂聞湯以七十里之地立
爲天子文王以百里之壤而臣諸侯今楚地方五千里持戟百萬此霸
王之資也以楚之強天下莫能比而不能當也白起小豎子耳率數萬
之衆興師以與楚戰一戰而舉鄢郢再戰而燒夷陵三戰而辱王之先
人此百代之怨趙之所羞而王不知耻焉今合縱者爲楚不爲趙也楚
王曰苟如先生之言謹奉社稷以從楚於是遂出兵救趙趙孝成王時
秦圍邯鄲諸侯之救兵莫敢擊秦魏王使晉鄙救趙畏秦止於湯陰
不進魏使客将軍新垣衍間入邯鄲令趙帝秦此時魯連適遊趙會秦
圍邯鄲聞魏欲令趙尊秦爲帝乃見平原君曰梁客新垣衍安在吾請
爲君責而歸之平原君曰勝請爲紹介魯連見新垣衍而無言新垣衍
曰吾視君居此圍城之中皆有求於平原君也今覩先生之玉皃非有
求於平原君也曷爲久居圍城之中而不去乎魯連曰世以鮑焦爲無
從容而死者皆非也衆人不知爲一耳彼秦者弃礼義而上首功之國權
使其上虜使其人彼即肆然而爲帝過而遂政於天下則連有蹈東海
而死耳吾不忍爲之人也所以見将軍者欲以助趙衍曰先生助之将
奈何魯連曰吾將使梁及燕助之齊楚則固助之矣衍曰燕則爲請以
從矣若乃梁者即吾乃梁人也先生惡能使梁助之魯連曰梁未覩秦

卷五　六

稱帝之害故耳使梁覩秦稱帝之害則必助趙矣衍曰秦稱帝之害何如連曰昔者齊威王嘗爲仁義矣率天下諸侯而朝周周貧且微諸侯莫朝而齊獨朝之居歲餘周烈王崩齊後往周怒赴於齊曰天崩地坼天子下席東蕃之臣田嬰後至則斮齊威王勃然怒曰叱嗟而母婢也卒爲天下笑故生則朝周死則叱之誠不忍其求也彼天子固然其無足怪衍曰先王獨不見夫僕乎十人而從一人者寧力不足而智不若耶畏之也魯連曰嗚呼梁之比秦若僕耶衍曰然魯連曰吾將使秦王亨〻醢梁王衍怏然曰亦秦矣先生之言也先生又惡能使秦王烹醢梁王連曰固也待吾將言之昔者九侯鄂侯文王紂之三公也九侯有子而好故獻之紂紂以爲醜醢九侯鄂侯爭之強辨之疾故脯鄂侯文王聞之喟然而歎故拘之牖里之庫百日欲令之死曷爲人俱稱王卒就脯醢之地齊湣王將之魯夷維子爲御執策而從謂魯人曰子將何以待吾君魯人曰吾將以十大牢待子君夷維子曰子安以取禮而來彼吾君者天子也天子巡狩諸侯避舍納管籥攝袵袍机視膳於堂下天子已食若退而聽朝也魯人投其籥不果內不得入於魯將之薛假塗於鄒當是時鄒君死湣王欲入弔夷維子謂鄒之孤曰天子弔主人必將倍殯設凡北面於南方然後天子南面弔鄒之群臣曰必若此將伏劍而死故不敢入於鄒鄒魯之大夫生則不得事養死則不得賻襚然且欲行天子之禮於鄒魯鄒魯之臣不果內今秦萬乘之國也梁亦萬乘之國也俱據萬乘之國交有稱王之名覩其一戰而勝遂欲從而帝之則且變易諸侯之大臣彼將奪其所不肖而與其所賢奪其所憎而與其所愛又將使其子女讒妾爲諸侯妃姬處梁之宮梁王安得晏然而將

軍又何得故寵乎於是新垣衍起再拜謝曰吾請出不敢復言帝秦秦將聞之爲韓退軍五十里蘇秦如韓韓之先與周同姓事晉得封於韓爲韓氏後周烈王賜韓侯得列爲諸侯也說韓宣王曰韓北有鞏成皐之固西有宜陽商阪之塞東有宛穰洧水南有陘山地方九百餘里帶甲數十萬天下之強弓勁弩皆從韓出韓卒超足而射百發不暇止遠者栝洞胸近者鏑掩心韓之劒戟則龍泉太阿皆陸斷牛馬水截鵠鴈夫以韓卒之勁與大王之賢乃西面而事秦交臂而服爲羞社稷而爲天下笑無大於此者也是故願大王熟計之大王無事秦事秦必求宜陽成皐今茲効之明年又復求割地與之則無地以給之不與則弃前功而受後禍且夫大王之地有盡而秦之求無已

以有盡之地而逆無已之求此所謂市怨結禍者不戰而地已削矣臣聞鄙諺曰寧爲鷄口無爲牛後今王西面交臂而臣事秦何異於牛後乎夫以大王之賢挾強韓之兵而有牛後之名竊爲大王羞之韓王勃然作色按劍太息曰寡人雖不肖不能事秦從之韓攻宋秦大怒曰吾愛宋韓氏與我交而攻我所甚愛何也蘇秦爲韓說秦王曰韓氏之攻宋所以爲王也以韓之強輔之以宋楚魏必恐恐必西面而事秦王不折一兵不殺一人無事而割安邑此韓氏之所以禱於秦也韓惠王聞秦好事欲罷其人無令東伐乃使水工鄭國來閒秦說秦王令鑿涇水以溉田中作而覺欲誅鄭國鄭國曰始臣爲閒然渠成亦秦之利臣爲韓延數年命爲秦開萬代之利也王從之蘇秦如魏魏之先畢公高之後與周同姓武王伐紂封高公於畢以爲姓畢萬事晉獻公獻公封萬於魏以爲大夫後周烈王賜魏俱得爲諸侯說魏襄王曰大王之地南有鴻溝陳汝東有淮潁煑棗西有長城之界北有河水卷衍地方千里地

名雖小然而田與田廬曾無芻牧之地人民之衆車
馬之多日夜行不絶輷輷殷殷若有三軍之衆魏天
下之強國也王天下之賢主也今迺有意西面而事
秦稱東藩築帝宮受冠帶祠春秋臣竊爲大王恥
之臣聞越王勾踐戰弊卒三千禽夫差於干遂武王
卒三千革車三百乘制紂於牧野豈其卒衆哉誠
能奮其威也今竊聞大王之卒武士二十萬倉頭奮
擊二十萬廝徒十萬車六百乘騎六千匹此過越王
句踐武王遠矣今乃聽於群臣之説而欲臣事秦夫
事秦必割地以效實故兵未用而國已虧矣夫爲人
臣割其主之地以外交偷取一旦之功而不顧其後

破公家而成私門外挾強秦之勢以內劫其主以求割地願大王熟察之周書曰綿綿不絕蔓蔓奈何毫氂不伐將用斧柯前慮未定後有大患將奈之何大王誠能聽臣六國從親專心并力則必無強秦之患故弊邑趙王使臣效愚計奉明約在大王詔之魏王曰謹奉教

虞卿說春申君伐燕以定身封春申君曰所道攻燕非齊即魏魏齊新惡楚楚雖欲攻燕將何道哉對曰請令魏王可君虞卿遂如魏謂王曰夫楚亦強大矣天下無敵乃且攻燕魏王曰向也子云天下無敵今也子云乃且攻燕者何也對曰今謂馬力多則有矣若曰勝千鈞則不然者何也夫千鈞非馬之任也今謂楚強大則有矣若夫越趙魏而關兵於燕則豈楚之任哉非楚之任而楚爲之是弊楚也弊楚即強魏其於王孰便魏王曰善從之

蘇秦如齊齊太公望呂尚者事周爲文武師謀伐紂武王巳平商封尚父於齊營丘也說齊宣王曰齊南有泰山東有琅邪西有清河北有勃海此四塞之國也臨菑甚富而實其民

無不吹竽鼓瑟彈琴擊筑鬬雞走狗六博蹹踘者也臨菑之途車轂擊人肩摩連衽成帷舉袂成幕揮汗成雨家殷人足志高氣揚夫以大王之賢與齊之強天下莫能當也今乃西面事秦竊為大王羞之且夫韓魏之所以畏秦者為與秦接境壤界也兵出相當不出十日而戰勝存亡之機決定矣韓魏戰而勝秦則兵半折四境不守戰而不勝則國已危亡隨其後也是故韓魏之所以重與秦戰而輕為之臣也今秦之攻齊則不然倍韓魏之地過衛晉陽之道經乎亢父之險車不得方軌騎不得比行百人守險千人不敢過也秦雖欲深入則狼顧恐韓魏之議其後

是故恫疑虛喝驕務而不敢進夫不深料秦之無奈齊何也而欲西面事之是群臣之計過也今無秦之名而有強國之實故願大王少留意計之齊王曰善

蘇秦說閔王曰臣聞用兵而喜先者憂約結而喜主怨者孤夫後起者藉也而遠怨者時也故語曰騏驥之衰也駑馬先之孟賁之倦也女子勝之夫駑馬女子之筋骨力勁非賢於騏驥孟賁也何則後起之藉也臣聞戰攻之道於師者雖有百萬之軍北之堂上雖有闔閭吳起之將擒之戶內千丈之城拔之樽俎之間百尺之衝折之於席上故鐘鼓竽瑟之音不絕地可廣而欲可成和樂倡優之笑不乏諸侯可同日而致也故夫善為王業者在勞天下而自佚亂天下而自安諸侯無成謀則國無宿憂也何以知其然耶昔魏王擁兵千里帶甲三十萬從十二諸侯朝天子以西謀秦秦恐寢不安席食不甘味衛鞅謀於秦王曰王何不使臣見魏王則臣必請北魏矣秦王許諾衛鞅見魏王曰大王之功大矣令行於天下矣所從十二諸侯非宋衛則鄒魯陳蔡此固大王之所以鞭箠使也不足以王天下不若北取燕東伐齊則趙必從矣西取秦南伐楚則韓必從矣大王有伐齊楚之心而從天下之志則王業見矣大王不如先行王服然後圖齊楚魏王善之故身廣公宮制丹衣柱建九游從七星之旟此天子之位也而魏王處之於是齊楚怒諸侯奔齊齊人伐魏殺太子覆其十萬之軍是時秦王拱手受河西之外故鞅

數始與秦王計也謀約不下席而魏將已擒於齊矣衝櫓未施而西河之外已入於秦矣此臣之所謂北之堂上擒將戶內拔城於尊俎之間折衝於席上者也楚懷王使柱國昭陽將兵伐魏得八城又移兵而攻齊齊湣王患之陳軫曰王勿憂也請令罷之即往見昭陽於軍再拜賀戰勝之功起而請曰敢問楚之法覆軍殺將其官爵何也昭陽曰官爲上柱國爵爲上執珪陳軫曰貴於此者何等也曰唯有令尹耳軫曰令尹貴耳王非置兩令尹也臣竊爲君譬之可乎楚有祠者賜其同舍人酒一卮舍人相謂曰數人飲之不足一人飲之有餘請畫地爲蛇先成者飲酒一人蛇先成引酒且飲之乃左手持卮右手畫地曰吾能爲之足足未成一人蛇復成奪其卮曰蛇固無足子安能爲之足乎遂飲其酒爲蛇足者終亡其酒今公攻魏破軍殺將得八城而又移兵攻齊齊畏公甚以此名君足矣冠之上非可重也戰無不勝而不知止身且死爵且歸猶爲蛇足者也昭陽以爲然引軍而去

蘇秦如楚楚之先出自帝顓頊帝嚳高辛時爲火正命曰祝融其後苗裔事周文王當周成王時舉文武勤勞之後嗣而封熊繹於楚蠻以子男之田姓芈氏甚得江漢間人和至熊通使使隨人之周請尊其號周不聽熊通怒乃自立爲武王**說威王曰楚天下之強國也王天下之賢主也西有黔中巫郡東有夏州海陽南有洞庭蒼梧北有陘塞郇陽地方五千餘里帶甲百萬車千乘**

騎萬匹粟支十年此霸王之資也夫以楚之強大王之賢天下莫能當也今乃西面而事秦則諸侯莫不西面而朝章臺之下矣秦之所害莫如楚楚強則秦弱秦強則楚弱其勢不兩立故為大王計莫如從親以孤秦大王不從親秦必起兩軍一軍出武關一軍下黔中則鄢郢動矣臣聞治之其未亂也為之其未有也患至而後憂之則無及也故願大王早熟計之大王誠能聽臣臣請令山東之國奉四時之獻以承大王之明詔委社稷奉宗廟陳士勵兵在大王所用之故從合則楚王衡成則秦帝今釋霸王之業而有事人之名竊為大王不取也夫秦虎狼之國也有

呑天下之心秦天下之仇讎也衡人皆欲割諸侯之地以事秦此所謂養仇而奉讎大逆不忠無過此者故從親則諸侯割地以事楚衡合則楚割地以事秦此兩策者相去遠矣二者大王何居焉故弊邑趙王使臣效愚計奉明約在大王之詔詔之楚王曰善謹奉社稷以從楚襄王既與秦和慮無秦患乃與四子專爲淫侈莊辛諫不聽辛去之趙後秦果舉鄢郢襄王乃徵辛而謝之莊辛曰臣聞鄙諺曰見兎而顧犬未爲晩也亡羊而補牢未爲遲也臣聞湯武以百里王桀紂以天下亡今楚國雖小絶長補短猶以千里豈特百里哉王獨不見夫蜻蛉乎六足四翼飛翔乎天地之間挽蝱蚉而食之承白露而飲之自以爲無患與人無事也不知夫五尺童子方將調鈆膠絲加己乎四仞之上而下爲螻蟻之食蜻蛉其小者也黄雀因是以俯啄白粒仰棲茂樹鼓翅奮翼自以爲無患與人無事不知夫公子王孫左挾彈右攝丸以其類爲鏑晝棲乎茂樹夕調乎酸鹹黄雀其小者也蔡聖侯因是以南遊乎高陂北陵乎巫山飲茹溪之流食湘波之魚左枕幼妾右擁嬖女與之馳騁乎高蔡之中而不以國家爲事不知夫子發方受令乎宣王繫己以朱絲而見之也蔡聖侯事其小

十二

者也君王因是以左州侯右夏侯飯封祿之粟而載方府之金與之馳騁乎雲夢之中而不以天下國家爲事不知夫穰侯方受命乎秦王塡黽塞之內而投己於黽塞之外襄王聞之身體戰慄乃執珪而授莊辛與之謀秦復取淮北之地楚人有以弱弓微繳加歸鴈之上楚襄王召問之乃對以秦燕趙衞爲鳥以激怒王曰夫先王爲秦所欺而客死于外怨莫大焉今以匹夫尚有報萬乘子胥白公是也今以楚之地方五千里帶甲百萬猶足以踊躍於中野而坐受伏焉臣竊爲大王弗取襄王遂復爲縱約伐秦　六國既合縱蘇秦爲縱約長北報趙趙肅侯封秦爲武安君乃投縱約書於秦秦不敢闚兵函谷十五餘年張儀爲秦連衡秦欲攻魏先敗韓由差軍斬首八萬諸侯震恐而儀乃來說魏王　說魏王曰秦孝公時公孫鞅請伐魏曰魏居嶺阨之間西都安邑與秦界河而獨擅山東之利利則西侵秦病即東收地今以君賢聖國賴以盛宜及此時伐魏魏不友秦必東徙東徙則據山河之固東向以制諸侯此帝業也自是之後魏果去安邑徙都大梁　魏地方不至千里卒不過三十萬地四平諸侯四通條達輻湊無名山大川之限從鄭至梁二百餘里車馳人走不待倦而至梁南與楚

境西與韓境北與趙境東與齊境卒戍四方守亭障者不下十萬梁之地勢固戰塲也大梁今汴州是也梁南與楚不與齊齊攻其東東與齊不與趙趙攻其北不合於韓則韓攻其西不親於楚則楚攻其南此所謂四分五裂之道也且諸侯之爲縱者將以安社稷尊主強兵顯名也今爲縱者一天下約爲昆弟刑白馬以盟洹水之上以相堅也而親昆弟同父母尚有爭錢財而欲恃詐僞反覆蘇秦之謀其不可成亦以明矣大王不事秦秦下兵攻河外據卷衍燕酸棗劫衛取晉陽則趙不南趙不南則梁不北梁不北則縱道絕縱道絕則大王之國欲無危不可得也秦折韓而攻

梁韓恃於秦秦韓爲一梁之亡立可須也此臣之所爲大王患也爲大王計莫如事秦事秦則楚韓必不敢動無楚韓之患則大王高枕而卧國必無憂矣大王不聽秦秦下甲士而東伐雖欲事秦不可得也且夫從人多奮辭而少可信說一諸侯而成封侯之業是故天下之遊談士莫不日夜搤腕瞋目切齒以言縱之便以說人主人主賢其辯而牽其說豈得無眩哉臣聞之積羽沉舟群輕折軸衆口鑠金故願大王審計定議魏王於是倍縱約而請成於秦

范睢說秦昭王曰夫穰侯越韓魏而攻齊剛壽非計也少出師不足以傷齊多出師則害於秦也其於計踈矣且齊湣王南攻楚破軍殺將再辟地千里而齊尺寸之地無得者豈齊不欲得地哉形所不能有也諸侯見齊之罷落興師伐之士辱兵頓故齊所以大破者以其破楚肥韓魏也此所謂借賊兵

而資盜粮也王不若遠交而近攻得寸則王之寸得尺則王之尺今釋近而攻遠不亦謬乎昔者中山之國五百里趙獨吞之功成名立而利附焉天下莫之能爭今夫韓魏中國之處而天下之樞王若欲霸中國而爲天下樞以威楚趙楚強則附趙趙強則附楚楚趙皆附齊亦懼矣齊附必卑辭重幣以事秦齊已附則韓魏因可慮也王曰善乃拜睢爲客卿謀兵事伐魏拔懷及邢丘齊楚來伐魏魏王使人求救於秦冠蓋相望而秦救不至魏人有唐睢者年九十餘矣謂王曰老臣請西說秦王令兵先臣出王再拜遣之唐睢到秦入見秦王秦王曰丈人芒然而遠至此甚苦矣夫魏之來求救數矣寡人知魏之急也唐睢曰大王知魏之急而救兵不發臣竊以爲用策之臣無任矣夫魏萬乘之國也然所以西面而事秦稱東藩築帝宮受冠帶祠春秋者以爲秦之強足以與也今齊楚之兵已合於魏郊而秦救不發亦將賴其未急也使之而急彼且割地而約縱王當奚救焉必待其急而救之是失一東之藩魏而強三勁之齊楚則王何利焉於是秦王遽發兵救魏

張儀說楚懷王曰秦地半天下兵敵四國被山帶河四塞以爲固范睢說秦昭王曰大王之國四塞以爲固北有甘泉谷口南有涇渭右隴蜀左關阪奮擊百萬戰車千乘利則出攻不利則入守此王者之地民怯於私鬭勇於公戰此王者之人王并此二者而有之以當諸侯辟如放韓盧而搏蹇兎也虎賁之士百有餘萬車千乘騎萬匹粟如丘山法令既明

士卒安樂主明以嚴將智以武雖無出甲席卷常山
之險必折天下之脊天下後服者先亡矣且夫爲從
者無以異驅群羊而攻猛虎虎之與羊不格明矣今
王不與虎而與群羊臣竊以爲大王之計過也凡天
下強國非秦而楚非楚而秦兩國交爭其勢不兩立
大王不與秦秦下甲據宜陽韓之上地不通下兵河
東成皋韓必入臣則梁亦從風而動秦攻楚之西韓
攻其北社稷安得無危臣聞兵不如者勿與挑戰粟
不如者勿與持久秦西有巴蜀大船積粟起於汶山
浮江而下至楚三千餘里舫舟載卒一載五千人日
行三百里里數雖多然不費牛馬之力不至十日而

非扞關矣扞關驚則從境以東盡城守矣黔中巫郡非王之有也秦舉甲出武關南面而伐則北地絶秦兵之攻楚也危難在三月之内而楚待諸侯之救在半歲之外此其勢不相及也夫待弱國之救忘強秦之禍此臣爲大王患也大王嘗與吳人戰五戰而勝陣卒盡矣編守新城存民苦矣臣聞功大者易危而人弊者怨上夫守易危之功而逆強秦之心臣竊爲大王危之凡天下而信約縱親者蘇秦封爲武安君也蘇秦相燕即陰與燕王謀伐齊破齊而分其地乃佯爲有罪出走入齊齊王因受而相之居二年而覺齊王大怒車裂蘇秦於市夫以一詐僞之蘇

秦而欲經營天下混一諸侯其不可成亦明矣今秦與楚接壤界固形親之國也大王誠能聽臣臣請使秦太子入質於楚楚太子入質於秦請以秦女爲大王箕帚之妾効萬室之都以爲湯沐之邑長爲昆弟之國終身無相攻臣以爲計無便於此者楚王乃與秦從親

白起將兵來伐楚楚襄王使黃歇說秦昭王曰天下莫強於秦楚今則聞大王欲伐楚此猶兩虎相與鬬而駑犬受其弊不如善楚臣請言其說臣聞之物至則反冬夏是也智至則危累碁是也今大國之地半天下有三垂此從生人已來萬乘之地未嘗有也王若能持功守威黜攻伐之心肥仁義之德則三王不足四五霸不足六也王若負人徒之衆挾兵革之強欲以力臣天下之主臣恐其有患也詩云靡不有初鮮克有終易曰狐涉水濡其尾此言始之易而終之難也何以知其然耶智伯見伐趙之利而不知榆次之禍吴王見伐齊之便而不知干遂之敗此二國者非無大功也沒利於前而易患於後也今王妒楚之不毁也而忘毁楚之強韓魏也臣爲王慮而不取也王無重世之德於韓魏而有累世之怨焉夫韓魏父兄子弟接踵而死於秦者將十世矣身首分離暴骸草澤者相望於境係頸束手爲

群虜者相望於路故韓魏之不亡秦社稷之憂也今王信之與兵攻楚不亦過乎臣爲王慮莫若善楚楚秦合爲一以臨韓韓必斂手王施以山東之險帶以河曲之利韓必爲關内侯若是而王以十萬戍鄭梁之人寒心許鄢夷陵嬰城而上蔡召陵不往來也如是魏亦爲關内侯矣王善楚而關内侯兩萬乘之主注地於齊齊右壤可拱手而取也然後危動燕趙搖蕩齊楚此四國者不待痛而服也秦王曰善止不伐楚楚頃襄王謀與齊韓連和因欲圖周周赧王使臣武公說楚相昭子昭子曰乃圖周則無之雖然周何故不可圖對曰夫西周之地絶長補短不過百里名爲天下共主裂其地不足以肥國得其衆不足以勁兵雖攻之不足以尊名然而好事之君喜攻之臣發號用兵未嘗不以周爲終始是何也則祭器在焉欲器之至而忘弑君之亂今韓以器之楚臣恐天下以器讎楚於是楚計輟不行秦武王使樗里疾以車百乘入周周君迎之甚敬楚王讓周以其重秦客也遊騰爲周謂楚王曰昔者智伯欲伐仇猶遺大鍾載以廣車因隨之以兵仇猶卒亡無備故也齊桓公之伐蔡也號曰誅楚其實襲蔡今秦者虎狼之國有獨吞天下之心使樗里子疾以車百乘入周周君懼焉以蔡仇猶爲戒故使長兵居前強弩居後名曰衞疾而實囚之周君豈能無愛國哉恐一旦國亡而憂大王也楚王乃悅楚襄王有疾太子質於秦不得歸黃歇說秦相應侯曰今楚王疾恐不起秦不如歸太子太子即位其事秦必謹若不歸則咸陽一布衣耳楚更立太子必不事秦夫一國而絶萬乘之和非計也願相國慮之應侯爲言於秦王王不肯乃遁也

張儀如韓說韓宣王曰韓地險惡

◎

山居五穀所生非菽而麥地方不過九百里無二年之食料大王之卒悉舉不過三十萬而廝徒負養在其中矣今秦帶甲百萬車千乘騎萬匹虎賁之士號詾科頭貫頤奮戟者不可勝數山東被甲蒙胄以會戰秦人捐甲徒裼以趨敵左挈人頭而挾生虜秦逐山東之卒猶孟賁之與怯夫以輕重相壓猶烏獲之與嬰兒諸侯不料地之弱食之寡而聽從人之甘言好辭比周以相飾詿誤其主無過此者大王不事秦秦下甲據宜陽斷韓之地東取成皋滎陽則鴻臺之宮桑林之苑非王有也夫塞成皋絕上地則王之國分矣故爲大王計莫如爲秦秦之所欲弱莫

如弱楚而能弱楚者莫如韓非以韓能強於楚也其勢然也今西面而事秦以攻楚秦王必喜夫攻楚而私其地轉禍而悅秦計無便於此者宣王聽之范雎說秦王曰秦韓之地形相錯如繡秦之有韓譬如木之有蠹人之有腹心病也天下無變則已有變其爲秦患者孰大於韓乎王何不收韓王曰吾固欲收韓韓不聽爲之奈何對曰韓安得不聽王若下兵攻滎陽則成皋之道不通北斷太行之道則上黨之師不下王一興兵而攻滎陽則其國斷而爲三韓必見危亡矣安得不聽若聽則霸事因可慮矣王曰善乃從之張儀說齊湣王曰天下強國無過齊者大臣父兄殷衆富樂然爲大王計者皆爲一時之說不顧百代之利縱人說大王者必曰齊西有強趙南有韓梁齊負海之國也地廣民衆兵強士勇雖有百秦將無奈齊何也大王賢其說而不計其實臣聞齊與魯三戰而魯三勝國以危亡

隨其後雖有戰勝之名而有破亡之實是何也齊大而魯小也今秦之與齊也猶齊之與魯也今秦楚嫁女娶婦爲昆弟之國韓獻宜陽魏効河外趙入朝歌澠池割河閒以事秦大王不事秦秦驅韓梁攻齊之南地悉趙兵渡清河指博關臨菑即墨非王有也國一旦見攻雖欲事秦不可得也是故願大王熟計之齊王許之燕攻齊取七十餘城唯莒即墨不下齊田單以即墨破燕殺騎劫燕燕將懼誅而保聊城不敢歸田單攻之歲餘聊城不下魯連乃爲書約之以矢射城中遺燕將軍曰吾聞之智者不倍時而弃利勇士不怯死而滅名忠臣不先身而後君今君行一朝之忿不顧燕王之無臣非忠也殺身亡聊城而威不信於齊非勇也功廢名滅後世無稱非智也故智者不再計勇者不再却今死生榮辱尊卑貴賤此其時也願公詳計而無與俗同且楚攻齊之城陽魏攻平陵而齊無南面之心以爲亡城陽之害小不若得濟北之利大故定計而堅守之今秦人下兵魏不敢東面橫秦之勢成則楚國之形危且蕑弃南面斷右壤存濟北計猶且爲之也今楚魏交兵於齊而燕救

長五 十六

不至以全齊之兵不失無天下規與聊革據朞年之弊即臣見公之不
能得也齊之必決於聊公無再計彼燕王大亂上下迷惑栗腹以百萬
之衆五折於外萬乘之國被圍於趙壤削主困爲天下笑國弊禍多人
無所歸今又以弊聊之人距全齊之兵朞年不解是墨翟之守也食人
炊骨士無反外之心是孫臏吳起之功也能見於天下矣故爲公計者
不如罷兵休士全軍歸報燕王燕王必喜士民見公如見父母攘臂而
議於世公業可明也意者㦲燕弃世東遊於齊乎請裂地定封富比乎
陶衞世世稱孤此亦一計也二者顯名厚實願公察之熟計而審處一
焉且吾聞之効小節者不能行大威惡小恥者不能成榮名昔管仲射
桓公中其鉤棊也遺公子糾不能死怯也束縛桎梏辱也此三行者鄉
里不通世主不臣使管仲終窮有抑而不出不免爲辱人賤行然而管
子弃三行之過據齊國之政一匡天下九合諸侯名高天下光照隣國曹
沬爲魯君將三戰而喪地千里使曹子計不顧後死而不生則不免爲
敗軍擒將曹子以一劒之任劫桓公於壇位之上顏色不變辭氣不悖
三戰之所喪一朝而反之天下震動名傳後世若此二公非不能行小
節死小恥也以爲殺身絶世功名不立非智也故去忿恚之心而成終
身之名故業與三王爭流名與天壤相弊也公其圖之燕將得書曰敬
聞命矣遂自刎昔雍門周以琴見齊孟嘗君孟嘗君曰先生鼓琴亦能
令人悲乎對曰臣之所能令悲者先貴而後賤古富而今貧擯壓窮
巷不及四隣不若身材高妙懷質抱眞逢讒離謗怨結而不得伸不
若交歡而結愛無怨而生離遠赴他國無相見期不若幼無父母壯無
妻兒出以野澤爲都入用窟穴爲家困於朝夕無所假貸若此人者但

聞鷄鳥之號秋風鳴條則傷心矣臣一爲之援琴而長太息未有不悽惻而涕泣者也今足下居則廣厦高堂連闥洞房羅帷來清風倡優在前諂諛在側揚激楚舞鄭妾流聲以娛耳綵色以淫目水嬉則舫龍舟建羽旗鼓鈞乎不測之淵也野遊則登乎平原馳廣囿强弩下高鳥勇士格猛獸置酒設樂沉醉忘歸方此之時視天地曾不若一指雖有善鼓琴不能動足下也孟嘗君曰固然雍門周曰臣竊爲足下有所常悲夫角帝而困秦者君也連五國而伐楚者又君也天下未嘗無事不縱即衡縱成則楚王衡成則秦帝夫以秦楚之強而報弱薛猶磨蕭斧而伐朝菌也有識之士莫不爲足下寒心天道不常盛寒暑更進退千秋萬歲之後宗廟必不血食高臺既已傾曲池又已平墳墓生荆棘狐狸穴其中遊兒牧豎躑躅其足而歌其上曰夫以孟嘗君之尊貴亦猶若是乎於是孟嘗君喟然太息涕垂睫而交下雍門周引琴而彈之孟嘗遂歔欷而就之曰先生鼓琴令文若亡國之人也

張儀說趙王曰弊邑秦王使臣効愚於大王大王收天下以賓秦秦兵不敢出函谷關是大王之威行於山東弊邑恐懼懾伏繕甲厲兵唯大王有意督過之也今以大王之力舉巴蜀并漢中包兩周遷九鼎守白馬之津秦雖僻遠然而心忿

含怒之日久矣今有弊甲雕兵軍於澠池願渡河據
番吾會戰邯鄲之下以甲子合戰以征殷紂之事故
使臣先以聞於左右凡大王之所信爲蹤者恃蘇秦
蘇秦熒惑諸侯以是爲非以非爲是欲反覆齊國而
自令車裂於市夫天下之不可一混齊亦明矣今楚
與秦爲昆弟之國而韓梁稱爲東藩之臣齊獻魚
鹽之地此斷趙之右臂也夫斷右臂而與人鬬失其
黨而孤居求欲無危生可得乎今秦發三軍其一軍
塞午道告齊使興師渡河軍於邯鄲之東一軍軍
於成皋驅韓梁軍於河外一軍軍澠池約四國而攻
趙趙勝必四分其地是故不敢匿意隱情先以聞於

左右臣竊爲大王計莫如與秦王遇於澠池面相見而口相約請案兵無攻願大王之定計趙肅侯許之

武安君破趙長平軍降其卒四十餘萬皆阬之進圍邯鄲而軍粮不屬乃遣衞先生言於秦昭王曰趙國右倍常山之險而左帶河障之阻有代馬車騎之利民人氣勇好習兵戰常會諸侯而一約爲之縱長明秦不弱則六國必滅秦所以未得志於天下者趙爲之患也今賴大王之靈趙軍破於長平其信臣銳卒莫不畢死邯鄲空虛百郡震怖士民咸怨其主誠以此時遣轉輸給足軍粮滅趙必矣滅趙以威諸侯天下可定而王業成矣秦王欲許之應侯妬其功不欲使成言於秦王曰秦雖破趙軍士卒死傷亦衆百姓疲於遠輸國內空虛楚魏乘虛爲變將無以自守宜且罷兵王從之後三年復欲將白起伐趙起不肯王乃使應侯責之曰楚地方五千里持戟百萬君前率數萬之衆入楚拔鄢郢焚其郊廟楚人震恐東徙而不敢西向韓魏相率興兵甚衆君所將不能半而破之伊闕流血漂櫓韓魏已服至今稱東蕃此君之功天下莫不聞今趙卒之死於長平者已十七八是以寡君願使君將必欲滅之君常以寡擊衆取勝如神況以強擊弱以衆擊寡乎武安君曰是時楚王恃其國大不恤其政而群臣相妬以功諂諛用事良臣疎斥百姓離心城池不脩既無良將又無守備故臣得引兵深入兵多倍城邑發梁焚舟以專人心掠於郊野以足軍食當此之時秦之士卒以軍中爲家以將爲父母不約而親不謀而信一心同力死不旋踵楚人自戰其地咸

顧其家各有散心莫有鬬意是以能有功也伊闕之戰韓顧魏不欲先用其衆魏恃韓之鋭欲推以爲鋒二軍爭便其力不同是以臣得設疑兵以待韓陣專軍并鋭觸魏之不意魏軍既敗韓軍自潰以是之故[redacted]能有功皆計利形勢自然之理何神之有今秦軍破趙軍於長平不遂以時乘其振懼而滅之畏而釋之使得耕稼以益蓄積養孤長幼以益其衆繕理兵甲以益其強增浚城池以益其固主折節以下其臣臣推體以下死士至平原之屬皆令妻妾補縫於行伍之間臣民一心上下同力猶句踐困於會稽之時也以今伐之趙必固守挑其軍戰必不肯出圍其國都必不可尅攻其列城必不可拔掠於郊野必無所得兵久無功諸侯生心外救必至臣見其害未覩其利又病不能行應侯慙而退秦乃使王齕將伐趙楚魏果救之也

張儀說燕昭王曰大王之所親信莫如趙昔趙襄子嘗以其姊爲代王妻欲并代約與代王遇於句注之塞乃令工人作爲金斗長其尾令可以擊人與代王飲陰告厨人曰即酒酣樂進熱啜反斗以擊之於是酒酣樂取熱啜厨人進斟因反斗擊代王殺之肝腦塗地其姊聞之因磨笄以自殺故

至今有磨笄之山天下莫不聞至漢高祖時陳豨以趙相國監趙代邊兵舉兵反上自行至邯鄲喜曰豨不南據漳水北守邯鄲吾知其無能爲也及豨敗上曰代居常山北趙乃從山南有之遠乃立二子爲代王也夫趙王之狼戾無親大王之所明見且以趙爲可親乎趙興兵攻燕再圍燕都而刦大王大王割十城以謝今趙王已入朝澠池效河間以事秦今大王不事秦秦下甲雲中九原驅趙而攻燕則易水長城非王有也今王事秦秦王必喜趙不敢妄動是西有強秦之援南無齊趙之患是故願大王孰計之燕王聽張儀儀歸報秦燕王使太子丹入質於秦秦欲使張唐相燕與共伐趙以廣河間地張唐謂呂不韋曰臣嘗爲昭王伐趙趙怨臣今之燕必經趙臣不可行不韋不快未有以強之其舍人甘羅年十二謂不韋曰臣請爲君行之遂見張唐曰君之功孰與武安君唐曰武安君南挫強楚北滅燕趙戰勝攻取破城墮邑不可勝數臣之功不如也甘羅曰應侯之用於秦孰與文信侯專唐曰應侯不如文信侯專甘羅曰昔應

侯欲伐趙武安君難之去咸陽十里賜死於杜郵今文信侯自請君相燕而不肯行臣不知君所死處也張唐懼曰請因孺子行行有日矣甘羅又謂文信侯曰借臣車五乘請爲張唐先報趙文信侯遣之甘羅如趙說王曰王聞燕太子丹入秦乎曰聞之聞張唐之相燕乎曰聞之甘羅曰燕太子丹入秦者燕不欺秦也張唐相燕者秦不欺燕也燕秦不相欺無異故欲攻趙而廣河間地王不如賚臣五城以廣河間臣請歸燕太子與強趙攻弱燕趙王曰善立割五城與秦燕太子聞而歸趙乃攻燕得二十城令秦有其十也

於是楚人李斯梁人尉繚說於秦王曰秦自孝公巳來周室卑微諸侯相兼關東爲六國秦之乗勝侵諸侯蓋六代矣今諸侯服秦譬若郡縣其君臣俱恐若或合縱而出不意此乃智伯夫差湣王所以亡也願王無愛財賂其豪臣以亂其謀秦不過亡三十萬金則諸侯可盡秦王從其計陰遣謀士賚金玉以遊諸侯諸侯名士可與財者厚遺結之不肯者利劍刺之離其君臣

之計乃使良將隨其後遂幷諸侯天下之士合縱相聚於趙而欲攻秦應侯曰王勿憂也請令廢之秦於天下之士非有怨也相聚而攻秦者以欲富貴耳王見王之狗乎數千百狗爲群臥者臥起者起行者行止者止無相與鬭者投之一骨則輕起相呀何者有爭意也今令載五千金隨唐雎幷載奇樂居武安高會相飲散不能三千金天下之士相與鬭也秦旣吞天下患周之敗以爲弱見奪於是笑三代盪滅古法孔融曰古者王畿之制千里寰內不以封諸侯祭公曰夫先王之制邦內甸服邦外侯服衛賓服夷蠻要服戎狄荒服甸服者祭侯服者祀賓服者享要服者貢荒服者王日祭月祀時享歲貢終先王之訓也有不祭則脩德有不祀則脩言有不享則脩文有不貢則脩告有不王則脩德序成而又不至則脩刑於是有刑不祭伐不祀征不享讓不貢告不王於是有刑罰之辟有攻伐之兵有征討之備有威讓之命有文告之辭而又不至則增脩其德無勤人於遠此古制也削去五等改爲郡縣自號爲皇帝而子弟爲匹夫內無骨肉本根之輔外無尺土蕃翼之衛吳陳奮其白挺白挺木杖劉項隨而斃之故曰周過其曆秦不及其數國勢然也荀悅曰古之建國或小或大者監前之弊變而

通之也夏殷之時蓋不過百里故諸侯微而天子強桀紂得肆其虐害紂脯刑侯而醢鬼侯以文王之盛德不免於牖里周承其弊故建大國方五百里所以崇寵諸侯而自損也至其末流諸侯強大更相侵伐而周室卑微禍難用作秦承其弊不能正其制以求其中而遂廢諸侯改爲郡縣以壹威權以專天下其意主以自爲非以爲人也故秦得擅海内之勢無所拘忌肆行奢淫暴虐於天下然十四年而滅矣故人主失道則天下遍被其害百姓一亂則魚爛土崩莫之匡救漢興承周秦之弊故雜而用之然六王七國之難者誠失之於強大非諸侯治國之咎

漢興之初海内新定同姓寡少懲亡秦孤立之敗於是割裂疆土立爵二等大者王小者侯功臣侯者百有餘邑尊王子弟大啓九國國大者跨州兼郡連城數十可謂矯枉過正矣然高祖創業日不暇給孝惠嚮國之日淺高后女主攝位而海内晏然無狂狡之憂卒折諸呂之難成太宗之基者亦賴之於諸侯也夫原本以末大流濫以致溢小者淫荒越法大者睽孤

橫逆以害身喪國故文帝采賈生之議分齊趙 賈誼

曰欲天下之理安莫若衆建諸侯而少其力力少則易使義國小則無邪心令天下之制若身之使臂臂之使指陛下割地定制令齊趙楚各爲若干國使其子孫各受祖之分地地盡而止天子無所利焉又上疏曰陛下即不定制如今之勢不過一傳再傳諸侯猶且人恣而不制豪植而大強漢法不得行矣陛下所以爲藩扞及皇太子之所恃者唯淮陽代二國耳代北邊匈奴與強敵爲隣能自完則足矣而淮陽之北大諸侯廑如黑子之著面適足以餌大國不足以有所禁禦方今之制在陛下而令子適足以爲餌豈可謂萬代利哉臣之愚計願舉淮南地以益淮陽而爲梁王立後割淮陽北邊二三列城與東郡以益梁不可者可徙代王而都睢陽梁起於新蔡以北著之河淮陽包陳以南捷之江則大諸侯之有異心者破膽而不敢謀梁足以扞齊趙淮陽足以禁吳楚陛下高枕終無山東之憂此萬世之利也臣聞聖王言問其臣而不自造事故使人臣得畢其愚忠唯陛下財幸文帝於是從誼計迺徙淮陽王武爲梁王界北泰山西至高陽得大縣四十餘城徙淮陽王喜爲淮南王撫其人後七國反不得過梁地賈生之計也

景帝用晁錯之計削吳楚

晁錯說上曰昔高帝初定天下昆弟少諸子弱大封同姓故孽子悼惠王王齊七十二城庶弟元王王楚四十城兄子王吳五十餘城封三庶孽分天下半今吳王前有太子之隙詐稱病不朝於古法當誅文帝不忍因賜机杖德至厚也不改過自新乃益驕恣公即山鑄錢煑海爲鹽誘天下亡人謀

作亂逆今削之亦反不削亦反削之反亟禍小不削反遲禍大於是漢臣庭議削吳吳乃削矣武帝施主父之策推恩之令主父偃說上曰古者諸侯不過百里強弱之形易制今諸侯或連城數十地方千里緩則驕奢易爲淫亂急則阻其強而合從以逆京師今以法割削則逆節萌起前日晁錯是也今諸侯子弟或十數而嫡嗣代立餘雖骨肉毋天地封則人孝之道不宣願陛下令諸侯得推恩分子弟以地侯之彼人人喜得所願上以得施實分其國必消自弱矣上從其計也景遭七國之難抑諸侯減黜其官武有淮南衡山之謀作左官之律仕於諸侯王爲左官設附益之法封諸侯過限曰附益諸侯唯得衣食租稅不與政事至於哀平之際皆繼體苗裔親屬疏遠生於帷牆之中不爲士民所尊割削宗子有名無實天下曠然復襲亡秦之軌矣故王莽知漢中外殫微本末俱弱無所忌憚生其姦心因母后之權假伊周之稱專作威福廟堂之上不降階序而運天下詐謀既成遂據南面之尊分

遣五威之吏馳傳天下班行符命漢諸侯王厥角稽首奉上璽紱唯恐居後豈不哀哉及莽敗天下雲擾隗囂擁衆大水班彪避難從上囂問彪曰往者周失其馭戰國並爭天下分裂數世乃定意者縱橫之事復起於今乎將承運迭興在於一人也願先生試論之對曰周之廢興與漢異矣昔周爵五等諸侯從政根本既微枝葉強大故其末流有縱橫之事勢數然也漢承秦制改立郡縣主有專己之威臣無百年之柄至於成帝假借外家哀平祚短國嗣三絕故王氏擅朝因竊號位危自上起傷不及下是以即眞之後天下莫不引領而歎十餘年間中外騷動遠近俱發假號雲合咸稱劉氏不謀同辭方今雄桀帶州跨城者皆無七國世業之資而百姓謳吟思仰漢德可以知之光武中興纂隆皇統而猶遵覆車之遺轍養喪家之宿疾僅及數世姦宄充斥卒有強臣專朝則天下風靡一夫縱橫則城池自夷豈不危哉在周之難興王室也放命者七臣干位者三子嗣王委其九鼎凶族據其天邑鉦鼙震於闕宇鋒鏑流

于縡闕然禍止畿甸害不覃及天下晏然以治待亂是以宣王興於共和襄惠振於晉鄭豈若二漢階闥暫擾而四海已沸孽臣朝入而九服夕亂哉遠惟王莽篡逆之事近覽董卓擅權之際億兆悼心愚智同痛豈世乏曩時之臣士無匡合之志歟蓋遠績屈於時異雄心挫於卑勢耳陸機曰或以諸侯世位不必常全昬主暴君有時比迹故五等所以多亂也今之牧守皆方庸而進雖或失之其得固多故郡縣易以爲治也夫德之休明黜陟日用長率連屬咸述其職而淫昬之君無所容過何則其不治哉故先代有以之興矣苟或衰陵百度自悖鬻官之吏以貨准才則貪殘之萌皆群后也安在其不亂哉故後王有以之廢矣且要而言之五等之君爲己思治郡縣之長爲利圖物何以徵之蓋企及進取仕子之常志脩己安民良士所希及夫進取之情銳而安民之譽遲是故侵百姓以利己者在位所不憚損實事以養名者官長所夙夜也君無卒歲之圖臣挾一時之志五等則不然知國爲己土衆皆我民民安已受其利國傷家嬰其病故上制人欲以垂後後嗣思其堂構爲上無苟且之心群下思膠固之義使其並賢居治則功有厚薄兩

愚虞亂則過有深淺然則採八代之制幾可以一理貫秦漢之典殆可以一言弊也魏太祖武皇帝躬聖明之姿兼神武之略龍飛譙沛鳳翔兗豫覩五代之存亡而不用其長策覩前車之傾覆而不改其轍適子弟王空虛之地君不使之人權均匹夫勢齊凡庶內無深根不拔之固外無盤石宗盟之助非所以安社稷爲萬世之業也且今之州牧郡守古之方伯諸侯皆跨有千里之土兼軍武之任或比國數人或兄弟並據而宗室子弟曾無一人間廁其間與相維持非所以強幹弱枝備萬一之慮也時不用其計後遂淩夷此周秦漢魏立國之勢是以究其始終強弱之勢明鑒戒焉荀悅曰其後遂皆郡縣治人而絕諸侯當時之制亦未必百王之治也論曰周

有天下八百餘年後代衰微而諸侯縱横矣至末孫王赧降爲庶人猶能枝葉相持名爲天下共主當是時也楚人問鼎晉侯請隧雖欲闚周室而見恇諸姬夫豈無姦雄賴諸侯以維持之也故語曰百足之蟲至死不僵扶之者衆此之謂乎及嬴氏擅場懲周之失廢五等立郡縣君有海内而子弟爲匹夫功臣効勤而千城無茅土孤制天下獨擅其利身死之日海内分崩陳勝徧袒唱於前劉季提劒興於後虎嘯龍睇遂亡秦族夫劉陳諸傑布衣也無吴楚之勢立錐之地然而驅白徒之衆得與天子爭衡者百姓思亂無諸侯勤王之可憚也故語曰夫亂政虐

刑所以資英雄而自速禍也此之謂矣夫伐深根者難為功摧枯朽者易為力今五等深根者也郡縣枯朽者也故自秦以下迄于周隋失神器者非侵弱得天下者非持久國勢然也嗚呼郡縣而理則生布衣之心五等御代則有縱橫之禍故知法也者皆有弊焉非謂侯伯無可亂之符郡縣非致理之具但經始圖其多福慮終取其少禍故貴於五等耳聖人知其如此是以兢兢業業日慎一日修德以鎮之擇賢而使之德修賢擇黎元樂業雖有湯武之聖不能興矣況於布衣之細而敢偏袒大呼哉不可不察

長短經卷第五

長短經卷第六

三國權第十九 蜀 吳 魏

論曰臣聞昔漢氏不綱網漏兇狡袁本初虎視河朔劉景升鵲起荆州馬超韓遂雄據於關西呂布陳宮竊命於東夏遼河海岱王公十數皆阻兵百萬鐵騎千群合縱締交爲一時之傑也然曹操挾天子令諸侯六七年間夷滅者十八九唯吳蜀蕞爾國也以地圖案之纔四州之土不如中原之大都人怯於公戰勇於私鬬輕走易北不敵諸華之士角長量大比才稱力不若二袁劉呂之盛此二雄以新造未集之國資逆上不侔之勢然能撫劍顧眄與曹氏爭衡

躡馬指麾而利盡南海何哉則地利不同勢使之然耳故易曰王侯設險以守其國古語曰一里之厚而動千里之權者地利也故曹丕臨江見波濤洶涌歎曰此天所以限南北劉資稱南鄭爲天獄斜谷道爲五百里石穴稽諸前志皆畏其深阻矣雖云天道順地利不如人和若使中材守之而延期挺命可也豈區區艾濬得奮其長策乎由是觀之在此不在彼於戲智者之慮必雜於利害故不盡知用兵之害則不能知用兵之利有自來矣是以採摭其要而爲此權耶夫囊括五湖席卷全蜀庶知害中之利以明魏家之略焉

蜀

天帝布政房心致理參伐參伐則益州分野以東井南股距星爲界東井南股距星連鉞者是也觜觿星度在參右足玉井所衡星是西距星即參中央三星西第一星是按職方則雍州之境據禹貢則梁州之域地方五千里堤封四十郡實一都會也常璩國志云蜀其卦直坤故多斑綵之章其辰直未故尚滋味詩稱文王之化被于江漢之域有文王之化焉秦豳同詩秦蜀同分故有夏聲云故古稱天府之國沃野千里其有以矣王莽末公孫述據蜀述字子陽扶風茂陵人也王莽時爲導江卒正治臨邛及更始立豪傑各起其縣以應漢南陽人宗成略漢中商人王岑亦起兵於雒縣自稱定漢將軍以應成述聞之遣使迎成成等至成都虜掠暴橫述意惡之召縣中豪傑謂曰天下同苦新室思劉氏久矣故聞漢將軍到馳迎道路今百姓無辜而婦子係獲室屋燒燔此寇賊非義兵也吾欲保郡自守以待眞主諸卿欲并力者即留不欲者便去豪傑皆叩頭願効死述於是使人詐稱漢使者自東方來假述輔漢將軍益州牧乃選精兵千餘人而擊宗成等破之別遣弟恢於綿竹擊更始所置益州刺史張忠又破之由是威震益部者也益部功曹李

熊說述曰方今四海波蕩匹夫橫議將軍割據千里地什湯武若奮發威德以投天隙霸王之業成矣今山東饑饉人民相食兵所屠滅城邑丘墟蜀地沃野千里土壤膏腴果實所生無穀而飽女工之業覆衣天下名材竹幹器械之饒不可勝用又有魚鹽銅鐵之利浮水轉漕之便北據漢中杜褒斜之隘東守巴郡拒扞關之口地方數千里戰士不下百萬見利則出兵而略地無利則堅守而力農東下漢水以闚秦地南順江流以震荊揚所謂用天因地成功之資今君王之聲聞於天下而位號未定志士狐疑宜即大位使遠人有所歸依述曰帝王有命吾何德以當之熊曰天命無常百姓與能能者當之王何疑焉

遂然之也建武元年四月遂自立爲天子號成家色尚白使將軍侯丹開白水關北守南鄭將軍任滿從閬中下江州東據扞關於是盡有益州之地也自更始敗後光武方事山東未遑西伐關中豪傑多擁衆歸述其後平陵人荊邯見東方將平兵且西向說述曰兵者帝王之大器古今所不能廢也隗囂遭遇運會割有雍州兵強士附威加山東不及此時推危乘勝以爭大命而返欲爲西伯之事偃武息戈卑辭事漢喟然自以文王復出也今漢帝釋關隴之憂專精東伐四分天下而有其三使西州豪傑咸居心於山東發閒使招攜貳則五分而有其四若舉兵天水必至沮潰天水既定則九分而有其八陛下以梁州之

地內奉萬乘外給三軍百姓愁困不堪上命將有王氏自潰之變臣之愚計以爲宜及天人之望未絕豪傑尚可招誘急以此時發國內精兵令田戎據江陵臨江南之會倚巫山之固築壘堅守傳檄吳楚長沙以南必隨風而靡令延岑出漢中定三輔天水隴西拱手自服如此海內震搖冀有大利述以問群臣博士吳柱曰昔武王伐紂八百諸侯不期同辭然猶還師以待天命未聞無左右之助而欲出師于千里之外以廣封疆者也邯曰今東帝無尺寸之柄驅烏合之衆跨馬陷敵所向輒平不亟乘時與之爭功而坐談武王之說是効隗囂欲爲西伯也范曄曰援旗糾族假制明神迹夫創圖首事有以識其風矣終於孤立一隅介于大國隴坻雖隘非有百二之勢區區兩郡以禦堂堂之鋒則知其道有足懷者所以捿有四方之傑夫功全則譽顯業謝則釁生迴成喪而爲其議者或未聞焉若囂命會符運敵非天力坐論西伯豈多嗤也述不聽邯計光武乃使岑彭吳漢伐蜀破荊門長驅入江關岑彭爲蜀刺客

所紮吴漢弁將其軍入揵爲界諸縣皆城守漢乃進軍攻廣都拔之遣輕騎燒成都市橋陽武以東諸小城皆降光武戒漢曰成都十萬衆不可輕也但堅據廣都待其來攻勿與爭鋒若不敢來攻轉營迫之須其力疲乃可擊也漢乘利將步騎二萬餘人進逼成都去城十餘里阻江北爲營作浮橋使副劉尚將萬餘人屯江南相去二十餘里光武聞之大驚讓漢曰賊若出兵綴公而以大衆攻尚尚破公即敗矣幸本無他者急引兵還廣都詔書未到述果使其將謝豐攻漢使别將刼劉尚令不得相救漢乃閉營三日不出多樹幡旗使烟火不絶夜銜枚引兵與尚軍合豐等不覺明日乃分兵拒水北自將攻江南漢破之斬謝豐於是引還廣都以狀聞光武報曰公還廣都甚得其宜述必不敢略尚而擊公也若先攻尚公從廣都五十里悉步騎赴之適當值其疲困破之必矣自是漢與述戰於廣都之間八戰八剋遂軍其郭中述乃悉散金帛募敢死士五千人以配延岑岑於市橋僞建旗幟鳴鼓挑戰而潛遣奇兵出吴漢軍後襲擊破漢漢墮水緣馬尾得出述乃自將攻漢三合三勝自旦及中軍士不得食並疲漢因命壯士突之述兵大敗也

軍至成都述出戰兵敗被刺洞胷死夷述妻子焚其宮室

光武聞之怒以譴漢曰城降三日吏人服從一旦放兵縱火良失斬將弔人之義也乃下詔慰之其忠節志義之士並蒙旌顯李育以有才幹擢用之於是西土感悅莫不歸心焉范曄曰昔隨他王番禺公孫亦竊帝蜀漢推其無他自功能而至於後亡者將以邊地処遠非王化之所先乎不能臣隙立功以會時變方乃坐飾邊幅以

高深自安昔吳起所以懃魏侯也及其謝群臣審廢興之命與夫泯首銜玉者異日談也至靈帝時政理衰缺王室多故雄豪角逐分裂疆宇以劉焉為益州牧焉魯恭王後也時四方兵寇焉以為刺史威輕乃建議故置牧伯鎮安方夏清選重臣以居其任以焉為益州牧是時涼州賊馬相聚疲役之人數千先煞綿竹令進攻雒縣州從事賈龍先領兵數百在犍為遂糾合吏人攻相破之乃選吏迎焉遂領益州牧也焉死子璋立州大吏趙韙等貪璋溫仁立為刺史初南陽三輔人數萬戶流入益州焉悉收以為衆名曰東州兵璋性柔寬無威略東州人侵暴趙韙因人情不緝乃結州中大姓東州人畏見誅滅乃同心并力為璋殊死戰斬趙韙時張魯亦以璋懦弱不承順璋遂自雄於巴蜀也為劉備所圍遂降備還璋於公安歸其財寶後以病卒初劉備為豫州牧也備字玄德涿郡涿縣人也少言語善下人喜怒不形於色徐州牧陶謙表先主為豫州牧後謙病使人迎先主先主曰袁公路近在壽春此君四世五公海內所歸君以州與之陳登曰袁公路驕豪非治乱之主今欲為使君合步騎十萬上可以匡主濟人成五霸之業下可以割地守境書功於竹帛若使君不見聽登亦未敢聽使君孔融謂先主曰袁公路豈憂国忘家者耶塚中枯骨何足介意今日之事百姓與能天與不取悔不可追遂領徐州陳登遣使詣袁紹曰天降災戾禍臻鄙州州將殂殞士人無主恐姦雄一旦承隙以貽盟主日昃之憂

輒共奉平原相劉府君以爲宗主永使百姓知有依歸方今寇難縱橫不遑釋甲謹遣下吏奔告執事紹荅曰劉玄德弘雅有信義今徐州樂戴之誠副所望也爲曹公所破走屯新野時劉表薨諸葛亮說攻琮荆州可有先主曰荆州臨亡託我以遺孤吾不忍也荆州人多歸先主先主日行十餘里或曰宜速行保江陵先主曰夫濟大事者以人爲本今人歸吾何忍棄去習鑿齒曰劉主雖顛沛險難而信義愈明勢逼事危而言不失道追景升之顧則情感三軍戀赴義之士則甘與同敗視其所以結物情豈徒投醪撫寒含蓼問疾而已其終濟大業者不亦宜乎聞諸葛亮躬耕南陽乃三詣亮於草廬之中屏人言曰漢室傾頹姦臣竊命主上蒙塵孤不度德量力欲信大義於天下而智術淺短遂用猖蹶至于今日然意猶未已君謂計將安出亮荅曰自董卓已來豪傑並起跨州連郡者不可勝數曹操比於袁紹名微而衆寡然遂能剋紹以弱爲強者非唯天時抑亦人謀也今操已擁百萬之衆

挾天子而令諸侯傳云求諸侯莫如勤王此之謂也此誠不可與爭鋒孫權據有江東已歷三代國險而民附賢能爲用此可與爲援而不可圖也荆州北據漢江利盡南海東連吳會西通巴蜀此用武之國而其主不能守此殆天所以資將軍也益州險塞沃野天府之土高祖因之以成帝業劉璋闇弱張魯在北民殷國富而不知䘏智能之士思得明后將軍既帝室之胄信義著於四海惣攬英雄思賢如渴若跨有荆益保其巖岨西和諸戎南撫夷越結好孫權內脩政理天下有變則命上將將荆州之軍以向宛洛將軍身率益州之衆出於秦川百姓孰不簞食壺漿以迎將軍者乎誠

如是則霸業可成漢室可興矣時曹公破荊州先主奔吳先主之奔吳也論者以孫權必殺之程昱料曰曹公無敵於天下初舉荊州威震江表權雖有謀不能獨當也劉備英雄也關羽張飛皆萬人之敵權必資以禦我難解勢分備資以成不可得殺也權果多與備兵以禦太祖時益州刺史劉璋聞曹公征荊州遣別駕張松詣曹公曹公時已定荊州走先主曹公不存錄松松勸璋自絕習鑿齒曰昔齊桓一矜其功而叛者九國曹操漸自驕伐而天下三分皆勤之於數十年之內弃之於俯仰之頃豈不惜乎是以君子勞謙日厺慮以下人功高而居之以讓勢尊而守之以卑夫然後能有其富貴保其功業傳福百代何驕矜之有哉君子是以知曹操之不能遂兼天下也備用亮計結好孫權共拒曹公於赤壁破之曹公北還權乃以荊州業備周瑜上疏諫曰劉備以梟雄之姿而關羽張飛熊虎之將必非久屈爲人用者愚謂大計宜徙置吳盛爲築室多其美女玩好之物以娛其耳目比三人各置一方使如瑜者得挾與攻戰大事可定也今猥割土地以資業之聚此三人俱在壃場恐蛟龍得雲雨非復池中物也權以曹公在北方當廣攬英雄故不納也龐統說備曰荊州荒殘人物單盡東有吳孫北有曹氏鼎足之計難以得志今益州國富人

強戶口百萬郡中兵馬所出畢具寶貨無求於外
今可權借以定大事備曰今指與吾爲水火者曹操
也操以急吾以寬操以暴吾以仁操以譎吾以忠每
與操反事乃可成耳今以小故而失信義於天下者
吾所不取也統曰權變之時固非一道所能定也兼
弱吞昧五伯之事逆取順守報之以義各事定後封
以大國何負於信今日不取終爲人利耳備乃使關
羽守荆州欲自取蜀時孫權遣使報備欲共取蜀曰米賊張魯
君王巴漢爲曹操耳目規圖益州劉璋不
能自守若操得蜀則荆州危矣今欲先攻取璋進討張魯首尾相連一
統吳楚雖有十操無所憂也或說備宜報聽許吳終不能越荆有蜀蜀
地可有也主簿殷觀曰若爲吳先驅進未能克蜀返爲吳所乘則大事
去矣備從之距荅權曰益州民富國強土地阻險劉璋雖弱足以自守
張魯虛僞未盡忠於操若暴師於蜀漢轉運於萬里欲使戰剋攻取舉
不失利此吳起不能定其規孫武不能善其事今曹操三分天下有其

二將飲馬滄海觀兵於吳而同盟無故自相攻伐借樞於操使敵乘其隙非計也權知備意乃止也會劉璋聞曹公向漢中討張魯內懷恐懼別駕張松說璋曰曹公兵強無敵於天下若因張魯之資以取蜀土誰能禦之劉豫州使君之宗而曹公之深讎也若使之討魯魯必破魯破則益州強曹公雖來無能為也璋然之遣法正迎先主時黃權諫曰左將軍有梟名今以部曲遇之則不滿其心以客禮待之則一國不容二君若客有太山之安則主有累卵之危願且閉境以待河清時劉巴亦諫曰備雄傑人也入必有為不可內也既入巴又曰若使備討張魯是放虎於山林也璋並不聽先主與璋會涪璋既還成都先主當為璋北征漢中統後說備曰陰選精兵晝夜兼道徑襲成都璋既不武又素無豫備大軍卒至一舉便定此上計也楊懷高沛璋之名將各杖強兵據守關頭聞數

有牋來諫璋使發遣將軍還荊州將軍未至遣與相聞說荊州有急欲還救之並使裝束外作歸形此二子既服將軍英名又喜將軍之去必乘輕騎來見將軍因此執之進取其兵乃向成都此中計也返還白帝連引荊州徐還圖之此下計也若沉吟不去將致大困不可久矣先主然其中計（初張松法正見備備以私意接納盡其慇懃因問蜀中兵器府庫人馬衆寡及諸要害松等具爲言之又畫地圖處置山川由是盡知益州虛實先主北到葭萌未即討魯厚樹恩德以收衆心明年曹公征孫權權呼先主自救備乃從璋求萬兵及資寶欲以東行救權璋但許兵四千其餘皆半給備因激怒其衆曰吾爲益州征強敵師徒勤瘁不遑寧居今積帑藏之財而恡於賞功望士大夫爲出死力戰其可得乎乃召璋白水軍督楊懷責以無禮斬之使黃忠等勒軍向璋先主逕至關質諸將士卒妻子引兵從忠等進到涪據其城璋所遣將皆破敗也）卽斬懷等自葭萌南還取璋時鄭度說璋曰左將軍襲我兵不滿萬士

衆未附野穀是資計莫若盡驅巴西梓潼人内涪水以西其倉廪野穀一皆燒除高壘深溝靜以待之彼請戰不許久無所資不過百日必將自走走而擊之則必禽矣璋不用度計先主遂長驅所過必克而有巴蜀劉備襲蜀丞相掾趙戩曰劉備其不濟乎拙於用兵每戰必敗奔亡不暇何以圖人蜀雖小國險固四塞獨守之國難卒并也徵士傅幹曰劉備寛仁有度能得人之死力諸葛亮達理知變正而有謀而爲之相張飛關羽勇而有義皆萬人之敵而爲之將此三人者皆人傑也以劉備之略三傑佐之何爲不濟先主圍成都數十日璋出降蜀中殷盛豐樂先主置酒大饗士卒取蜀城中金銀分賜將士還其穀帛初攻劉璋備與士衆約曰若事定府庫百物孤無豫焉及拔成都士衆皆捨干戈赴諸藏競取寶物軍用不足備甚憂之劉巴曰易耳但當直百錢平諸物價令吏爲官市備從之數月之間府庫充實先主領益州牧諸葛亮爲股肱法正爲謀主關羽張飛馬超爲爪牙許靖麋竺簡雍爲賓友董和黄權李嚴等本璋之授用也吴壹費觀等又璋之婚親也彭羕者又璋之所排擯也劉巴者宿昔之所忌恨也皆處之顯任盡其器能有志之士無不競勸也群臣勸先主稱尊號先主未許諸葛亮

曰昔吳漢耿純等勸世祖即帝位世祖辭讓前後數四耿純進言曰天下英雄喁喁冀有所望如不從議者士大夫各歸求主無爲從公也世祖感純言深至遂然諾之今曹氏篡漢天下無主大王劉氏苗族紹世而起即帝位乃其宜也士大夫久勤苦者亦望尺寸之功名如純言耳先主於是即帝位譙周等勸進云臣父羣未亡時言西南數有黃氣直立數丈見來積年時時有景雲祥風從琁璣下應之此爲異瑞又二十二年中數有氣如旗從西竟東中天而行圖書曰必有天子出其方加適年太白熒惑鎮星常從歲星相追近漢初興五星從歲星其歲星主義漢位在西義之上方故漢法常以歲星候人主當有聖主起於此州以致季興時許帝尚存故群下不敢漏言頃者熒惑復追歲星見在胃昴畢昴畢爲天綱經曰帝皇處之衆邪消亡顯大王應天順人速即洪業以寧海內也時曹公拔漢中初魏太祖破張魯於漢中劉曄進討曰明公北破袁紹南征劉表九州百郡十并其八威震天下勢慴海外今舉漢中蜀人望風破膽失守推此而前蜀可傳檄而定劉備人傑也有度而遲得蜀日淺蜀人未附人心震恐

其勢自傾因其傾而壓之無不克也若小緩之諸葛孔明明於治體關羽張飛勇冠三軍武毅以威之文德以撫之據嶮守要不可犯矣今時不取必有後憂太祖不從居七日蜀降者言蜀中驚擾雖斬之猶不禁太祖又問曄曰蜀可伐不對曰今以小安不可動也法正說

先主曰曹操一舉降張魯定漢中不因此勢以圖巴蜀而留夏侯淵張郃屯守身遽北還此非其智不逮力不足也將內有憂逼故耳今算淵郃才略不勝國之將率舉衆往討則必尅之尅之日廣農積穀觀釁伺隙上可以傾覆寇敵尊奬王室中可以蠶食雍涼廣境拓土下可以固守要害為持久之計此蓋天以與我時不可失也先主善其策乃率諸將進近漢中正亦從行先主自陽城南度沔水緣山稍前於定軍勢作營淵將來爭其地正曰可擊矣先主命黃

忠乘高鼓譟攻之大破淵軍淵等授首遂奄有梁漢時魏使夏侯惇鎮長安蜀將魏延就諸葛亮請兵從褒中出循秦嶺而東當子午而北以襲長安亮不許魏略曰夏侯惇爲安西將軍鎮長安諸葛亮於南鄭與群下計議魏延曰聞夏侯惇少有智也怯而無謀今假延精兵五千負糧五千直從褒中出循秦嶺而東當子午而北不過十日可到長安聞延奄至必乘船逃走長安唯有御史京兆太守橫門邸閣與散人穀足用食也比東方相合聚尚二十許日而公從斜谷來亦足以達如此則一舉而咸陽已西可定矣亮以爲懸絶不如安從坦道可以平取隴右萬全必剋而無虞故不用延計也延每隨亮出輒欲請兵萬人與亮異道會于潼關如韓信故事亮制而不許延常謂亮爲怯歎恨己才用之不盡也其後吳孫權襲關羽取荆州范曄曰劉備令關羽鎮守荆州吳將呂蒙拜漢昌太守與關羽分土接境知羽梟雄有兼幷心且居上流其勢難久蒙乃密陳計策曰今征虜守南郡潘璋將遊兵萬人循江上下應敵所在蒙爲國家前據襄陽如此何憂於操何賴於羽將圖之會羽討樊留兵將備南郡蒙上疏曰羽討樊而多留備兵必恐蒙圖其後故也蒙常有病乞分衆還建業以治病爲名羽聞之必撤備兵盡赴襄陽大軍浮江晝夜驅上襲其空虛則南郡可下而羽可禽也遂稱病篤權乃露檄召蒙還

陰與圖計羽果信之稍徹兵起樊遂行遣蒙在前伏其精兵於𦩷𦪇中使白衣搖櫓作商賈服晝夜兼行至羽所置江邊屯候盡縛之是故羽不聞知蒙入據城盡得羽及將士家屬皆撫慰納約令軍不得干歷人家有所求取羽還在道路權使人與蒙相聞蒙輒厚遇其使羽使人還咸知家問無恙見待過於平時故羽吏士無鬬心皆委羽而降即父子俱獲初孫權之討羽也遣使報魏云欲討関羽自効乞不漏露令羽有備群臣咸言密之是宜董昭曰軍事尚權期於合宜宜露其事羽聞權上即當還護其城圍得速解便獲其利可使兩賊相持其弊若密而不露交權得志非計之上也乃使射書於圍中及羽屯內羽猶豫未去陸遜至破江陵羽走至臨沮爲吳將潘璋所殺也

先主怒吳伐之敗績還蜀至永安而崩初魏文帝聞備東下與孫權交戰樹柵連營七百餘里謂群臣曰備不曉兵機豈有七百里營可以距敵乎包原隰阻險而爲軍者爲敵所禽此兵忌孫權上事今至矣後七日權破備於夷陵書至

後主禪即位下詔曰朕聞善積者昌禍積者喪古今常數也曩者漢祚中微綱漏凶慝董卓造難震蕩京畿曹操階禍竊執天衡子丕孤豎敢尋乱階盜據神器更姓改物世濟其凶當此之時天下無主則我帝命殞越于下昭烈皇帝光演文武存復祖業誕膺皇綱不墜于地萬國未喝早世遐徂朕以幼冲繼統鴻業未習保傅之訓而嬰祖宗之重光戴前緒未有攸濟朕甚懼焉諸葛丞相弘毅忠壯忘身憂國今授之以旄鉞之重付之以專命之權統領步騎二十萬衆董督元戎龔行天罰除舊寧乱𦤺復舊都在此行也伐其元帥弔其殘人

他如詔書律令者也先是吴主孫權請和吴使張温使蜀權謂温曰卿不宜遠出恐諸葛孔明不知吾所以與曹氏通意故屈卿行人之義受命不受辭也對曰臣入無腹心之規出無専對之用懼無張老延譽之功又無子産陳事之効然諸葛達見計數必知神慮屈伸之宜加受朝庭天覆之恵推亮之心必無疑貳温至蜀詣闕拜章曰昔高宗以諒闇昌殷祚於中興成王以幼冲隆周德於太平今陛下以聰明之姿等契往古揔百揆於良佐參列精之炳耀遐迩望風莫不忻賴吴國勤任旅力清澄江滸願與有道平一宇内委心協規有如河水使下臣温通致情好陛下敦崇禮義不便聦忽臣自入達境及即近郊頻蒙勞來以榮自懼蜀使馬良使吴良謂亮曰今銜國命協穆二家本爲良介於孫將軍亮曰君試自爲文良即草曰寡君遣掾馬良通聘繼好以紹昆吾豕韋之勳其士人吉士荆楚之令鮮於造次之華而有克終之美願降心存納以慰將命權大待之也丞相諸葛亮慮權聞先主殂有異計乃遣鄧芝脩好於權權果狐疑不時見芝芝自表請見權語芝曰孤誠願與蜀和親然恐蜀主幼弱國小勢逼爲魏所乗不自保全以此猶豫耳芝對曰吴蜀二國四州之士大王命世之英諸葛亮一時之

傑也蜀有重險之固吳有三江之阻合此二長共爲脣齒進可兼并天下返可鼎足而立此理勢之自然也大王今若委質於魏魏必上望大王之入朝下求太子之内侍若其不從則奉辭伐叛蜀必順流見可而進如此江南之地非復大王之有也權默然良久曰君言是也遂自絶魏與蜀連和時司徒華歆司空王朗等與諸葛亮書陳天命欲使舉國稱藩亮不荅書作正議曰昔在項羽起不由德雖處華夏秉帝者之勢卒就湯鑊爲後來戒魏不審鑒今次之矣免身爲幸戒在君子孫而二三子多逞蘇張詭靡之說奉進驩兜滔天之辭欲以誣毁唐帝諷解禹稷

所以徒懷文藻煩勞翰墨大雅君子所不爲也又軍志曰萬人必死橫行天下昔軒轅氏聟卒數萬制四帝定海内況以數十萬之衆據正道而臨有罪可得干擬者哉亮死後魏令鄧艾伐蜀蜀兵敗後主用譙周策降魏議曰國君爲社稷死則死爲社稷亡則亡譙周勸後主降魏可乎孫盛曰春秋之義國君死社稷卿大夫死位況稱天子而辱於人乎周謂萬乘之君偷生苟存亡禮希利要冀微榮惑矣且以事勢言之理不可盡何者禪雖庸主實無桀紂之酷戰雖屢北未有土崩之亂縱不能君臣固守背城一戰自可返次東鄙以思後圖是時羅憲以重兵據白帝霍戈以強卒鎮夜郎蜀土險狹山水峻隔絕巘激湍非步卒所涉若悉收舟檝保據江州徵兵南中乞師東國如此則姜廖五將自然雲從吳之二師承命電赴何投寄之無所而慮於必亡耶魏師之來乘國大舉欲追則舟檝靡資欲留則師老多虞且屈申有會情勢代起徐因思舊之人以攻驕惰之卒此昭王以走闔閭田單所以摧騎劫也何爲忩忩遽自囚虜不堅壁於敵人致斫石之至恨哉葛生有云事不濟耶亡耳安能復爲之下壯哉斯言可以立懦夫之志矣觀古燕齊荆越之敗或國覆主滅或魚懸鳥竄終能建功立事康復社稷豈曰天助抑人謀也向使懷苟存之計納譙

周之言何頹基之能搆令名之可獲哉禪旣闇主周實駑臣方之申包胥田單范蠡大夫種不亦遠乎

晉時李特復據蜀

初特在蜀暴横晉乃募取特兄弟許以重賞未暇宣聞遂不藏李特子驤見書悉改其購云敢斬六郡人頭首李任閻趙等及立侯王一人詣官許以重賞六郡人見之大駭遂並反歸特益州牧羅尚遣隗伯攻李雄於郫城迭有勝負冬十月雄與朴泰金鞭之流血令泰佯得罪奔尚欲爲内應尚信之以兵隨泰雄内外擊之大破尚軍雄乘勝追躡夜至城下因稱萬歲詐尚城中云巳得郫城尚信之開少城門雄軍得入尚遂遁走遂尅成都稱王也

晉桓温滅之至宋義熙中譙縱又殺益州刺史毛璩于成都稱成都王

初毛璩使任約赴義軍軍至枝江會劉毅敗約奔桓振璩聞約奔桓振也自將兵三千由外水下譙縱爲之參軍使將梁州兵五百人從内水發梁州人不欲東遂推縱爲主反攻涪城尅之璩聞難作自略陽城步還至成都爲縱黨所殺也

宋使朱齡石滅之此蜀國形也

議曰吴蜀脣齒之國蜀滅則吴亡信乎陸士衡曰夫蜀蓋藩援之與國而非吴人之存亡也何則其郊境之接重山積險陸無長轂之徑川阸流迅水有驚波之難雖有鋭師百萬啓行不過千夫舳艫千里前驅不過百艦故劉氏之伐陸公譬之長蛇其勢然也故黄權稱曰可以往難以反此兵之桂地也古云夫道狹路嶮璧如兩鼠闘於穴將勇者勝也

吴

丑爲星紀吴越之分上應斗牛之宿下當少陽之位今之會稽九江丹陽豫章廬江廣陵六安臨淮皆吴之分野今蒼梧鬱林合浦交趾九真日南南海皆越之分野古人有言曰大江之南五湖之間其人輕心楊州保强保恃也三代要服不及以正國有道則後服無道則先叛故傳曰吴爲封豕長蛇荐食上國爲上國之患非一日之積也漢高帝時淮南王英布反布都六安今壽州是也反書聞上召諸將問布反爲之奈何汝陰侯滕公曰臣客故楚令尹薛公有籌策可問初滕公問令尹令尹曰是故當反滕公曰上裂地而王之踈爵而貴之南面而立萬乘之主其反何也令尹曰往年殺彭越前年殺韓信此三人同功一體之人也自疑禍及故反耳上乃召見問薛公薛公對曰布反不足怪也使布出於上計山東非漢之

有也出於中計勝敗之數未可知也出於下計陛下安枕而卧矣上曰何謂上中下計令尹曰東取吴（蘇州是也）西取楚（荆州是也）并齊取魯（齊青州魯兖州）傳檄燕趙固守其所山東非漢之有也（議曰合從山東爲持久之策上計也）何謂中計東取吴西取楚并韓取魏據敖倉之粟塞成臯之口勝敗之數未可知也（議曰長驅入洛以決一朝之戰中計也）何謂下計東取吴西取下蔡歸重於越身歸長沙陛下安枕而卧漢無事矣（議曰自廣江表無窺中原之心下計也桓譚新論曰世有圍碁之戲或言是兵法之類也及爲之工者遂基跡張置以會圍因而伐之成多得道之勝中者則務相絕遮要以爭便求利故勝狐疑須計數而定下者則守邊隅趨作罫以自生於小地然亦不如察薛公之言上計云取吴楚并齊魯及燕趙者此廣道地之謂中計云取吴楚并韓魏塞成臯據敖倉此趨遮要爭利者也下計云取吴下蔡據長沙以臨越此守邊隅趨作罫者也罫音爲卦反）上曰是計將安出令尹對曰出下計上曰何爲

廢上中計而出下計令尹曰布故酈山之徒也自致
萬乘之國此皆為身不顧其後為萬世慮者故曰
出下計上曰善果如策乃封薛公千户是後吳王劉濞以子
故而反初發也其大將祿田伯曰兵屯聚而西無他
奇道難以就功臣願得奇兵五萬人別循江淮而上
收淮南長沙入武關與大王會此亦一奇也吳王太
子諫曰王以反為名此兵難以藉人人亦且反王吳
王不許其少將桓將軍復說吳王曰吳多步兵步兵
利險阻漢多車騎車騎利平地願大王所過城邑不
下宜弃去疾西據雒陽武庫食敖倉之粟阻山河之
險以令諸侯雖無入關天下固已定矣即大王徐行

留下城邑漢車騎至馳入梁楚之郊事敗矣王問諸差諸差曰此年少推鋒之計耳安知大慮吳王不從桓將軍之計乃自并將其兵漢以太尉周亞夫擊吳楚亞夫用其父客計遂敗吳（客計在霸紀上）淮南王劉安怨望其父厲王長死謀為叛逆問伍被曰吾舉兵西嚮諸侯必有應者即無奈何被曰南收衡山（衡州）以擊廬江（廬州）有潯陽之船守下雉之城（在江夏縣名也）結九江之浦絕豫章之口（洪州是也）強弩臨江而守以禁東郡之下東收江都（揚州也）會稽（越州也）南通勁越屈強江淮閒猶可一舉得延歲月之壽王曰善未得發會事泄誅至後漢靈獻時閹人擅命天下提挈政在家門（何進謀誅閹官太后不從）

進乃召董卓詣京師以脅迫太后密令卓上書曰中常侍張讓等竊幸乘寵溷亂海内昔趙鞅興晉陽之甲以逐君側之惡輒鳴鍾如洛陽討讓等罪卓未至進敗及卓到遂廢立天下亂矣議曰家門太夫也

時長沙太守孫堅殺南陽太守張咨袁術得據其郡堅與術合縱欲襲奪劉表荊州堅為流矢所中死

初劉表據荊州也聞江南賊盛謂蒯越等曰吾欲徵兵恐不集其策焉出對曰衆不附者仁不足也附而不理者義不足也茍仁義之道行百姓歸之如水之趨下何患不附袁術勇而無謀宗賊貪暴為下所患若示之以封必以衆來君誅其無道撫而用之人有樂存之心必襁負而至兵強士附南據江陵北守襄陽八郡可傳撽而定術等雖至無能為也後果然也

孫堅死子策領其部曲擊楊州刺史劉繇破之因據江東

策聞袁術將欲僭號與書諫曰昔董卓無道陵虐王室禍加太后暴及弘農天子播越宫廟焚毀是以豪傑發憤沛然俱起然而河北異謀於黒山曹操毒被於東徐劉表僭亂於荊南公孫叛逆于朔北正禮阻兵玄德爭盟當謂使君與國同規而舍是弗恤莞然有自取之志懼非海内企望之意昔成湯討桀猶云有夏多罪武王伐紂曰殷有重罰此二王者雖有聖德假時無失道之過無由逼而取也今主上非有惡於天下徒以幼小脅於強臣異於湯武之時也使君五世相承為漢宰輔榮寵之盛莫與為比宜効忠節以報王室

術不納策遂絕之也策聞魏太祖與袁紹相持於官渡將渡江
襲許未濟爲許貢客所殺初策有是謀也衆皆懼魏謀臣郭嘉料之曰策英雄豪傑能得人死力然輕而無備雖有百萬之衆無異於獨行中原若刺客伏起一人之敵耳以吾觀之必死於匹夫之手果爲許貢客所殺也策
死弟權領其衆時吳割據江南席卷交廣與也屬曹公破袁紹兵威日
盛乃下書責孫權求質張昭等會議不決權乃獨
將周瑜詣其母前定議瑜曰昔楚國初封於荊山之
側不滿百里之地繼嗣賢能廣土開境立基於郢遂
據荊楊至於南海傳業延祚九百餘年今將軍承父
兄餘資兼六郡之衆兵精糧多將士用命鑄山爲銅
煑海爲鹽境內富饒人不思亂汎舟舉帆朝發夕
到士風勁勇所向無前有何逼迫而欲送質質子一

人不得不與曹氏曹氏命召不得不往便見制於人也豈與南面稱孤同哉不如勿與徐觀其變若曹氏率義以正天下將軍事之未晚若圖為暴亂兵猶火也不戢必將自焚韜勇抗威以待天命何送質之有權母曰公瑾議是也遂不送質策薨權年少初統事太妃憂之引見張昭董襲等問曰江東可保安不襲對曰江東地勢有山川之固而討逆明府恩德在人討虜承基大小用命張昭秉衆襲等為爪牙此地利人和之時也萬無所憂衆皆壯其言也後曹公入荊州劉琮舉衆降初劉表死魯肅進說曰夫荊楚與我隣接水流順北外帶江漢內阻山陵有金城之國沃野萬里士人殷富若據而有之此帝王之資也肅請得奉命弔表二子并慰勞軍中用事者說劉備使撫表衆共拒曹操肅未到琮已降也曹操得其水軍船步卒數十萬吳將士聞之皆恐孫權延見群下問以計策議者咸曰曹公豺虎也託名漢相挾天子以征四

方動以朝廷爲辭今日距之事更不順且將軍大勢可以距操者長江也今操得荆州奄有其地劉表治水軍蒙衝鬬艦乃以千數操悉以沿江兼有步兵水陸俱下此爲長江之險已與我共之矣而勢力衆寡又不可論愚謂大計不如迎之周瑜曰不然操雖託名漢相其實漢賊將軍以神武之雄才兼杖父兄之烈割據江東地方數千里精兵足用英豪樂業尚當横行天下爲漢家除殘去穢況操自送死而可迎之耶請爲將軍籌之今使北土已安操無内憂能曠日持久來爭疆埸又能與我扶勝負於舟檝可也今北土既未安馬超韓遂尚在關西爲操後

患且捨鞍馬杖舟楫與吳越爭衡本非中國所
長又今盛寒馬無藁草驅中國士衆遠涉江湖之
間不習水土必生疾病此數四者用兵之患也而操
皆冒行之將軍擒操宜在今日瑜請得精兵三萬
人進住夏口保爲將軍破之權曰老賊欲廢漢自立
久矣徒忌二袁呂布劉表與孤耳今數雄已滅唯孤尚存孤
與老賊勢不兩立君言當擊甚與孤合此天以君授
孤也時權軍柴桑劉備在樊曹公南征劉表會表卒子琮舉衆降先主不知曹公卒至至宛乃聞之遂率其衆南行爲曹公所追破劉備至夏口諸葛亮曰事急矣請奉命求救孫將軍遂見說曰將軍起兵江東劉豫州亦收衆漢南與曹操並爭天下今操芟夷大難略已平矣遂破荊州威震四海英雄無所用武故豫州遁逃至此將軍量力而處之若能與吳越之衆與中國爭衡不如早與之絶若不能當何不按兵束甲北面而事之今將軍外託服從之名而内懷猶豫之計事急而不斷禍至無日矣權曰苟如君言劉豫州何不遂事之乎亮曰田横齊之

壯士耳猶守義不辱況劉豫州王室之冑英才蓋世衆士慕仰若水之歸海若事之不濟此乃天也安得復爲人之下權勃然曰吾不能舉全吳之地十萬之衆受制於人吾計決矣非劉豫州莫可以當曹操者然豫州新敗之後能抗此難乎亮曰豫州軍雖敗於長坂今戰士還者及關羽所將精甲萬人劉琦合江夏戰士亦不下萬人曹操之衆遠來疲弊聞追豫州騎一日一夜行三百里此所謂強弩之末不能穿魯縞者也故兵法忌之曰必蹶上將軍且北方人不習水戰又荆州之人附操者逼兵勢耳非心服也今將軍誠命猛將統兵數萬與豫州協規同力破操軍必矣操軍破必北還如此則荆吳之勢強鼎足之形成成敗之機在於今日權大悅即遣周瑜魯肅隨亮詣先主并力拒曹公也

周瑜等水軍三萬與劉備并力拒曹公用黃蓋火攻策遂敗曹公於赤壁初一日交戰曹公軍破退引次江北瑜等在南岸瑜部將黃蓋曰今寇衆我寡難與持久然觀操軍方連船艦首尾相接可燒而走也乃取蒙衝鬬艦數十艘實以薪草膏灌其中裹以帷幕上建牙旗先書報曹公欺以欲降蓋又豫備走舸各繫大船後因引次俱前曹公軍吏士皆延頸觀望指言蓋降去北軍二里餘同時發火火烈風猛船去如箭飛埃絕焰燒盡北船延燒岸上營落頃之烟焰漲天人馬燒溺死者甚衆瑜率輕銳尋係其後雷鼓大進曹公留曹仁等守江陵徑自北歸瑜又進南郡與仁相對仁遂退也

曹公敗徑北還權遂虎視江表時劉璋爲益州牧外有張魯寇侵瑜

乃詣京見權曰今曹操新䘏方憂腹心未能與將軍連兵相事也乞與奮威俱進取蜀得蜀而并張魯留奮威固守其地好與馬超結援瑜與將軍據襄陽以蹙操北方可圖也權許之會瑜卒不果也初周瑜薦魯肅才宜佐時權即引肅對飲曰今漢室傾危四方雲擾孤承父兄遺業思有桓文之功君既惠顧何以佐之肅對曰昔高帝區區欲尊事義帝而不獲者以項羽爲害也今之曹操猶昔項羽將軍何由得爲桓文乎肅竊料之漢室不可復興曹操不可卒除將軍爲計唯有鼎足江東以觀天下之釁規摸如此亦自無嫌然後建號帝王以圖天下此高帝之業也及是平一江滸稱尊號臨壇顧謂公卿曰昔魯子敬嘗道此可謂明於事勢矣議曰陸士衡稱孫權執鞭鞠躬以重陸公之威悉委武衛以濟周瑜之師卑宮菲食以豐功臣之賞披懷虛己以納謀士之算

彜氣踢踖以伺子明之疾分滋損味以育凌統之孤是以忠臣竟盡其
能志士咸得肆力而帝業固矣黃石公曰賢人之政降人以體聖人之
政降人以心體降可以圖始心降可以保終降體以體降心以心由此
觀之孫權執鞭鞠躬降體者也披懷虛己心降者也善終令始不亦宜乎

黃武元年魏使大司馬曹仁步騎數萬向濡須濡須督朱桓破之

初曹仁欲以兵襲取中州僞先揚聲欲東攻羨溪桓分
兵赴羨溪既發卒而仁奄至諸將業業各有懼心桓喻
之日凡兩軍交戰勝負在將不在衆寡諸軍聞曹仁用兵孰與桓耶兵
法所以稱客倍而主人半者謂俱在平原無城池之守又謂士衆勇怯
齊等故耳今仁既非智勇加其士卒甚怯又千里步涉人馬疲困桓與
諸將共據高城南臨大江北背山陵以逸待勞爲主制客此百戰百勝
之勢也桓因偃旗鼓外示虛弱以誘致仁仁果遣子泰攻濡須城分
遣諸將襲中州中州者部曲妻子所在泰等退桓遂梟其諸將也

七年又使大司馬曹休騎十萬至皖城迎周魴魴欺之無功而返

吴鄱陽太守周魴譎誘曹休休迎魴至皖城知見欺當引
軍還自負衆盛邀於一戰朱桓進計於元帥陸遜曰休本
以親戚見任非智勇名將也今戰必敗敗必走走道當由夾石桂車此
兩道也皆阸險若以萬兵柴路則彼衆必盡而休可生虜臣請將所部
以斷之若蒙天威得以休自効便可乘勝長驅進取壽春割有淮南以
窺許洛此萬代一時不可失也權先與陸遜議遜以爲不可故計不

施行也至權薨皓即位窮極淫侈割剝蒸人崇信姦回賊虐諫輔晉世祖令杜預等伐吳滅之議曰昔魏武侯浮西河顧謂吳起曰山河之固此魏國之寶也吳起對曰昔三苗氏左洞庭而右彭蠡德義不修禹滅之夏桀之君左河濟右太華伊闕在其南羊腸在其北仁政不修湯放之由此觀之在德不在險今孫皓席父祖之資有天阻之固西距巫硤東負滄海長江判其區宇峻山帶其封域地方幾萬里帶戟將百萬而一朝弃甲面縛於人則在德之言爲不刊之典耶對曰何爲其然陸機云易曰湯武革命順乎天玄曰亂不極則理不形言帝王之因天時不如地利易曰王侯設險以守其國言國之恃險也又曰地利不如人和在德不在險言守之由人也吳之興也參而由焉孫卿所謂合其參者及其亡也恃險而已婁敬曰周之衰也分而爲兩天下莫朝周不能制非其德薄也形勢弱也由此觀之國之興亡亦資險云非唯在德而已矣至晉永嘉中中原喪亂晉元帝復渡江王江南宋齊梁陳皆都焉事在霸紀上也此吳國形也

魏

古者天子守在四夷天子卑弱守在諸侯當漢之季

姦臣擅朝九有不澄四郊多壘雖復諸侯釋位以間
王政然皆包藏禍心各圖非冀魏太祖略不世出靈
武冠時值炎精幽昧之期逢風塵無妄之世嗔目張
膽首建義旗時韓暹楊奉挾獻帝自河東還洛陽
靈帝崩太子辯即位并州牧董卓入朝因廢帝爲弘農王而立獻帝以
董卓爲太師遷都長安司徒王允誅卓卓將郭汜李傕圍長安城城陷殺
王允後李傕與郭汜有隙傕質天子於其家傕將楊奉謀殺傕事泄叛
傕傕衰弱天子乃得出奔楊奉欲以天子還洛陽郭汜追天子於弘農
曹陽奉等敗殺公卿略盡天子渡河都安邑以韓暹爲征東將軍持政
還洛陽洛陽宮室燒盡百官披荊棘太祖迎天子都許韓暹奉出奔也
太祖議迎都許或以爲山東未定不可荀彧勸太祖
曰昔晉文納周襄王而諸侯景從高祖東伐爲義
帝縞素天下歸心自天子播越將軍首唱義兵以山
東擾亂未能遠離關右然猶分遣將帥蒙險通使

雖僄外難乃心無不在王室是將軍匡天下之素志也今車駕旋軫義士有存本之思百姓感舊而增哀誠因此時奉主上以從人望大順也秉至公以服雄傑大略也挾弘義以致英俊大德也天下雖有逆節不能爲累明矣韓暹楊奉其敢爲害若不時定四方生心後雖慮之無及太祖至洛陽奉天子都許維其弛紊綱其贅旒俾我漢家不失舊物矣於是運籌演謀鞭撻宇內北破袁紹南虜劉琮東舉公孫康西夷張魯議曰劉表諸侯雖中間自有吞并乃楊雄所謂六國嗤嗤爲嬴弱姬者也并吞雖衆適所以爲吾奉也九州百郡十并其八志績未究中世而殞曹操字孟德少機警有權數而任俠放蕩不治行業故世人未之奇也唯喬玄異焉謂曰天下將亂非命世之才不能濟也能安之者其在君乎太祖爲東郡太守治東武陽單頓

丘黑山賊于毒等攻東武陽太祖引兵西入山攻毒等本屯諸將皆以
爲當還自救太祖曰昔孫臏救趙而攻魏耿弇欲走西安而攻臨菑使
賊聞我西而還是武陽自解也不還我能敗虜家虜不能敗武陽必矣
乃行毒聞之棄武陽還太祖要擊大破之初遼東太守公孫康恃遠不
服袁尚袁熙依之及太祖破烏丸或說公遂征之尚兄弟可擒也公曰
吾方使康斬送尚熙首不煩兵矣九月公引軍自柳城還康即斬送尚
熙首諸將問曰公還而康斬送尚熙何也公曰彼素畏尚等吾急之則并
力緩之則自相圖其勢然也太祖攻呂布於下邳不拔欲還荀攸曰布勇
而無謀今三軍皆北其銳氣衰三軍以將爲主主衰則軍無奮意陳宮有
智而遲今及布氣未復宮謀之未定進急攻之布可拔也乃決沂泗灌城
城潰生禽布袁紹將文醜與太祖戰荀攸勸太祖以輜重餌賊賊遂奔
之陣亂斬文醜太祖與袁紹相持於官渡時公糧少與荀彧書議欲還
許彧曰紹悉衆聚官渡欲與公決勝敗公以至弱當至強若不能制必
爲所乘是天下之大機也且紹布衣之雄耳能聚人而不能用夫以公之
神武明哲而輔以大順何向而不濟今軍雖少未若楚在滎陽成皋時
也是時劉項莫肯先返先返者勢屈公以十分居一之衆畫地而守之
扼其喉而不得進已半年矣情見勢竭必將有變此用奇之時不可失
也又紹謀臣許攸貪財紹不能縱來奔說太祖襲紹別屯燔其糧穀遂
破紹張繡在南陽與荊州牧劉表合太祖征之謀臣進曰繡與劉表相
恃爲強然繡以遊軍而食於表表不能供也急之則并力緩之則自離
太祖不從征表果遣兵救繡太祖兵敗三年春太祖還許繡兵來追太
祖軍不得進與荀彧書曰賊來追吾雖日行數里吾策之至安衆破之

必也果設奇伏攻破之公還許荀彧問前何以策賊必破對曰虜遇歸師與吾死地戰吾是以知勝西平麴先殺其郡守以叛諸將欲擊之張既曰唯光等造反郡人未必悉同若便以軍臨之吏人羌胡必謂官家不別是非更使皆相恃著此為虎傅翼也光等欲以羌胡為援今先使羌胡鈔擊重其賞所虜獲者皆以俾之外阻其勢内離其交必不戰而定乃檄告喻諸為光等所誤者原之能斬賊師送首者加封於是光部黨斬送光首此九州百郡十并其八之大略也 夫能扶天下之危者則據天下之安能除天下之憂者則享天下之樂能救天下之禍者則得天下之福 董昭等欲共進曹公九錫備物密訪於荀彧彧不許操心不平遂殺之范曄論曰世之言荀君通塞或過矣常以中賢以下遂無求備智筭有所研踈原始末必要終斯理之不可全詰者也夫以衛賜之賢一說而斃兩國彼非薄於人而欲之蓋有全必有喪也斯又功之不可兼者矣方時運之屯邅非雄才無以濟其弱功高勢強則皇器自移矣此又時之不可並也蓋取其歸正而已亦殺身以成仁之義也 曹氏率義撥亂代載其功至文帝時天人與能矣遂受漢禪 劉若勸進曰臣聞符命不虛見衆心不可違故孔子曰周公其不聖乎以天下讓是天下日月輕去其萬物也是以舜享天下不拜而受今火德氣盡炎上數終帝遷明德祚隆大魏符瑞昭晳受命既固光天之下神人同

應雖有虞之儀鳳周之躍魚方之今事未足為喻而陛下違天命以飾小行逆人心以守私志上誤皇穹乃眷之旨中忘聖人達節之數下孤人臣翹首之望非所以揚聖道於高衢垂無窮之懿勳也臣等聞事君有獻可替否之道奉上有逆鱗固爭之義臣等敢以死請太史丞許芝又曰易傳曰聖人受命而王黃龍以戊己日見七月四日戊寅黃龍見此帝王受命之符瑞最著明也又曰聖人以德親比天下仁恩洽普厥麟以戊己日見厥應聖人受命臣聞帝王者五行之精易姓之符代興之會以七百二十年為一軌有德者過於八百無德者不及四百載是以周家八百六十七年夏家四百數十年漢行夏正迄今四百二十六歲天之歷數將以盡終斯皆帝王受命易姓之符瑞也夫得歲者道始興昔武王伐殷歲在鶉火有周之分野也高祖入秦五星聚於東井有漢之分野也今茲歲在大梁有魏之分野也而天之瑞應並集來臻伏惟殿下體堯舜之盛明應七百之禪代天下學士所共見也謹以上聞給事中蘇林等又曰天有十二次以為分野王公之國各有所屬天子受命諸侯以封周文王受命歲在鶉火至武王伐紂十三年歲星復在鶉火故春秋傳曰武王伐紂歲在鶉火則我有周之分野也昔光和十年歲在大梁武王始受命為將討黃巾建安元年歲復在大梁始拜大將軍十三年復在大梁始拜丞相今二十五年復在大梁陛下受命此魏得歲與周文王受命相應舜以土德承堯之火今亦以土德承漢之火於行運會於堯舜之次陛下宜改正朔易服色正大號天下幸甚

王室雖靖而二方未賓乃問賈詡曰吾欲伐不從命

以一天下吳蜀何先對曰攻取者先兵權建本者尚德化陛下應期受禪撫臨率土若綏之以文德而俟其變則平之不難矣吳蜀雖蕞爾小國依阻山水劉備有雄才諸葛亮善治國孫權識虛實陸遜見兵勢據險守要汎舟江湖皆難卒平也用兵之道先勝後戰量敵論將故舉無遺策臣竊料群臣無權備對雖以天威臨之未見萬全之勢昔舜舞干戚而有苗服臣以為當今宜先文後武文帝不納後果無功三苗國今岳州是也蜀相諸葛亮出斜谷屯渭南司馬宣王距之詔宣王但堅壁距守以挫其鋒彼進不得志退無與戰久停則粮盡虜掠無所獲則必走矣走而追之以逸待勞全勝之道亮送婦人衣以怒宣王宣王將出戰辛毗杖節不許乃止宣王見亮使唯問寢食及事繁簡不及戎事使荅曰管罰二十已上皆親覽焉啖食至數升宣王曰亮斃矣尋果卒也至甘露元年始以鄧

艾爲鎮西將軍距蜀將姜維維軍敗退守劍閣鍾會攻維不能尅乃上言曰今賊摧折宜遂乘之從陰平由耶經漢德陽亭趣涪出劍閣西四百里去成都三百餘里奇兵衝其腹心劍閣之守必還赴涪則會方軌而進劍閣之軍不還則應涪之兵寡矣軍志有之攻其不備出其不意今掩其空虛破之必矣冬十月艾自陰平行無人之地七百餘里鑿山通道山高谷深艾以氈自裹推轉而下將士皆攀木緣崖魚貫而進先登至江由蜀將諸葛瞻自涪還綿竹列陣待艾艾遣子忠等出戰大破之斬瞻進軍到雒縣劉禪遂降後主用譙周策奉璽書於艾曰限以江漢過值深遠階緣蜀土計絕一隅干運犯冒漸苒歷載每惟黄初中宣温密之詔申三好

之恩開示門戶大義炳然而不德闇劣貪竊遺緒俛仰累紀未率大教
息民人鬼歸能之數威駭王師神武所次敢不革面順以從命艾大喜
報書曰王綱失道群英並起龍戰虎爭終歸真王此蓋天命去就之道
也自古聖帝爰建漢魏受命而王者莫不在乎中土河出圖洛出書聖
人則之以興洪業其不由此未有不顛覆者矣隗囂憑隴而亡公孫據
蜀而滅斯寔前代覆車之鑒聖上明哲宰相忠賢將比隆黃軒侔功往
代銜命來征思聞嘉響果煩來使告以德音此非人事乃天意也昔微
子歸周實爲上賓君子豹變義存大易來辭謙沖以禮輿櫬此皆前
哲歸命之典全國爲上破國次之自非通明智達何以見王者之義乎
後主至洛陽策命之爲安樂公曰蓋統天載物以咸寧爲大光宅天下
以時雍爲盛乃者漢氏失統六合震擾我太祖承運龍興弘濟八極是
用應天順人撫有區夏于時乃考因群傑虎爭九服不靖乘間阻遠保
據庸蜀幾將五紀朕永惟祖考思在綏輯四海爰整六師燿威梁益公
恢崇德度應機豹變履信思順以左右無疆之休豈不遠歟往欽哉其
祇服朕命克廣德心以終乃顯列初晉文王欲遣鍾會伐蜀邵悌曰今
鍾會十餘萬衆伐蜀愚謂會單身無重任不若餘人文王曰我寧當復
不知此耶若滅蜀後如卿所慮當何能辦凡敗軍之將不可以語勇亡
國之大夫不可以圖存心膽已破故也若蜀已破遺人震恐不足與圖
事中國將士各自思歸不肯與同也若作惡祇自
族耳會果與姜維反魏將士憤發殺會及維也　至晉末譙縱復
竊蜀宋劉裕使朱齡石伐蜀聲言從內水取成都敗

衣贏艦者進水口譙縱果以延其內水上也議曰內水涪江也悉軍
新城以待之乃配朱齡石等精銳逕從外水議曰外水汶江也若
中今犍縣水是也直至成都不戰而禽縱事具霸紀上此滅蜀形也
魏嘉平中孫權死征南大將軍王昶征東大將軍胡
遵鎮南將軍毋丘儉等表征吳朝廷以三征計異詔
訪尚書傅嘏嘏對曰昔夫差勝齊陵晉威行中國
不能以免姑蘇之禍齊閔辟土兼國開地千里不足
以救顛覆之敗有始者不必善終古事之明効也孫
權自破蜀兼荆州之後志盈欲滿凶宄已極相國宣
文王先識取亂侮亡之義深達宏圖大舉之策今權
已死託孤於諸葛恪若矯權苛暴蠲其虐政民免

誥烈偷安新惠外内齊慮有同舟之懼雖不能終自保兒猶足以延期挺命於深江之外矣今議者或欲汎舟經濟横行江表或欲倍道並進攻其城壘或欲大佃疆埸觀釁而動此三者皆取賊之常計然施之當機則功成若苟不應節必貽後患自治兵已來出入三載非掩襲之軍也賊喪元帥利存返守若羅舩津要堅城清野横行之計其殆難捷也賊之為寇幾六十年君臣偽立吉凶同患若恪蠲其弊天奪之疾崩潰之應不可卒待也今賊設羅落又將重密間諜不行耳目無聞夫軍無耳目投察未詳而舉大衆以臨巨嶮此為睎幸邀功先戰而後求勝非全軍

之長策也唯有大佃最羌兒牢兵出民表寢鈔不犯坐食積穀不煩運士乘豐討襲無遠勞弊此軍之急務也夫屯壘相逼巧拙得用築之而知得失之計角之而知有餘不足之處情僞將焉所逃夫以小敵大則役煩力竭以貧敵富則斂重財匱故敵逸能勞之飽能饑之此之謂也然後盛衆厲兵以振之恭惠倍賞以招之多方廣似以疑之由不虞之道以間其不戒比及三年左提右挈虜必冰散瓦解安受其弊可坐筭而得也昔漢氏歷世常患匈奴朝臣謀士早朝晏罷介冑之將則陳征伐搢紳之徒咸言和親勇奮之士思展搏噬故樊噲願以十萬橫行匈奴季布

洵折其短李信求以二十萬獨舉楚人而果辱秦軍今諸將有陳越江陵嶮獨步虜庭即亦向時之類也以陛下聖德輔相賢智法明士練錯計於全勝之地振長策以御之虜之崩潰必然之數故兵法曰屈人之兵而非戰也拔人之城而非攻也若釋廟勝必然之理而行百一不全之略誠愚臣之所慮也故謂大佃而逼之計最長時不從遐言詔昶等征吳吳將諸葛恪距之大敗魏軍於關東魏後陵夷禪晉太祖即位王昶等敗朝議欲黜諸將景王曰我不聽公休以至此我過諸將何罪時雍州刺史陳泰討胡又敗景王又謝朝士曰此我過也非玄伯之責於是魏人悅穆思報之也至世祖時即晉武帝羊祜上平吳表曰先帝順天應時西平巴蜀南和吳會海内得以休息兆

庶有樂安之心而吳復背信使邊事更興夫期運雖天所授而功業必由人而成不一大舉掃滅則衆役無時得安亦所以隆先帝之勳成無為之化也故堯有丹水之伐舜有有苗之征咸以寧靜宇宙戢兵和衆者也蜀平之後天下皆謂吳當并亡自此來十三年是謂一周平定之期復在今日議者常言吳楚有道後服無禮先強此乃諸侯之時耳當今一統不得與古同論夫適道之論皆未應權是故謀之雖多而決之欲獨凡以險阻得存者謂敵者同力足以自固苟其輕重不齊強弱異勢則智士不能謀而險阻不可恃也蜀之地非不險也高山尋雲霓深谷肆無景束

馬懸車然後能濟皆言一夫荷戟千人莫當及進兵之日曾無藩籬之限斬將搴旗伏屍數萬乘勝席卷徑至成都漢中諸城皆鳥棲而不敢出非皆無戰心誠力不足相抗至劉禪降服諸營堡者索然俱散今江淮之難不過劍閣山川之險不過岷漢孫皓之暴侈於劉禪吳越之困甚於巴蜀而大晉兵衆多於前世資儲器械盛於往時今不於此平吳而更阻兵相守征夫苦役日尋干戈經歷盛衰不可長久宜當時定以一四海今若引梁益之兵水陸俱下荊楚之衆進臨江陵平南豫州直指夏口徐揚青兗並向秣陵鼓旆以疑之多方以誤之以一隅之吳當天下之衆

勢分形散所備皆急巴漢奇兵出其空虛一處傾壞則上下震蕩吳緣江爲國無有內地東西數千里以藩籬自持所敵者大無有寧息孫晧恣情任意與下多忌名臣重將不復自信是以孫秀之徒皆畏逼而至臣疑於朝士困於野無有保勢之計一定之心平常之日猶懷去就兵臨之際必有應者終不能齊力致死巳可知也其俗急速不能持久弓弩戟楯不如中國唯有水戰是其所便一入其地則長江非復所固還保城池則去長入短而官軍懸進人有致節之志吳人戰於其地有憑城之心如此軍不逾時剋可必矣帝深納焉乃令王濬等滅吳天下書同文車同

亡吳 時吳王皓有兼上國之心使陸抗爲荆州牧晉使羊祜與吳人相持祜增脩德政以懷吳吳每與戰必剋日而後合間謀掩襲
並不爲若臨陣俘獲軍正將斬之祜輒曰此等死節之臣也爲之垂涕
親加殯給其家迎喪者必厚爲之祀而歸之吳將有來者輒任其所適
若欲反吳便爲祖道吳將有二兒皆幼在境上獻爲祜軍所略經月其
父謂之已死發喪祜親自免勞供養遣歸父後感其恩德率衆二千來
降於是陸抗每告其衆曰此專爲義彼專爲暴是不戰而自服也各保
分界無求細益而已稱曰羊叔子雖樂毅諸葛亮何以過之陸抗將死
言於吳王皓曰西陵建平國之蕃表處在上流受敵二境臣父遜昔垂
沒陳言西陵國之西門如其有虞當舉國爭之臣愚以爲諸侯王幼冲
未掌事乞簡閱壹切以輔疆埸晉南征大將軍羊祜來朝密陳伐吳之
計使王濬治船於蜀方舟百餘步皆爲城郭門施樓鹵首畫怪獸以懼
江神容二千餘人皆馳馬往還及柹流於吳建平太守吾彥取其流柹
以呈吳王曰晉必有攻吳之計宜增建平兵建平不下終不敢渡江吳
王皓不從彥乃輒爲鐵鎖加之錐刺以斷於江阻于我也濬聞之乃爲
大筏縛草爲人使習流者下施竹炬以焚鎖錐乃興師果如濬策弗之
惠也太康元年安東將軍王渾擊橫江破之龍驤將軍王濬剋建平丹
陽二城杜預又分遣輕兵八百乘箄舟潛渡江上樂鄉岸屯巴山多張
旗幟起火山上出其不意破公安時諸將咸謂百年之寇未可全克且
春水方生難於持久宜待來冬更克大舉預喻之曰昔樂毅藉濟西一
戰以并强齊今兵威以振譬如破竹數節之後皆迎刃而解耳抗表論
之上深然焉吳遣張悌沈瑩濟江瑩謂悌曰晉作戰船於蜀久矣今傾

國大動萬里齊起並悉益州之衆浮江而下我上流諸軍無有戒備恐邊江諸城莫盡能禦也晉之水軍必至於此宜畜力待來一戰若破之日江西自靖上方雖壞可還取也今度逆戰勝不可保若或摧喪則大事去矣張悌不從遂濟江盡衆來逼王師不擾其衆返而兵亂晉軍乘之大破吳師吳王皓乃降於濬弌卒八萬方舟鼓譟入于石頭皓面縛輿櫬詣濬焚櫬禮也賜皓爵爲歸命侯至晉惠庸弱胡亂中原天子蒙塵播遷江表當時天下復分裂矣出入五代三百餘年隨文帝受圖始謀伐陳矣嘗問高熲取陳之策熲曰江北地寒田收差晚江南土熱水田早熟量彼收穫之際微徵士馬聲言掩襲賊必屯兵堅守足得廢其農時彼既聚兵我便解甲再三如此賊以爲常後更集兵彼必不信猶豫之頃我乃濟師登陸而戰兵氣益倍又江南土薄舍多竹茅所有儲積皆非地窖密遣行人因風縱火待其修

卷七　二十七

立復更燒之不出數年自可財力俱盡上行其策陳
人益弊後發兵以薛道衡爲淮南道行臺尚書兼
掌文翰及王師臨江高熲召道衡夜坐幕下因問曰
今師之舉克定江東以不君試言之道衡荅曰凡論
大事成敗先須以至理斷之禹貢所載九州本是王
者封域後漢之季群雄競起孫權兄弟遂有吴楚
之地晉武受命尋即吞并永嘉南遷重此分割自爾
已來戰爭不息否終斯泰天道之恒郭璞有云江東
偏王三百年還與中國合今數將滿矣以運數而言
其必剋一也有德者昌無德者亡自古興滅皆由此
道主上躬履恭儉憂勞庶政叔寶峻宇雕牆酣酒荒

色上下離心人神同憤其必剋二也爲國之體在於任寄彼之公卿備員而已拔小人施文慶委以政事尚書令江摠唯事詩酒本非經略之才蕭摩訶任蠻奴是其大將一夫之用耳其必剋三也我有道而大彼無德而小量其甲士不過十萬西自巫峽東至滄海分之則援懸而力弱聚之則守此而失彼其必剋四也席卷之兆其在不疑頻忻然曰君言成敗理甚分明吾今豁然矣本以才學相期不意籌略乃至此也遂進兵虜叔寶此滅吴形也議曰昔三國時蜀遣宗預使吴預謂權曰蜀士雖云鄰國東西相賴吴不可無蜀蜀不可無吴孫盛曰夫帝王之爵唯道與義道義既建雖小可大殷周是也苟杖詐力雖強必敗秦項是也況乎偏鄙之城恃山川之固而欲連橫萬里永相資賴哉昔九國建合縱之計而秦人卒并六合囂述營輔車之謀而光武終兼隴蜀夫以九國之強隴漢之此莫

能相救坐觀屠覆何者道德之基不周而離弱之心難一故也而云吳不可無蜀蜀不可無吳豈不謟哉由此觀之爲國之本唯道義而已君若不脩德舟中之人盡敵國也有矣夫自隋開皇十年庚戌歲滅陳至今開元四年丙辰歲凡一百二十六年天下一統論曰傳稱都城過百雉國之害也又曰大都偶國亂之本古者諸侯不過百里山海不以封毋親夷狄良有以也何者賈生有言臣竊跡前事夫諸侯大抵强者先反淮陰王楚最强則最先反韓信倚胡則又反貫高因趙資則又反陳豨兵精則又反彭越因梁則又反黥布用淮南則又反盧綰最弱最後反長沙迺在二萬數千戶耳功少而最完勢疏而最忠非獨性異人也亦形勢然也曩令樊酈絳灌據數十城而王今雖以殘亡

可也令信越之倫列爲徹侯而居雖至今存可也然則天下之大計亦可知已欲諸侯之皆忠附則莫若令如長沙王欲臣子之勿葅醢則莫若令如樊酈等欲天下之治安則莫若衆建諸侯而少其力以此觀之令專城者皆隄封千里有人民焉非特百里之資也官以才居屬非肺附非特母親之踈也吴據江湖蜀阻天險非特山海之利也跨州連郡形束壤制非特偶國之害也若遭萬世之變有七子之禍則不可諱有國者不可不察魏明帝問黄權曰今三國鼎峙何方爲正對曰當以天文正之往年熒惑守心而文帝崩吴蜀二國主無事由是觀之魏正統矣

長短經卷第六

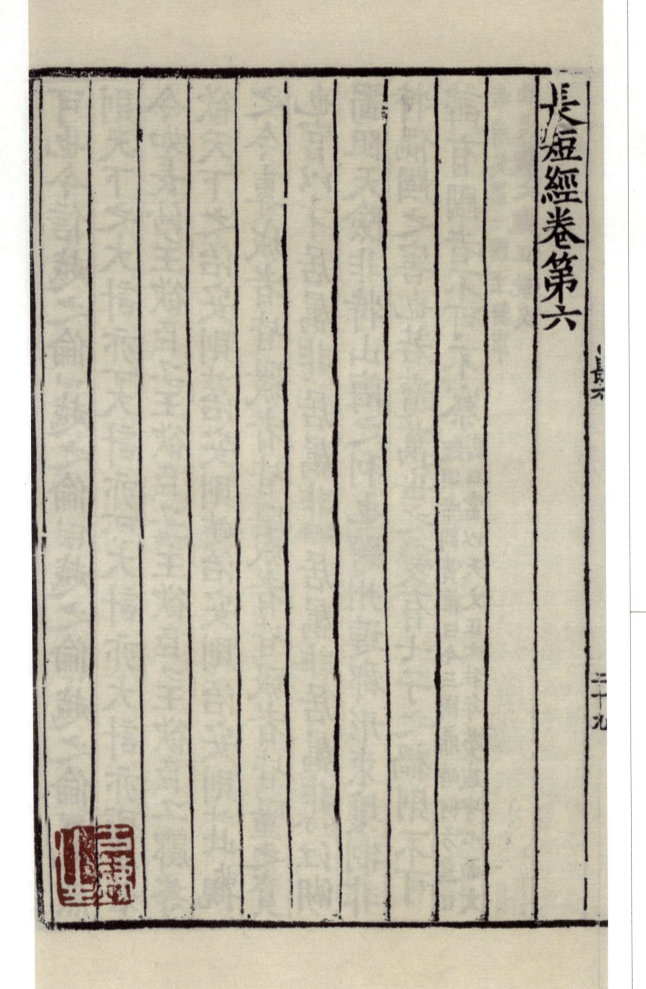

長短經卷第七

懼誡第二十

易曰湯武革命順乎天而應乎人書曰撫我則后虐我則讎尸子曰昔周公反政孔子非之曰周公其不聖乎以天下讓不爲兆人也（議曰昔堯稱吾以天下授舜則天下得其利而丹朱病授丹朱則天下病而丹朱得其利吾終不以天下之病而利一人遂禪於舜今周公不以天下爲務而自取其讓名非爲聖達節者也故孔子非之）董生曰雖有繼體守文之君不害聖人之受命古語曰窮鼠齧狸匹夫奔萬乘故黃石公曰君不可以無德無德則臣叛孫卿曰能除患則爲福不能則爲賊（孫卿子曰昔者天子初即位上卿進曰能除患則爲福不能則爲賊授天子一策中卿進曰先事慮事謂之接接則事優成先患慮患謂之豫豫則福不生事

至而後慮者謂之後後則事不舉患至而後慮者謂之困困則禍不禦授天子二策下卿進曰慶者在堂弔者在閭禍與福鄰莫知其門豫哉豫哉授天子三策此誡之至也何以明之昔文王在酆召太公曰商王罪殺不辜汝尚助余憂人今我何如太公曰王其修身下賢惠人以觀天道天道無殃不可以先唱人道無災不可以先謀必見天殃又見人災乃可以謀與民同利同利相救同情相成同惡相助同好相趨無甲兵而勝無衝機而攻無渠壍而守利人者天下啓之害人者天下閉之天下非一人之天下也取天下若逐野獸得之而天下皆有分肉若同舟而濟皆同其利舟敗皆同其害然則皆有啓之無有閉之者矣無取於民者取民者也無取於國者取國者也無取於天

下者取天下者也議曰沛公之起也虎嘯豐谷飲馬秦川財寶無所收婦女無所取降城則以侯其將得賂則以分其士而己無私焉所私者私於天下也故老子曰夫唯不私故能成其私是知無取人乃大取也取民者民利之取國者國利之取天下者天下利之故道在不可見事在不可聞勝在不可知微哉微哉鷙鳥將擊卑身翕翼猛獸將搏俛耳俯伏聖人將動必有愚色唯文唯德誰爲之式弗觀弗視安知其極今彼殷商衆口相惑吾觀其野草茅勝穀吾觀其群衆曲勝直吾觀其吏暴虐殘賊敗法亂刑而上不覺此亡國之則也文王曰善賈子曰殷湯放桀武王殺紂此天下之所同聞也爲人臣而放其君爲人下而殺其上天下之至逆也而所以長有天下者以其爲天下開利除害以義繼之也故聲名稱於天下而傳於後世太公曰天下者非一人之天下天下之天下也與天下同利者得天下擅天下之利者失天下天有時地有利能與人共之者仁也仁之所在者天下歸之免人之死解人之難救人之患濟人之急者德

（也德之所在天下歸之與人同憂同樂同好同惡者義也義之所在天下歸之凡人惡死而樂生好德而歸利能生利者道也道之所在天下歸之也）楚恭王薨子靈王即位群公子因群喪職之族殺靈王而立子干立未定弟弃疾又殺子干而自立（弃疾平王也五人皆恭王子也）初子干之入也韓宣子問於叔向曰子干其濟乎對曰難宣子曰同惡相求如市賈焉何難對曰無與同好誰與同惡取國有五難有寵而無人一也（寵須賢人而固也）有人而無主二也（雖有賢人當須內主爲應也）有主而無謀三也（謀策謀也）有謀而無民四也（民衆也）有民而無德五也（四者既備當以德成）子干在晉十三年矣晉楚之從不聞達者可謂無人族盡親叛可謂無主（無親族在楚）無釁而動可謂無謀（召子干時楚未有大釁也）爲羇終世可謂無人（終身羇客在晉是謂無民）亡無愛徵可謂

無德楚人無愛念之者王虐而不忌靈王暴虐無所畏忌將自亡也楚君子干涉五難以殺舊君誰能濟之有楚國者其弃疾乎君陳蔡城外屬焉城方城也時穿封戌既死弃疾并領陳事也苛慝不作盜賊伏隱私欲不違民無怨心先神命之國人信之芉姓有亂必季實立楚之常也獲神一也當璧拜也有民二也人信之也命德三也無苛慝也寵貴四也貴妃子也居常五也弃疾季也有五利以去五難誰能害之子干之官則右尹也數其貴寵則庶子也以神所命則又遠之其貴亡矣其寵弃矣父既没矣民無懷焉非令德也國無與焉無內主也將何以立宣子曰齊桓晉文不亦是乎皆庶賤也對曰齊桓衛姬之子也有寵於僖有鮑叔牙賓須無隰朋以爲輔佐有莒衛以爲外主

齊桓奔莒衞有鮑氏之助有國高以爲內主國氏高氏齊上卿也從善如流下善齊肅齊嚴肅敬不藏賄清也不從欲儉也施舍不倦求善不厭以是有國不亦宜乎我先君文公狐季姬之子也有寵於獻公好學不貳生十七年有士五人狐偃趙衰顛頡魏武子司空季子五士從出者也有先大夫子餘子犯以爲腹心子餘趙衰子犯狐偃有魏犨賈佗以爲股肱有齊宋秦楚以爲外主齊妻以女宋贈以馬楚王饗之秦伯納之有欒郤狐先以爲內主謂欒枝郤穀狐突先軫也亡十九年守志彌篤惠懷弃民民從而與之獻無異親民無異望獻公之子九人唯文公在天方相晉將何以代之此二君者異於子干恭有寵子國有奧主謂弃疾也子干無施於民無援於外去晉晉不送歸楚楚不逆何以冀國子干果不終卒立

弃疾如叔向言初楚恭王無冢嫡有寵子五人無適立焉乃大有事于群望而祈曰請神擇於五人者使主社稷乃遍以璧見於群望曰當璧而拜者神所立也乃密埋璧於太室之庭使五人齊而長幼入拜康王跨之靈王肘加焉子干子晳皆遠之平王弱抱而入再拜皆壓紐平王即弃疾也魯昭公薨於乾侯趙簡子問於史墨曰季氏出其君而民服焉諸侯與之君死於外而莫之或罪何也對曰物生有兩有三有五有陪貳故天有三辰謂有三也地有五行謂有五也體有左右謂有兩也各有妃耦謂陪貳也王有公諸侯有卿皆其貳也天生季氏以貳魯侯為日久矣民之服焉不亦宜乎魯君世縱其失季氏世修其勤民忘君矣雖死於外其誰矜之社稷無常奉奉之無常人言唯德也君臣無常位自古以然故詩曰高岸為谷深谷為陵三后之姓於今為庶主所知也三后虞夏商也在

易卦雷乘乾曰大壯䷡乾下震上大壯震在上故曰雷乘乾也天之道也乾爲天子震爲諸侯而在乾上君臣易位猶人臣強壯若天上有雷也政在季氏於此君也四公矣民不知君何以得國是以爲君愼器與名器車服也名爵號也不可以假人議曰劉向稱人君莫不欲安然而常危矣莫不欲存然而常亡失御臣之術也夫人臣操權柄持國政未有不爲害者也昔晉有六卿齊有田崔衞有孫甯魯有季孟常掌國事世執朝柄終後田氏取齊六卿分晉崔杼弒其君光孫林父甯殖出其君衎弒其君剽季氏八佾舞於庭三家者以雍徹並專國政卒逐昭公皆陰勝而陽行下失臣道之所致也范雎說秦昭王曰夫三代所以亡國者常縱溢馳騁弋獵不聽政事其所授者妬賢嫉能馭下蔽上以成其私不爲主計而主不覺悟故失其國今右袟已上至諸史及王左右無非相國之人者見王獨立於朝臣竊爲王恐恐萬世之後有秦國者非王子孫也由是觀之書稱臣之有作威作福害于而家凶于而國孔子曰祿之去公室政逮於大夫亡之兆也信哉是言也孔子在衞聞齊田常將欲爲亂專齊國有無君之心而憚鮑晏鮑氏晏氏齊之世卿大夫因移其兵以伐魯初田常相齊選國中女長七尺者三百人以爲後宮賓客舍人出入不禁田常後有七十餘男因此以盜齊國也孔子會諸弟子曰魯

父母之國不忍觀其受敵將欲屈節於田常以救魯二三子誰使子貢請使夫子許之遂如齊說田常曰今子欲取功於魯實難若移兵於吳則可也夫魯難伐之國其城薄以卑地狹以泄其君愚而不仁大臣僞而無用其士民又惡甲兵之事此不可與戰夫吳城高以厚地廣以深甲堅以新士選以飽重器精兵盡在其中又使明大夫守之此易伐也田常忿然作色曰子之所難人之所易子之所易人之所難而以教常何也子貢曰夫憂在內者攻強憂在外者攻弱今君憂在內矣吾聞子三封而三不成是則大臣不聽也今君破魯以廣齊戰勝以驕主破國以尊臣晏等

帥師若破國則益尊而子之功不與焉則交日疏於主是君上驕主心下恣群臣求以成大事難矣夫上驕則恣臣驕則爭是君上與主有郤下與大臣交爭也如此則子之位危矣故曰不如伐吳伐吳而不勝民人外死大臣内空是君上無強臣之敵下無民人之過孤主制齊者唯君也田常曰善然兵業已加魯矣不可更如何子貢曰子緩師吾請救於吳令救魯而伐齊子以兵迎之田常許諾子貢遂南説吳王曰王者不絶世霸者無強敵千鈞之重加銖而移今以萬乘之齊而私千乘之魯與吳爭強其爲患甚且夫救魯顯名也伐齊大利也以撫泗上諸侯誅暴齊以服晉利莫大焉名存亡魯實困強齊智者不疑也吳王曰善然吾實困越越王今苦身養士有報吳之心子待我先伐越然後乃可子貢曰越之勁不過魯吳之強不過齊而王置齊而伐越則齊已平魯矣王方以存亡繼絶爲名而畏強齊伐小越非勇也勇者不避難仁者不窮約智者不失時義者不絶世以立其義今存越示天下以仁

救魯伐齊威加晉國諸侯相率而朝吳霸業必成矣且王必惡越臣請東見越君令出兵以從此則實空越而召從諸侯以伐也吳王悅乃使子貢之越越王郊迎自爲子貢御曰此蠻夷之國也大夫何足儼然辱臨之子貢曰今者吾說吳王以救魯伐齊其志欲之而畏越曰待我伐越乃可如此則破越必矣且無報人之志而令人疑之拙也有報人之意使人知之殆也事未發而先聞危也三者舉事之大患也吳王爲人猛暴群臣弗堪國家疲於數戰士卒不忍百姓怨上大臣內變子胥以諫死太宰嚭用事順君之過以安其私此王報吳之時也誠能發卒佐之以激其志而重寶以悅其心卑辭以尊其禮則伐齊必矣此聖人之所謂屈節以期達者也彼戰不勝王之福也若勝必以兵臨晉臣還北請見晉君共攻之其弱吳必也其銳兵盡於齊重甲困於晉而王乘其弊滅吳必矣越王許諾乃使大夫種以三千人助吳吳遂伐齊於邵陵果以兵臨晉遇於黃池越王襲吳之國遂滅吳孔子曰夫其亂齊存魯吾之始願也若乃強晉以弊吳使吳亡而越霸賜之說也美言傷信慎言哉

秦始皇帝遊會稽至沙丘疾甚始皇令趙高爲書賜公子扶蘇未授使者始皇崩時始皇有二十餘子長子扶蘇使監兵上郡蒙恬爲將少子胡亥愛請從上許之餘子莫從丞相李斯以爲上在外崩無眞太子故秘之群臣莫知也趙高因留所賜扶蘇璽書而謂公子胡亥曰上崩無詔封王諸子而獨

賜長子書長子至即位爲皇帝而子無尺寸之地爲之柰何胡亥曰固然也吾聞明君知臣明父知子父旣捐命不封諸子何可言也趙高曰不然方今天下之權存亡在子與高及丞相耳願子圖之且夫臣人與見臣於人制人與見制於人豈可同日而道哉胡亥曰廢兄而立弟是不義也不奉父詔而畏死是不孝也能薄而材譾強因人之功是不能也三者逆德天下不服高曰臣聞湯武殺其主天下稱義焉不爲不忠衞君殺其父而衞國載其德孔子著之不爲不孝（議曰亂臣賊子自古有之生而楚言可爲痛哭者胡亥且死也）夫大行不細謹德不辭讓鄉曲各有宜而百官不同功故顧小而忘大後必有害

狐疑猶豫後必有悔斷而敢行鬼神避之後有成功願子遂之也胡亥喟然嘆曰今大行未發豈宜以此事干丞相哉高曰時乎時乎間不及謀贏糧躍馬唯恐後時胡亥既然高之言高乃謂丞相斯曰上崩賜長子書與喪俱會咸陽而立爲嗣書未行今上崩未有知者事將何以斯曰安得亡國之言耶高曰君自料才能孰與蒙恬功高孰與蒙恬謀遠不失孰與蒙恬無怨於天下孰與蒙恬長子舊而信之孰與蒙恬斯曰此五者皆不及蒙恬而君責之何深也高曰高故內宮之廝役也幸得以刀筆之吏進入秦宮管事二十餘年未嘗見秦免罷丞相功臣有封及二世者

也卒皆以誅亡皇帝二十餘子皆君之所知長子剛
毅而武勇信人而奮事即位必用蒙恬爲丞相君侯
終不懷通侯之印歸於鄉里明矣高受詔習胡亥學
法仁慈篤厚輕財重士秦之諸子皆莫及也可以爲
嗣君計而定之斯曰斯上蔡閭巷布衣也上幸擢爲
丞相者固將以存亡安危屬臣也豈可道哉夫忠臣
不避死而庶幾孝子不勤勞而見危君其勿復言高
曰蓋聞聖人遷徙無常龍變而從時見末而知本觀
指而覩歸物固有之安得常法哉方今天下之權懸
命於胡亥高能得志焉且夫從外制中謂之惑從下
制上謂之賊故秋霜降者草華落水風搖者萬物

作此必然之效也君侯何見之晚也斯曰吾聞晉易太子三世不安齊桓兄弟爭位身死爲戮紂殺親戚不聽諫者國爲丘墟三者逆天宗廟不血食斯其由人哉安足與謀高曰上下合同可以長久中外若一事無表裏君聽臣之計則長有封侯世世稱孤必有松喬之壽孔墨之智今釋此而不從禍及子孫足爲寒心善者因敗爲福君何處焉斯乃仰天而歎垂涕太息曰既已不能死安託命哉乃聽高立胡亥改賜璽書殺扶蘇蒙恬初李斯從荀卿學帝王之術欲西入秦辭於荀卿曰斯聞得時無怠今萬乘爭時遊者主事今秦王欲吞天下稱帝而治此布衣馳騖之時而談遊者之秋也故斯將西說秦王至秦爲呂不韋舍人不韋賢之任以爲郎說秦王陰遣謀士賷金玉以遊說諸侯諸侯名士厚給遺之不肯者利劍刺之離其君臣之計遂吞天下皆斯之謀也

秦二世末陳

涉起蘄兵至陳張耳陳餘説涉曰大王興梁楚務在入關未及收河北也臣嘗遊趙知其豪桀願請奇兵略趙地於是陳王許之與卒三千從白馬渡河今滑州白馬縣界也至諸郡縣説其豪傑曰秦爲亂政虐刑殘滅天下北爲長城之役南有五嶺之戍外內騷動百姓罷弊頭會箕斂以供軍費財匱力盡重以苛法使天下父子不相聊生今陳王奮臂爲天下唱始莫不響應家自爲怒各報其怨縣殺其令丞郡殺其守尉今已張大楚王陳使吳廣周文將卒百萬西擊秦於此時而不成封侯之業者非人豪也夫因天下之力而攻無道之君報父兄之怨而成割地之業此一時也豪傑皆然

然其言乃行收兵下趙十餘城議曰班固云昔詩書述虞夏之際舜禹受禪積德累仁數十年然後在位殷周之王乃由稷卨歷十餘世然後放殺秦起襄公稍蠶食六國至于始皇乃并天下秦既稱帝患周之敗以為諸侯力爭以弱見奪於是削去五等墮城銷刃拑語燒書內鉏雄俊外攘胡越用一威權以為萬世安然十餘年間强敵橫發乎不虞讁戍彊於五伯閭閻逼於戎狄響應瘠於謗議奮臂威於甲兵向秦之禁適所以資豪傑自速其斃也由是觀之夫豪傑之資在於虐政矣韓信既平齊為齊王項王恐使盱台人武涉往說齊王使三分天下信不聽武涉已去蒯通知天下權在韓信欲為奇策而感動之以相人說韓信曰僕常受相人之術韓信曰先生相人何如對曰貴賤在於骨法憂喜在於容色成敗在於決斷以此參之萬不失一信曰先生相寡人如何對曰願請閒信曰左右遠蒯通曰相君之面不過封侯又危不安相君之背貴乃不可言

背畔則大貴也韓信曰何謂也蒯通曰天下初發難俊雄豪傑建號一呼天下之士雲合霧集魚鱗雜遝熛至風起當此之時憂在亡秦而已今楚漢分爭使天下無罪之人肝膽塗地父子暴骸骨流離於中野不可勝數楚人起於彭城轉鬬逐北至於滎陽乘利席卷威振天下然兵困於京索之閒迫西山而不能進者三年於此矣漢王將數十萬之衆距鞏洛阻山河之險一日數戰無尺寸之功折北不救敗滎陽傷成皋遂走宛葉之間此所謂智勇俱困者也夫銳氣挫於險塞而糧食竭於內藏百姓罷極怨望容無所倚以臣料之其勢非天下賢聖固不能息天下之禍當今

兩主之命懸於足下足下爲漢則漢勝與楚則楚勝
臣願披腹心輸肝膽效愚計恐足下不用也誠能聽
臣之計莫若兩利而俱存之三分天下鼎足而居其
勢莫敢先動夫以足下之賢聖有甲兵之衆據強齊
從燕趙出空虛之地而制其後因民之欲西鄉爲百
姓請命則天下風起而響應矣孰敢不聽割大弱強
以立諸侯諸侯已立天下服聽而歸德於齊國之故
有膠泗之地懷諸侯以德深拱揖讓則天下之君王
相率而朝於齊矣蓋聞天與不取反受其咎時至不
行反受其殃願足下熟慮之韓信曰漢王遇我厚載
我以其車衣我以其衣食我以其食吾聞之乘人車

者載人之患衣人衣者懷人之憂食人之食者死人之事吾豈可以嚮利背義乎蒯生曰足下自以爲善漢王欲建萬世之業臣竊以爲誤矣始常山王成安君爲布衣時相與爲刎頸之交後爭張黶陳澤之事二人相怨常山王奉項嬰頭鼠竄歸於漢王漢王借兵東下殺成安君泜水之南頭足異處卒爲天下笑此二人相與天下至驩然而卒相擒者何也患生於多欲人心難測也今足下欲行忠信以交於漢王必不能固於二君之相與也而事多大於張黶陳澤故臣以爲足下必漢王之不危已亦誤矣大夫種范蠡存亡越霸句踐立功成名而身死亡諺曰野獸盡而

獵狗烹敵國破而謀臣亡夫以交友言之則不如張耳之與成安君也忠臣言之則不過大夫種之於句踐也此二人者足以觀矣願足下深慮之且臣聞勇略震主者身危而功蓋天下者不賞臣請言大王功略涉西河虜魏王擒夏說引兵下井陘誅成安君徇趙脅燕定齊南摧楚人之兵二十萬東殺龍且西嚮以報此所謂功無二於天下而略不世出者也今足下戴振主之威挾不賞之功以歸楚楚人不信歸漢漢人震恐足下欲持是安歸乎夫勢在人臣之位而有震主之威名高天下竊爲足下危之韓信謝曰先生且休矣吾將念之後數日蒯通復說曰夫聽者事

之候計者事之機也聽過計失而能久安者鮮矣聽不失一二者不可亂以言計不失本末者不可紛以辭夫隨廝養之役者失萬乘之權守儋石之祿者一儋一斛之餘也闕卿相之位故智者決之斷也疑者事之候也審豪氂之小計遺天下之大數智成知之決不敢行者百事之禍也故猛虎之猶與不如蜂蠆之致螫騏驥之跼躅不如駑馬之安步孟賁之狐疑不如庸夫之必至也雖有舜禹之智沉吟而不言不如瘖聾之指麾也夫功者難成而易敗時者難得而易失也時不再來願足下詳察之韓信猶與不忍背漢又自以為功多漢王終不奪我齊遂謝蒯生蒯生曰夫

廹於苛細者不可與圖大事拘於臣虜者固無君王之意說不聽因去佯狂爲巫議曰昔齊崔杼弒莊公晏子不死君難曰君人者豈以陵人社稷是主臣君者豈爲其口實社稷是養故君爲社稷死則死之爲社稷亡則亡之若爲己死而爲己亡非其親暱誰敢任之孟子謂齊宣王曰君之視臣如手足則臣之視君如國人君之視臣如土芥則臣之視君如寇讎雖云君天也天不可逃然臣緣君恩以爲等差自古然矣韓信以漢王遇厚不背其德誠足憐耳吳王濞以子故不朝孝文帝時吳太子入朝侍皇太子飲博爭道不恭皇太子引博局挍吳太子殺之及削地書至於是乃使中大夫應高挑田鳥反膠西王無文書口報曰吳王不肖有宿夕之憂不敢自外使喻其驩心王曰何以教之高曰今者主上興於姦雄飾於邪臣好小善聽讒賊擅變更律令侵奪諸侯之地徵求滋多誅罰良善日以益甚語有之曰舐糠及米吳與膠西知名諸侯也一時見察恐

不得安肆矣吳王身有内病不能朝請二十餘年常患見疑無以自白今脅肩累足猶懼不見釋竊聞大王以爵事有適（直革反）所聞諸侯削地罪不至此此恐不得削地而已王曰然有之子將柰何高曰同惡相助同好相留同情相成同欲相趨同利相死今吳王自以為與大王同憂願因時修理弃軀以除患害於天下抑亦可乎王瞿然駭曰寡人何敢如是今主雖急固有死耳安得弗戴高曰御史大夫鼂錯熒惑天子侵奪諸侯蔽忠塞賢朝廷疾怨諸侯皆有背叛之意人事極矣彗星夕出蝗蟲數起此萬世一時而愁勞聖人之所起也故吳王内欲以鼂錯為計

外隨大王後車傍佯天下所鄉（音向）者降所指者下天下莫敢不服大王誠幸而許之一言則吳王師楚王略函谷關守滎陽敖倉之粟距漢兵治次舍須大王大王有幸而臨之則天下可并兩主分割不亦可乎王曰善七國皆反兵敗伏誅（太史公曰漢興孝文施大德天下懷安至孝景不復憂異姓而晁錯刻削諸侯遂使七國俱起合從西向諸侯太盛而錯爲之不以漸也及主父偃言之而諸侯以弱卒以安危之機豈不以謀哉）

淮南王安怨望厲王死（厲王長淮南王安父也長謀反檻車遷蜀至雍死上憐之封其三子以安爲淮南王也）欲謀叛逆未有因也及削地之後其爲謀益甚與左吳等日夜按輿地圖部署兵所從入召伍被與謀被曰上寬赦大王王復安得亡國之言乎臣聞子胥諫吳王吳王不用子胥曰臣今見麋鹿遊於姑蘇之

臺臣今亦見宮中生荆棘霧露霑衣也臣聞聰者聽於無聲明者見於未形故聖人萬舉萬全昔文王一動而功顯于世列爲三代此所謂因天心以化者也故海内不期而隨此千歲之可見者夫百年之秦近世之吳楚亦足以喻國家之存亡矣臣不敢避子胥之誅願大王無爲吳王之聽昔秦絶聖人之道殺術士燔詩書弃禮儀尚詐力任刑罰轉負海之粟致之西河當是之時男子疾耕不足於糟糠女子紡績不足以蓋形遣蒙恬築長城東西數千里暴露兵師常數十萬死者不可勝數殭屍千里流血頃畝百姓力竭故欲爲亂者十家而五又使徐福入海求異

物及延年益壽之藥還爲僞辭曰臣見海中大神曰以令名振男女（振童男女也）與百工之事即得之矣秦皇大悦遣振男女三千人資之種種百工而行徐福得平原廣澤止王不來於是百姓悲痛相思欲爲亂者十家而六又使尉他踰五嶺攻百越尉他知中國勞極止王不來使人上書求女無夫家者三萬人以爲士卒衣補秦皇可其萬五千人於是百姓離心瓦解欲爲亂者十家而七客謂高皇帝曰時可矣高皇帝曰待之聖人當起東南閒不一年陳勝吳廣發矣高皇始於豐沛一唱天下不期而響應者不可勝數也此所謂蹈瑕候閒因秦之亡而動者也百姓願之若旱

之望雨故起於行陣之中而立爲天子功高三王德
傳無窮今大王見高皇得天下之易也獨不觀近世
之吳楚乎夫吳王賜爲劉氏祭酒受几杖而不朝王
四郡之衆地方數千里内鑄銅以爲錢東煮海以爲
鹽上取江陵木爲船國富人衆擧兵而西破於大梁
敗於狐父奔走而東至於丹徒越人擒之身死絶祀
爲天下笑夫以吳楚之衆不能成功者何也誠逆天
道而不知時也方今大王之兵衆不能十分吳楚之
一天下安寧又萬倍於秦時願大王從臣之計大王
不從臣之計今見大王事必不成而語先泄也臣聞
微子過故國而悲於是作麥秀之歌是痛紂之不用

王子比干也故孟子曰紂貴爲天子死曽不若匹夫是紂先自絶於天下久矣非死之日而天下去之也今臣亦竊悲大王弃千乘之君必且賜絶命之書爲羣臣先死於東宫也（王時所居）於是王氣怨結而不揚涕滿匡而横流即起歷階而去後復問伍被曰漢廷治亂被曰竊覩朝廷之政君臣之義父子之親夫婦之别長幼之序皆得其理上之舉措遵古之道風俗綱紀未有所缺南越賓服羌僰入獻東甌入降廣長楊（塞名）開朔方匈奴折翅傷翼失援不振雖不及古太平之時然猶爲治也王欲舉事臣見其將有禍而無福也王怒被謝死罪王曰陳勝吳廣無立錐之地千

人之衆起於大澤奮臂大呼而天下響應西至於戲（許宜反）而兵百萬今吾國雖小然而勝兵者可得十餘萬非直適戍之衆鐖鑿棘矜也（大鐮謂之鐖五哀反或是鉞矜音其巾反）公何以言有禍無福被曰秦無道殘賊天下興萬乘之駕作阿房（音旁）之宮收太半之賦發閭左之戍父不寧子兄不便弟政苛刑峻天下敖然若焦民皆引領而望傾耳而聽悲號仰天扣心而怨上故陳勝一呼天下響應當今陛下臨制天下一齊海內汎愛蒸庶布德施惠口雖未言聲疾雷霆令雖未出化馳如神心有所懷威動萬里下之應上猶影響也而大將軍材能不特章邯楊熊也大王以陳勝吳廣諭之被以為

過王曰苟如公言不可徼倖耶被曰被有愚計王曰奈何被曰令朔方之郡田地廣水草美民徙者不足以實其地可僞爲丞相御史請書徙郡國豪傑任使及有耐罪以上輕罪不至於髡完其耐鬢故曰耐又曰律爲司寇爲鬼薪白粲耐猶任也赦令除家産五十萬已上者皆徙其家屬朔方之郡益發甲卒急其會曰又僞爲左右都司空上林中都官詔獄逮諸侯太子幸臣宋正有左右都司空上林有水司空皆主四徒官也如此則民怨諸侯懼即使辯武人名隨而說之儻可徼倖十得一乎王曰此可也欲如伍被計使人僞得罪而西事大將軍丞相一日發兵發淮南兵使人即刺殺大將軍青而說丞相巳下如發蒙耳又欲令衣求盜衣持羽檄從東

方來呼曰南越兵入欲因以發兵未得發會事泄誅

武帝時趙人徐樂上書言世務曰臣聞天下之患在於土崩不在瓦解古今一也何謂土崩秦之末世是也陳涉無千乘之尊無壃土之地身非王公大人名族之後鄉曲之譽非有孔曾墨子之賢陶朱猗頓之富也然起窮巷奮棘矜偏袒大呼而天下風從此其故何也由其民困而主不恤下怨而上不知俗亂而政不修此三者陳涉所以為資也是謂之土崩故曰天下之患在於土崩何謂瓦解曰吳楚齊趙之兵是也七國謀為大逆號皆稱萬乘之君帶甲數十萬威足以嚴其境內財足以勸其士民然不能西攘尺寸之地而身為擒於中原者此其故何也非權輕於匹夫而兵弱於陳涉也當是之時先帝之德澤未衰而安土樂俗之民衆故諸侯無境外之助此之謂瓦解由是觀之天下誠有土崩之勢雖有布衣窮處之士或首惡而危海內陳涉是也況三晉之君或存乎天下雖未有大治也誠能無土崩之勢雖有強國勁兵不得旋踵而身已擒矣吳楚齊趙是也況群臣百姓能為亂乎哉此二體者安危明要也賢主之所宜留意而深察也間者關東五穀數不登推數循治而觀之則人且有不安其處者矣不安故易動易動者土崩之隣也願修之廟堂之上銷未形之患也

後漢靈帝以皇甫嵩為將軍討破黃巾威震天下而朝政日亂海內虛困故信都令閻忠來說嵩曰難得而易失者

時也時至不旋踵者機也故聖人順時以動智者因機以發今將軍遭難得之運蹈易駭之機而踐運不撫臨機不發將何以保大名乎嵩曰何謂也忠曰天道無親百姓與能今將軍受鉞於暮春收功於末冬兵動如神謀不再計摧強易於折枯消堅甚於湯雪旬月之間神兵電掃封戶刻石南向以報德威名震本朝風聲馳海外雖湯武之舉未有高將軍者也今身建不賞之功體兼高人之德而北面庸主何以求安乎嵩曰夙夜在公心不忘忠何故不安忠曰不然議曰記有之親母為其子扰秃出血見者以為愛子之至使在於繼母則過者以為悷也事之情一矣所以從觀者異耳當今政理衰缺王室多故將軍處繼母之位挾震主之威雖懷至忠恐人心自變竊為將軍危之且吾聞之勢得容姦伯夷可疑苟曰無猜盜跖可信今

權兵百萬勢得爲非握容姦之權居可疑之地雖竭忠信其能諭乎比田單解裘所以見忌也願將軍慮之闇生合將此類以破其志便引韓信諭之實不解心不忘忠之意談說之機漏於此矣昔韓信不忍一飡之過而弃三分之業利劒以揣其喉方發悔毒之歎者機失而謀乖也今主上勢弱於劉項將軍權重於淮陰指揮足以振風雲叱咤可以興雷電赫然奮發因危抵頹崇恩以綏先附振武以臨後服徵異方之士動七州之衆羽檄先馳於前大軍嚮振於後蹈流漳河飲馬孟津誅閹官之罪除羣怨之積雖童兒可使奮拳以致力女子可使褰裳以用命況厲熊羆之卒因迅風之勢哉功業已就天下已順然後請呼上帝示以天命混齊六合南面稱制移寶器於將興推亡

漢於巳墜實神機之至會風發之良時也夫既朽之木不彫衰世之朝難佐若欲輔難佐之朝彫朽敗之木是猶逆坂走丸迎流縱櫂豈云易哉且今宦竪群居同惡如市上命不行權歸近習昏主之下難以久居不賞之功讒人側目如不早圖後悔無及嵩懼曰非常之謀不施於有常之勢創圖大功豈庸才所致黃巾細孽敵非秦項新結易散難以濟業且民未忘主天不祐逆若虛造不冀之功以速朝夕之禍孰與委忠本朝守其臣節雖云多讒不過放廢猶有令名死且不朽反常之論所不敢聞議曰夫明闇不相為用能否不相為使智士不為勇將謀勇夫不為怯將死自古然矣故傳曰忠為令德非其人猶不可況不令乎軍勢曰使義士不以財故義者不為不仁者死智者不為闇主謀所

以伊執手去夏不爲傷德飛廉死紂不可謂賢今時昏道喪九域焚如而委忠危朝宴安昏寵忠不足以救世死不足以成義且爲智者固若此乎闓忠又合以此意說也忠知說不用因亡去董卓擅朝政徵皇甫嵩梁衍說令討卓又陶謙等共推朱儁爲太師不使受李傕追二人皆不從范曄評曰皇甫嵩朱儁並以上將之略受脤倉卒之時值弱主蒙塵獷賊放命斯誠葉公投袂之幾翟義鞠旅之日故梁衍獻規山東連盟而捨格天下之大業蹈匹婦之小諒卒狼狽虎口爲智士笑豈天之長斯亂也何智勇之不終甚乎議曰楚白公勝殺子西劫惠王葉公聞白公爲亂率國人攻白公白公敗亡也王莽時寇盜羣發莽遣將軍廉丹伐山東丹辟馮衍爲掾與俱至定陶莽追詔丹曰將軍受國重任不能捐身中野無以報恩塞責丹惶恐夜召衍以書示之衍因說丹曰衍聞之順而成者道之所大也逆而功者權之所貴也是故期於有成不問所由論於大體不守小節昔逢丑父伏軾而使其君取飲稱於諸侯鄭祭仲立突而出忽終

得復位美於春秋蓋以死易生以存易亡君子之道也詭於衆意寧國存身賢者之慮也故易曰窮則變變則通通則久是以自天祐之吉無不利若夫知其不可而必爲之破軍殘衆無補於主身死之日負義於世智者不爲勇者不行且衍聞之得時無怠張良以五代相韓推秦始皇於博浪之中勇冠乎賁育名高於太山將軍之先爲漢信臣新室之興英儁不附今海内潰亂民懷漢德甚於詩人之思召公也愛其甘棠而況子孫乎民所歌舞天必從之方今爲將軍計莫若屯據大郡鎮撫吏士砥礪其節百里之内牛酒日賜納雄傑之士詢忠智之謀要將來之心待縱横之變興

社稷之利除萬人之害則福祿流於無窮功烈著於不滅何爲軍覆於中原身膏於草野功敗名喪恥及先祖哉聖人轉禍而爲福智士因敗而爲功願將軍深計而無與俗同丹不能從進及睢陽復說丹曰蓋聞明者見於未形智者慮於未萌況其昭晰者乎凡患生於所忽禍發於細微敗不可悔時不可失公孫鞅曰有高人之行必負非於世有獨見之慮必見贅於民故信庸庸之論破金石之策襲當世之操失高明之德夫決者智之君也疑者事之役也時不再來公勿再計丹不聽進及無鹽與赤眉戰死時汝南郅惲仰觀玄象而謂友人曰今鎮歲熒惑並在漢分翼軫之域去而復來漢必再受命如有順天發策者必成大功以此說丹丹並不用其言也衍

乃亡命河東議曰昔蒯通說韓信閻忠說皇甫嵩馮衍說廉丹此三人皆不從甘就危亡何也對曰范曄曰夫事苦則矜全之情薄生厚故安存之慮深登高不懼者胥靡之人也坐不垂堂者千金之子也由此觀之夫人情樂則思安苦則圖變必然之勢也今三子或南面稱孤或位極將相但圖自安之術無慮非常之功不知勢疑則釁生力侔則亂起勢已疑矣弗能辭勢以去嫌力已侔矣弗能損力以招福遲迴猶豫至於危亡其禍在於矜全反貽其敗者也語曰心死則生幸生則死數公可謂幸生也來歙說隗囂遣子入待囂將王元以爲天下成敗未可知不願專心內事遂說囂曰昔更始西都四方響應天下喁喁謂之太平一旦壞敗大王幾無所措今南有子陽北有文伯江湖海岱王公十數而欲牽儒生之說弃萬乘之基羈旅危國以求萬全此循覆車之軌計之不可者也今天水完富士馬最強北取西河上郡東收三輔之地案秦舊跡表裏山河元請以一丸泥爲

大王東封函谷關此萬代一時也若計不及此宜蓄糗糧養士馬據險自守曠日持久以待四方之變圖王不成其弊猶足以霸要之魚不可脫於泉神龍失勢即還與蚯蚓同噩然元計雖已遣子入質猶負於險阨欲專制方面遂背漢賈復曰圖堯舜之事而不能至者湯武是也圖湯武之事而不能至者桓文是也圖桓文之事而不能至者六國是也定六國之規而欲安守之而不能至者亡六國是也魏太祖與呂布戰於濮陽不利袁紹使人說太祖連和使太祖家居鄴太祖將許之程昱見曰竊聞將軍欲遣家居鄴與袁紹連和誠有之乎太祖曰然昱曰意者將軍殆臨事而懼不然何慮之不深也夫袁紹據燕趙之地有并天下之心而智不能濟也將軍自度能爲之

下乎將軍以龍虎之威可爲韓彭之事耶昰愚不不識大旨以爲將軍之志不如田橫田橫齊一壯士耳猶羞爲高祖之臣今將軍欲遣家往鄴將北面而事袁紹夫以將軍之聰明神武而反不羞爲袁紹之下竊爲將軍恥之今兖州雖殘有三城能戰之士不下萬人若與文若昰等收而用之霸王之業成也願將軍更慮之太祖乃止議曰陳壽稱先主弘毅寛厚知人待士蓋有高祖之風英雄之器也機權幹略不逮魏武然折而不撓終不爲下者抑揆彼之量必不容己非唯競利且以避害語曰一棲不兩雄一泉無二蛟由此觀之若位同權均必不容己有自來矣曹公欲遣家居鄴與袁紹連和惑之甚也袁紹爲盟主有驕色陳留太守張邈正義責之紹令曹操殺邈操不聽邈心不自安及操東擊陶謙令其將陳宮屯東郡宮因說邈

曰今天下分崩雄傑並起君擁十萬之衆當四戰之地撫劍顧眄亦足以爲人豪而反受制於人不亦鄙乎今州軍東征其勢空虛吕布壯士善戰無前若迎之共據兖州觀天下之形勢俟時事之變通此亦縱橫之一時也邈從之而反曹公議曰曹公與邈甚相善然邈包藏禍心者迫於事也故每臨覽古今所由改趨因緣侵辱或起瑕釁若韓信傷心於失楚彭寵積望於無異盧綰嫌畏於已郄英布憂迫於情漏此事之緣也由此觀之夫叛臣逆子未必皆不忠也或心怨意危或威名振主因成大業自古然之矣

鍾會鄧艾既破蜀蜀主降會構艾艾檻車徵會陰懷異圖厚待蜀將姜維等維見而知其心謂可搆成擾亂徐圖克復也乃詭說之曰聞君自淮南以來算無遺策晉道克昌皆君爲之今復定蜀威德震世民高其功而主畏

其謀欲以此安歸乎夫韓信不背漢於擾攘而見
疑於既平大夫種不從范蠡於五湖卒伏劒而妄死
豈闇主愚臣哉利害使之然也今君大功既立大德
已著何不法陶朱汎舟絕跡全功保身登峨眉之嶺
而從赤松遊乎會曰君言遠我不能行且爲全之道
或未盡於此也維曰其他則君智力之所能無煩於
差夫矣由是情好歡甚會自稱益州牧以叛欲授維
兵五萬人使爲前驅魏將士憤發殺會及維張華小鎮當徵爲尚書令馮紞疾之待帝從容論魏晉故事因曰臣嘗謂鍾會之反頗由太祖帝勃然曰何言耶紞曰臣以爲夫善御者必識六轡盈縮之勢善治者必審官方控帶之宜是故漢高八王以寵過夷滅光武諸將以抑損克終非上有仁暴之異下有愚智之殊蓋抑揚與奪使之然於鍾會才見有限而太祖獎誘太過嘉其謀猷盛其名位授以重勢故會自謂算無遺策功在不賞輈張利害遂搆凶逆耳向太祖錄其小能節以大

禮抑之以權勢納之以軌度則逆心無由而生亂事無階而成也世祖曰然紘稽首曰陛下既然愚臣之言思堅冰之道無令如會之徒復致覆敗世祖曰當今豈有如會者乎紘曰陛下謀謨之臣捴戎馬之任者皆在陛下聖恩耳世祖默然俄而徵華免官也

晉懷帝

時遼東太守龐本私憾東夷校尉李臻鮮卑索連
木津等爲臻興義實因而爲亂遂攻陷諸縣大單
于慕容廆之長子翰言於廆曰臣聞求諸侯莫如勤
王自古有爲之君靡不杖此以成事業者也今連津
跋扈王師覆敗蒼生屠鱠豈甚此乎豎子外以龐
本爲名内實幸而爲寇遼東傾没垂二周中原兵
亂州師屢敗勤王杖義今其時也單于宜明九伐之
威救倒懸之命數連津之罪合義兵以誅之上則興
復遼邦下則并吞二部忠義彰於本朝私利歸於

我國此則吾漸衞之始也終可以得志於諸侯魔善之遂誡嚴討違津斬之立遼東郡議曰古人稱始禍者死謂首亂先唱被戮雄不逞之輩外託義兵以除逆節內包凶悖因茲而起旨勤王助順用時取權魔之謂矣後秦秦王苻生殺害忠良秦人度於一時如過百日權翼乃說東海王堅曰今主上昏虐天下離心有德者昌無德受殃天之道也一旦有風塵之變非君王而誰神器業重不可令他人取之願君王行湯武之事以從民心堅然之引爲謀主遂廢生立堅爲秦王議曰傳云聖達節次守節下失節仲虺稱惟天生人有欲無主乃亂惟天生聰明時乂有夏昏德人墜塗炭惟王弗邇聲色弗殖貨利推亡固存邦乃其昌殖有禮覆昏暴欽崇天道永保天命許芝曰春秋傳云周公何以不之魯曰蓋以爲雖有繼體守文之君不害聖人受命而王京房作易傳曰王者主之惡者去之弱者奪之易姓改代天命無常人謀鬼謀百姓與能由此觀之苻堅自立而廢生此聖人達節以天下爲度者也宋孔熙先者廣州

刺史默之子也有妙才善占星氣言江州分野出
天子上當見弑於骨肉及大將軍彭城王義康幽于
安城郡熙先謂爲其人也遂説王詹事范曄曰先君
昔去廣州朝謗紛紜藉大將軍深相救解得免艱危
曩受遺命以死報德今主上昏僻殆天所棄大將軍
英斷聰敏人神相屬失職南垂天下憤怨今人情騷
動星文殊錯時至則不可拒此之謂乎若順天人之
心收慕義之士内連寵戚外結英豪潛圖構於表
裏疾雷奮於肘腋然後誅除異義崇奉聖明因人
之望以號令天下誰敢不從小人誰以七尺之軀三
寸之舌立功立事而歸諸君子丈人謂爲何如曄甚

愕然熙先重曰昔毛玠竭節不容於魏武張温畢
議見逐於孫權彼二人者國之信臣時之俊乂豈疵
瑕暴露言行玷缺然後至於禍哉皆以廉直勁正困
於邪枉高行妙節不得久容丈人之於本朝不深於
二主人間雅譽有過於兩臣讒夫側目為日久矣比
肩競逐庸可遂乎近者殷鐵一言而劉班碎首彭
城斥逐徐童見疑彼豈父母之讎為代之怨尋戈拔
棘自幼而然所爭不過榮名勢利先後之間耳及其
末也唯恐陷之不深發之不早戮及百口猶曰不厭
是豈書籍遠事可為寒心悼慄者也今建大勳奉
賢哲圖難於易以安易危比之泰山而去累卵何苦

二十四

不就且崇樹聖明至德也身享卿相大業也授命幽居鴻名也比跡伊周美號也若夫至德大業鴻名美號三王五霸所以覆軍殺將而爭之也一朝包括不亦可乎又有邇於此者愚則未敢道曄曰何謂熙先曰丈人弃葉清華而不得連姻帝室國家作禽獸相處丈人曾未恥之曄門無內行故熙先以此爲激曄默然自是情好遂密陰謀構矣熙先專爲謀主事露皆伏誅裴子野曰夫有逸羣之才必思沖天之據蓋俗之量則鬧常均之下具能導之以道將之以識作而不失於義行而無犯於禮殆難爲乎若此曄等恒志而貪權矜才以徇逆天方無釁以欲干時及罪暴刑行父子相哭累葉風素一朝而殞所謂智能翻爲亡身之具心逆而險此之謂乎周大將軍郭榮奉使詣隋高祖高祖楊堅時爲定州高祖謂榮曰吾雅尚山水不好纓紱過藉時來

遂叨名位願以侯歸第以保餘年何如榮對曰今主上無道人懷危懼天命不常能者代有明公德高西伯望極國華方據六合以慰黎庶反効童兒女子投坑落穽之言耶高祖大驚曰無妄言族矣及高祖作相笑謂榮曰前言果中後竟代周室 議曰昔武王至殷將戰紂之卒甚盛武王懼曰夫天下以紂爲大以周爲細以紂爲衆以周爲寡以周爲弱以紂爲強以周爲危以紂爲安以周爲諸侯以紂爲天子以此五短擊彼五長其可以濟功成事乎太公曰王無恐且懼所謂大者盡得天下之人所謂衆者盡得天下之衆所謂強者盡用天下之力所謂安者能得天下之欲所謂天子者天下相愛如父如子此之謂天子今日之爲天下除殘去賊也周雖細曾殘賊一人不當乎武王大喜曰何謂殘賊太公曰收天下珠玉美女金銀綵帛藏之不休此謂殘也收暴虐之吏殺無罪之人非以法度此謂賊也由此言之紂爲殘賊之行雖大亡也故知王者之勢不在衆寡有自來矣 隋高祖崩葬於太陵初疾也璽書徵漢王諒 諒時鎮幷州 諒聞高祖崩流言楊素篡位大懼

以爲詐也發兵自守陰謀爲亂南襲蒲州取之諒初反也王頍說諒曰王之將吏家屬盡在關西若用此等即宜長驅深入直據京師所謂疾雷不及掩耳若但欲割據舊齊之地宜任東人諒不從其言故敗也司兵參軍裴文安說諒曰兵以拙速不聞巧遲今梓宮尚在仁壽比其徵兵東進動移旬朔若驍勇萬騎卷甲宵行直指長安不盈十日不逞之徒擢授高位付以心膂共守京城則以東府縣非彼之有然後大王鼓行而西聲勢一接天下可指麾而定也諒不從乃親率大軍屯於并介之間上聞之大懼召賀若弼議之弼曰漢王先帝之子陛下之弟居連率之重惣方岳之任聲名震響爲天下所服其舉事畢矣然而進取之策有三長驅入關直據京師西拒六

軍東收山東上策也如是則天下未可量頓大軍於蒲州使五千騎閉潼關復齊舊境據而都之中策也如是以力爭議曰齊舊境謂北齊時境土也非今青州之齊也若親居太原徒遣其將來下策也如是成擒耳上曰公試爲朕籌之訓將何出弼曰蕭摩訶亡國之將不可與圖大事裴文安少年雖賢不被任用餘皆羣小顧戀妻孥苟求自安不能遠涉必遣軍來攻蒲州親居太原爲之窟穴臣以爲必出下策果如弼所籌乃以楊素爲將破之議曰初漢王陰謀爲亂聲言討素司馬皇甫誕諫曰大隋據有天下二十餘載兆庶乂安難以揺動一矣萬姓厭亂人思安樂雖舜禹更生其望未從二矣太子聰明神武名應圖讖素曾不得逄轂庸敢生心三矣方今諸侯王列守州郡表裏相制勢不可舉四矣以玆四固鎮臨天下得與禍亂未之前聞也漢王不從故敗由此觀之天下無思亂之心士崩之釁雖有吳楚之衆猶不能成而況於幺麼乎故先

王伯其德音勤恤人隱者蓋爲是也隋煬帝親御六軍伐高麗禮部尚書楚國公楊玄感據黎陽反李密說玄感曰天子遠征遼左地去幽州懸隔千里南有巨海之限北有胡戎之患中間一道理極艱危今公擁兵出其不意長驅入薊直扼其喉前有高麗退無歸路不過旬月賫糧必盡舉麾一召其衆自降不戰而尅計之上也一本云今車駕在遼未聞斯舉分萬餘人電發捍臨渝關絕其歸路不經一月倉廩必竭東拒大敵西迫我師進無所依退無所據百萬之衆可使爲魚此不戰而屈人上策也關中四塞天府之國有衞文昇不足爲意今若率衆西入長安天子雖還失其襟帶據險臨之故當必尅萬全之策計之中也一本云自上君臨天下胥怨明公上將之子恩被黎元長驅入關中策也若隨近逐便先向東都頓兵堅城之下勝負都未可

知此計之下也一本云樊子蓋不達大體姦謀雄斷據全周之地恃甲兵之強召之則不來攻之則不陷頓兵牢城之下外無同力之師攻洛陽下策也玄感利洛陽寶貨曰公之下策我之上計也遂圍之玄感失利宵潰王師追斬之議曰玄感之反也太白入南斗諺曰太白入南斗天子下殿走由是天下持兩端故三略曰放言過之裴子野曰夫左道惟民幻挾罔誕足以動衆而未足以濟功今以諺讖之左道可以動衆者信矣故王者禁焉李密乃亡歸翟讓議曰太公稱利天下者取天下安天下者有天下愛天下者久天下仁天下者化天下呂氏春秋曰庖人調和而不敢食故可以爲庖人矣若使庖人調和而食之則不可爲庖矣霸王之君亦然誅暴而不私以封天下之賢者故可以爲霸王若使霸王之君誅暴而私之則亦不可以爲霸王矣由是觀之夫與之爲取政之寶也今玄感利洛陽寶貨安得霸王之事哉隋煬帝初猜忌唐高祖知之常懷危懼唐公爲太原留守煬帝自遼東還徵唐公詣行在所時遇患不瘳未得時謁唐公外甥王氏充選後宮煬帝問曰汝舅來何遲甥以實對帝曰可得死否高祖知之每懷危懼也爲太原留守以討擊不利恐爲煬帝所譴甚憂之時太宗從在軍中知隋將亡潛圖

義舉以安天下乃進白曰大人何憂之甚也當今主
上無道百姓愁怨城門之外皆以爲賊獨守小節必
旦暮死亡若起義兵實當人欲且晉陽用武之地足
食足兵大人居之此乃天授正可因機轉禍以就功
業既天與不取憂之何益高祖大驚深拒之太宗趨
而出明日復進說曰此爲萬全之策以救族滅之事
今王綱弛紊盜賊遍天下大人受命討捕其可盡乎
賊既不盡自當獲罪且又世傳李氏姓膺圖籙李全
才位望隆貴一朝族滅大人既能平賊即又功當不
賞以此求活其可得乎高祖意少解曰我一夜思量
汝言大有道理今日破家滅身亦由汝化家爲國亦

由汝於是定計乃命太宗與晉陽令劉文靜及門下客長孫順德劉弘基等募兵旬日之間衆且一萬斬留守副王威高君雅以其詭請高祖祈雨於晉祠將爲不利故也用裴寂計准伊尹放太甲霍光廢昌邑故事尊煬帝爲太上皇立代王侑以安隋室傳檄諸郡以彰義舉秋七月以精甲三萬西圖關中高祖杖白旗誓衆於太原之野引師即路遂亡隋族造我區夏晉陽令劉文靜嘗竊觀太宗謂裴寂曰非常人也大度類於漢高神武同於魏帝年雖少乃天縱也後文靜爲李密親戚被禁太宗陰有異志入禁所看之文靜大喜亦覺太宗有非常之意因歎曰天下大亂非有湯武高光之才不能定也太宗知其意報曰卿安知無但恐常人不能別耳文靜起扑曰久知郎君乃潛龍也今時事如此正是騰躍之秋素稟膺籙之資仍懷撥亂之道此乃生人有息肩之望文靜知攀附之所太宗喜曰計將安出文靜對曰今李密長圍洛邑主上流播淮南大賊連州郡小盜阻山澤者以千萬數但須眞主驅駕取之誠能

應天順人舉旗大呼則四海不足定也今并州百姓避盜賊者皆入此城文靜爲令數年知其豪傑一朝嘯集立地可數萬人尊公所領之兵復且數萬一言出口誰敢不從乘虛入關號令天下不盈半歲帝業可成太宗笑曰卿言善合人意於是部署賓客陰圖起義高祖乃命文靜詐爲煬帝勑發太原鴈門馬邑數郡人二十已上五十已下悉爲兵以歲暮集涿郡由是人情大擾思亂者益衆又令文靜與裴寂詐作符勑出宮監庫物以供留守資用因募兵集衆而起改旗幟以彰義舉又令文靜連突厥突厥始畢曰唐公舉義欲何爲也文靜曰文皇帝廢冢嫡傳位後主因致斯禍亂唐公國之懿戚不忍坐觀成敗欲廢不當立者願與可汗兵馬同入京師人衆土地入唐公財帛金寶入突厥始畢大悅即遣兵隨文靜而至兵威益盛矣

由此觀之是知天下者非一人之天下也天下之天下也所以王者必通三統明天命所受者博非獨一姓也昔孔子論詩至於殷士膚敏祼將于京喟然歎曰富貴無常不如是王公其何以誡慎民萌其何以勸勉易曰安不忘危存不忘亡是以身安而國家可保也故知懼而思誡乃有國之福者矣

時宜第二十一

夫事有趣同而勢異者非事詭也時之變耳何以明其然耶昔秦末陳涉起蘄兵至陳陳豪傑說涉曰將軍被堅執銳帥士卒以誅暴秦復立楚社稷功德宜爲王陳涉問陳餘張耳兩人兩人對曰將軍瞋目張膽出萬死不顧一生之計爲天下除殘賊今始至陳而王之示天下以私願將軍無王急引兵而西遣人立六國後自爲樹黨如此野無交兵誅暴秦據咸陽以令諸侯則帝業成矣今獨王陳恐天下解也及楚漢時酈食其爲漢謀撓楚權曰昔湯伐桀封其後於杞武王伐紂封其後於宋今秦失德弃義侵伐

諸侯社稷滅亡六國之後使無立錐之地陛下誠能
復立六國後此其君臣百姓必皆戴陛下德莫不向
風慕義願爲臣妾德義以行陛下南面稱霸楚必
斂衽而朝漢王曰善張良曰誠用客之謀陛下事去
矣漢王曰何哉良因發八難其略曰昔者湯伐桀封
其後於杞者度能制桀之死命也今陛下能制項籍
之死命乎其不可一也武王入殷表商容之閭釋箕
子之囚封比干之墓今陛下能封聖人之墓表賢者
之閭乎其不可二也發巨橋之粟散鹿臺之財以賑
貧民今陛下能散府庫以賜貧窮乎其不可三也殷
事已畢偃革爲軒倒載干戈示天下不復用武今陛

下能偃武修文不復用兵乎其不可四也放馬華山之陽示無所爲今陛下能放馬不復用乎其不可五也休牛桃林之野示天下不復輸積今陛下能乎其不可六也且夫天下遊士離親戚弃墳墓去故舊從陛下者日夜望咫尺之地今復六國立韓魏燕趙齊楚之後餘無復立者天下遊士各歸事其主從親戚反故舊陛下與誰取天下乎其不可七也且楚唯無強六國去者復撓而從之唯當使楚無強強則六國從之也陛下安得而臣之哉其不可八也誠用客之謀則大事去矣時王方食吐哺罵酈生曰豎儒幾敗我事趣令銷印此異形者也荀悅曰夫立策決勝之術其要有三一曰形二曰勢三曰情形者言其大體得失之數也勢者言其臨時之勢

長七　三十

進退之機也情者言其心志可否之實也故策同事等者三術不同也

初張耳說陳涉以復六國後自爲樹黨酈生亦用此說漢王所以說者事同而得失異者何哉當陳涉之起也天下皆欲亡秦而楚漢之分未有所定今天下未必欲亡項也且項羽力能率從六國如秦之勢則不能矣故立六國於陳涉所謂多己之黨而益秦弊也且陳涉未能專天下之土也所謂取非其有以德於人行虛惠而獲實福也立六國於漢王所謂割己之有而以資敵設虛名而受實禍此事同而異形者也

七國時秦王謂陳軫曰韓魏相攻朞年不解或曰救之便或曰勿救便寡人不能決請爲寡人決之軫曰昔卞莊子方刺虎管竪子止之曰兩虎方食牛牛甘必爭爭必鬬鬬則大者傷小者死從傷而刺之一舉必有兩虎之名今韓魏相攻朞年不解必是大國傷小國亡從傷而伐之一舉必有兩實此卞莊刺虎之類也惠王曰善果如其言

初諸侯之叛秦也秦將章邯圍趙王於鉅鹿楚懷

王使項羽宋義等北救趙至安陽今相州安陽縣也留不進羽謂義曰今秦軍圍鉅鹿疾引兵渡河楚擊其外趙應其內破秦軍必矣宋義曰不然夫搏牛之蝱不可以破蝨蝱喻秦也蝨喻章邯也喻今將兵方欲滅秦不可盡力與章邯即戰也今秦攻趙戰勝則兵罷我承其弊不勝則我引兵鼓行而西必舉秦矣故不如鬬秦趙夫擊輕鋭我不如公坐運籌策公不如我羽曰將軍戮力而攻秦久留不行今歲饑民貧士卒半菽士卒食蔬菜以菽雜之半軍無見粮乃飲酒高會不引兵渡河因趙食與幷力擊秦乃曰承其弊夫以秦之強攻新造之趙其勢必舉趙趙舉而秦強何弊之承且國兵新破王不安席掃境內而屬將軍國家安危在

此一舉今不恤士卒而徇私非社稷臣也即夜入義帳中斬義悉兵渡河沉舟破釜示士卒必死無還心大破秦軍此異勢者也荀悅曰宋義待秦趙之斃與卞莊刺虎事同而勢異何也施之戰國之時鄰國相攻無臨時之急則可也戰國之立其來久矣一戰之勝敗未必以亡也其勢力非能急於亡敵國也進則乘利退則自保故畜力待時承弊然也今楚趙新起其力與秦勢不並立安危之機呼吸成變進則定功退則受禍此事同而勢異者也韓信伐趙軍井陘選輕騎二千人人持一赤幟從閒道萆山而望趙軍誡曰趙見我走必空壁逐我若疾入趙壁拔趙幟立漢赤幟信乃使萬人先行出背水陣平旦信建大將之旗鼓行出井陘口趙開壁擊之大戰良久於是信弃旗鼓走水上軍水上軍開入之復疾戰趙空壁爭漢旗鼓逐韓信韓信等巳入水上軍軍皆殊死

戰不可敗信所出竒兵二千騎共候趙空壁逐利則馳入趙壁皆拔趙旗立漢赤幟二千趙軍已不能得信等欲還歸壁皆漢赤幟而大驚以爲皆已得趙王將矣遂亂遁走趙將雖斬之不能禁也於是漢兵乘擊大破之虜趙軍諸將效首虜皆賀信因問曰兵法右背山陵前左水澤今者反背水陣然竟以勝此何術也信曰兵法不曰陷之死地而後生置之亡地而後存且信非得素撫循士大夫也此所謂驅市人而戰之其勢非置之死地使人人自爲戰今與之生地皆走寧尚可得而用之又高祖劫五諸侯兵入彭城項羽聞之乃引兵去齊與漢大戰睢水上大破漢

軍多殺士卒睢水爲之不流此異情者也荀悅曰伐趙之役韓信軍
泜水而趙不能敗何也彭城之難漢王戰於睢水之上士卒赴入睢水
而楚兵大勝何也趙兵出國近攻見可而進知難而退深懷内顧之心
不爲必死之計韓信孤軍立於水上有必死之計無生慮也此信之所
以勝也漢王制敵入國飲酒高會士衆逸豫戰心不同楚以強大之威
而喪其國都項羽自外而入士卒皆有憤激之氣救敗赴亡以決一旦
之命此漢所以敗也且韓信選精兵以守而趙以内顧之士攻之項羽
選精兵以攻漢而漢王以懈怠之卒應之此事同而情異者也故
曰權不可預設變不可先圖與時遷移應物變化計策之機也漢王
在漢中韓信說曰今士卒皆山東人跂而望歸及其
鋒東向可以爭天下後漢光武北至薊聞邯鄲兵到
世祖欲南歸召官屬計議耿弇曰今兵從南來不
可南行漁陽大守彭寵公之邑人上郡太守即弇父
也發此兩郡控弦萬騎邯鄲不足慮也世祖官屬不
從遂南馳官屬各分散議曰歸師一也或敗或成何也對
曰孫子云歸師勿遏項王使三王

之秦過漢王歸路故鋒不可當又孫子稱諸侯自戰其地爲散地光武兵從南來南行入散地所以無鬭志而分散也故歸師一也而一成一敗也

後漢李傕等追困天子於曹陽沮授說袁紹曰將軍累葉台輔世濟忠義今朝廷播越宗廟殘毀觀諸州郡雖外託義兵內實相圖未有憂在社稷卹人之意且今州城粗定兵彊士附西迎大駕即宮鄴都挾天子而令諸侯稸士馬以討不庭誰能禦之若不早定必有先之者夫權不失機功不猒速願其圖之紹不從魏武果迎漢帝紹遂敗梁武帝蕭衍初起義杜思冲勸帝迎南康王都襄陽正尊號帝不從張弘策曰今以南康置人手中彼挾天子以令諸侯節下前去爲人所使此使歲寒之計耶帝曰若

前途大事不捷故捷蘭艾同焚若功業克建誰敢不從豈是碌碌受人處分於江南立新野郡以集新附哉不從遂進兵剋建鄴而有江左議曰挾天子而令諸侯其事一也有以之成有以之敗何也對曰天下者非一人之天下也肆行凶暴繼體不足以自存人望所歸匹夫可以成洪業夫天命底止唯樂推有自來矣當火德不競群豪虎爭漢祚雖衰人望未改故魏武奉天子以從人欲杖大順以令宇内使天下之士委忠霸圖傳曰求諸侯莫如勤王斯之謂矣齊時則不然溥天思亂海水群飛當百姓與能之秋屬三靈改卜之日若挾舊主不亦違乎故傳譏萇弘欲興天之所壞而美蔡墨雷乘乾之說是以其事一也有以之成有以之敗也此情與形勢之異者也隨時變通不可執一矣諸葛亮曰范蠡以去貴為高虞卿以捨相為功太伯以三讓為仁燕噲以辭國為禍堯舜以禪位為聖孝哀以授董為愚武王以取殷為義王莽以奪漢為篡桓公以管仲為霸秦皇以趙高喪國此皆趣同而事異也明者以興治暗者以辱亂也

長短經卷第八　雜說

釣情第二十二

孔子曰未見顏色而言謂之瞽又曰未信則以爲謗己孫卿曰語而當智也默而當知也尸子曰聽言耳目不懼視聽不深則善言不往焉是知將語者必先釣於人情自古然矣故韓子曰夫說之難也在知所說之心可以吾說當之說之以厚利則見下節而遇

卑賤必弃遠矣（所說實爲厚利則陰用其言而顯弃其身此不可不知也）說之以名高則見無心而遠事情必不收矣（所說實爲名高則陽收其身而實疏之此不可不知）事以密成語以泄敗未必其身泄之也而說及其所匿之事如是者身危（周澤未渥也而語極知說行而有功則德亡說不行而有敗則見疑如是者身危）貴人有過端而說者明言善議以推其惡者身危貴人得計而欲自以爲功說者與知焉則身危彊之以其所不爲止之以其所不能己者身危又曰與之論大人則以爲閒己與之論細人則以爲粥權論其所愛則以爲借資論其所憎則以爲嘗己順事陳意則曰怯懦而不盡慮事廣肆則曰草野而倨侮此不可不知也彼自知其計則無以其失窮之自勇

其斷則無以其敵怒之（凡說須曠日彌久而周澤既渥深計而不疑交爭而不罪乃明計利害以致其功直指是非以飾其身以此相持此說之成也）荀悅曰夫臣下之所以難言者何也言出乎身則咎悔及之矣故曰舉過揭非則有干忤之咎勸勵教誨則有俠上之譏言而當則恥其勝己也言而不當則賤其愚也先己而同則惡其奪己明也後己而同則以爲順從也違下從上則以爲諂諛也違上從下則以爲雷同也與衆共言則以爲順負也違衆獨言則以爲專美也言而淺露則簡而薄之深妙弘遠則不知而非之特見獨智則衆惡其蓋之也雖是而不見稱與衆同智則以爲附隨也雖得之不以爲功謙讓不爭則以爲易窮言而不盡則以

爲懷隱進說竭情則以爲不知量言而不效則受其怨責言而事效則以爲固當利於上不利於下或便於左則不便於右或合於前而忤於後此下情所以常不通仲尼發憤稱予欲無言者蓋爲語之難也何以明其難耶昔宋有富人天雨墻壞其子曰不築且有盜其隣人亦云暮而果大亡其家智其子而疑隣人之父鄭武公欲伐胡乃以其子妻之因問羣臣吾欲用兵誰可伐者關其思曰胡可乃戮關其思曰胡兄弟之國也子言伐之何也胡君聞之以鄭爲親已而不備鄭鄭人襲胡取之此二說者其智皆當矣然而甚者爲戮薄者見疑非智之難也處智則難

衛人迎新婦婦上車問驂馬誰馬也御曰籍之新婦
謂僕曰拊驂無苦服車至門拔教送母滅竈將失火
入室見臼曰從牖下妨往來者主人大笑之此三言
皆要言也然而不免爲笑者早晚之時失矣此說之
難也說者知其難也故語必有鈎以取人情何以明
之昔齊王后死欲置后而未定使羣臣議薛公田嬰
欲中王之意因獻十珥而美其一旦日因問美珥所
在因勸立以爲王后齊王大悅遂重薛公此情可以
物鈎也申不害始合於韓王然未知王之所欲也恐
言而未必中於王也王問申子曰吾誰與而可對曰
此安危之要國家之大事也臣請深惟而苦思之乃

微謂趙卓韓鼂曰子皆國之辯士也夫爲人臣者言何必用盡忠而已矣二人各進議於王以事申子微視王之所說以言於王王大說之此情可以言鈞也吳伐越越棲於會稽句踐喟然歎曰吾終此乎大夫種曰湯繫夏臺文王囚羑里重耳奔翟齊小白奔莒其霸王由是觀之何遽不爲福乎句踐及得免務報吳大夫種曰臣觀吳王政驕矣請嘗之乃貸粟以卜其事子胥諫勿與王遂與之子胥曰王不聽諫後三年吳其墟矣太宰嚭聞之讒曰伍員貌忠而實忍人吳遂殺子胥此情可以事鈞也客以淳于髡見梁惠王惠王屏左右再見之終無言惠王怪之讓客客謂

淳于髡髡曰吾前見王王志在馳逐後復見王王志
在音聲是以默然客具以報王王大駭曰淳于先生
誠聖人也前有獻善馬寡人未及試會生來後有獻
謳者未及試又會生至寡人雖屏人然私心在彼此情
可以志鈞也智伯從韓魏之君伐趙韓魏用趙臣張
孟談之計陰謀叛智伯張孟談因朝智伯遇智果於
轅門之外智果入見智伯曰二主殆將有變臣遇張
孟談察其志矜而行高見二君色動而變必背君矣
智伯不從智果出遂更其姓爲輔氏張孟談入見趙
襄子曰臣遇智果於轅門之外其視有疑臣之心入
見智伯而更其族今暮不擊必後之矣襄子曰諾因

與韓魏殺守隄之吏決水灌智伯軍此情可以視鈞也郄浩仕晉有盛名時人觀其出處以卜江左興亡此情可以賢鈞也呂氏春秋曰夫國之將亡有道者先去黙經曰喜色洽然以出怒色麃然以侮欲色嫗然以偷懼色憚然以下憂色懼然以靜此情可以色鈞也易曰將叛者其辭慙中心疑者其辭枝吉人之辭寡躁人之辭多誣善之人其辭遊失其守者其辭屈周禮五聽一曰辭聽辭不直則煩二曰色聽色不直則赧三曰氣聽氣不直則喘四曰耳聽耳不直則惑五曰目聽目不直則眊然由是觀之夫人情必見於物昔晉王好色驪姬乘色以壅之吳王好廣地太宰陳伐以壅之桓公好味易牙蒸子以壅之沉冥無端甚可畏也故知人主之好惡不可見於外所好惡見於外則臣妾乘其所好惡以行壅制焉故曰人君無見其意將為下餌此之謂也能知此者可以納說於人主矣

詭信第二十三

議曰代有詭詐反為忠信者也抑亦通變適時所謂見機而作不俟終日者

孔子曰君子貞而不諒又曰信近於義言可覆也由是言之唯義所在不必信也議曰微哉微哉天下之事也不有所發則無以興若忠於斯必不誠于彼自然之理矣由是觀之則吾之所謂忠則彼之所謂詐然則忠之與詐將何而取定哉抑吾聞之夫臣主有大義上下有定分此百代不易之道也故欲行忠觀臣主之義定欲行信顧上下之分明茍分義不愆於躬雖譎而不正可也何以明之葉公問孔子曰吾黨有直躬者其父攘羊而子證之孔子曰吾黨有直躬者異於是父爲子隱子爲父隱直在其中矣楚子圍宋宋求救於晉晉侯使解楊如宋使無降楚曰晉師悉起將至矣鄭人因而獻諸楚楚子厚賂之使反其言許之登諸樓車使呼宋人而告之遂致其君命楚子將殺之使與之言曰爾既許不穀而反之何故非我無信汝則弃之速即爾刑對曰

臣聞之君能制命爲義臣能承命爲信信載義而行之爲利謀不失利以衛社稷民之主也義無二信信無二命君之賂臣不知命也受命以出有死無霣又何賂乎臣之許君以成命也死而成命臣之祿也寡君有信臣下臣獲考考成也死又何求楚子舍之以歸韓子曰楚有直躬者其父竊羊而訐之吏令尹曰必殺之以爲直於君而曲於父執其子而罪之以是觀之夫君之直臣父之暴子也魯人從君戰三戰三北仲尼問其故對曰吾有老父死莫之養也仲尼以爲孝舉而用之以是觀之夫父之孝子君之北人也故令尹誅而楚姦不止聞仲尼賞之魯人易降北上下之利若是其異也而人主兼舉匹夫之行而求致社稷之福必不幾矣

顏率欲見公仲公仲不見顏率謂公仲之謁者曰公仲必以率爲僞也故不見率公仲好內率曰好士公仲嗇於財率曰散施公仲無行率曰好義自今以來率且正

言之而已矣公仲之謁者以告公仲公仲遽起而見之議曰語稱惡訐以爲直者易曰君子以遏惡揚善若使顔率忠正則公仲之惡露故顔率許僞則公仲之福齊伐燕得十城燕王使蘇秦說齊齊歸燕十城蘇秦還燕人或毁之曰蘇秦左右賣國反覆臣也將作亂燕王意疎之捨而不用蘇秦恐被罪見入王曰臣東周之鄙人也無尺寸之功而王親拜之於廟禮之於庭今臣爲王却齊之兵而功得十城宜以益親今來而王不官臣者人必有以不信傷臣於王者且臣之不信王之福也燕王亦嘗謂蘇代曰寡人甚不喜訑者言也代對曰周地賤媒爲其兩譽也之男家曰女美之女家曰男富然周之俗不自爲娶妻且夫處女無媒老且不嫁舍媒而自衒弊而不售順而無毁則售而不弊者唯媒耳且事非權不立非勢不成夫使人坐受成事者唯訑耳訑音土和反使臣信如尾生廉如伯夷孝如曾參三者天

下之高行而以事王可乎燕王曰可也蘇秦曰有此臣亦不事王矣孝如曾參義不離其親宿昔於外王又安能使之步行千里而事弱燕之危王哉廉如伯夷義不爲孤竹君之嗣不肯爲武王之臣不受封侯而餓死于首陽之下有廉如此者王又安能使之步行千里而進取於齊哉信如尾生與女子期於梁柱之下女子不來水至不去抱梁柱而死有信如此何肯揚燕秦之威却齊之強兵哉韓子曰夫許由積牙卞隨務光伯夷叔齊此數人者皆見利不喜臨難不恐夫見利不喜雖厚賞無以勸之臨難不恐雖嚴形無以威之此謂不令之人先古聖王皆不能臣當今之代將安用之且夫信行者所以自爲也非所以爲也皆自覆之術非進取之道也且三王代興五霸迭盛皆不自覆君

以自覆爲可乎則齊於營丘足下不窺於邊城之外昔鄭子產獻入陳之捷于晉晉人問曰何故侵小對曰先王之命惟罪所在各致其辟且昔天子之地一圻列國一同是以衰今大國多數圻矣若無侵小何以至大焉晉人不能詰也且臣之有老母於東周離老母而事足下去自覆之術而行進取之道臣之趨固不與足下合者足下皆自覆之君也僕者進取之臣也臣所謂以忠信得罪於君也燕王曰夫忠信又何罪之有也對曰足下不知也臣鄰家有遠爲吏者其妻私人其夫且歸其私者憂之其妻曰公勿憂也吾以爲藥酒待之矣後二日夫至妻使妾奉卮酒進之妾知其藥酒也進之則殺主父言之則逐主母乃佯僵弃酒主父大怒而笞之妾之弃酒上以活主父下以存

主母忠至如此然不免於笞此以忠信得罪也臣之事適不幸而類妾之棄酒也且臣之事足下亢義益國今乃得罪臣恐天下後事足下者莫敢自必也且臣之說齊曾不欺之也後之說齊者莫如臣之言雖堯舜之智不敢取之燕王曰善復厚遇之由此觀之故知譎即信也詭即忠也夫詭譎之行乃忠信之本焉

忠疑第二十四

夫毀譽是非不可定矣以漢高之略而陳平之謀毀之則疎譽之則親以文帝之明而魏尚之忠繩之以法則為罪施之以德則為功知世之聽者多有所尤

多有尤節聽必悖矣（尤過）何以知其然耶呂氏春秋云人有亡鈇者意其隣之子視其行步顏色言語動作態度無爲而不竊鈇者也竊掘其谷而得其鈇（谷坑也）他日復見其隣之子動作態度無似竊鈇者也其隣子非變也巳則變之變之者無他有所尤矣邾之故爲甲裳以帛（以帛綴甲）公息忌謂邾之君曰不若以組邾君曰善下令令官爲甲必以組公息忌因令其家皆爲組人有傷之者曰公息忌之所以欲用組者其家爲甲裳多爲組也（傷敗也）邾君不悅於是乎止無以組邾君有所尤也邾之故爲甲以組而便也公息忌雖多爲組何傷以組不便公息忌雖無以爲組亦

何益爲組與不爲組不足以累公息忌之説也累辱也凡
聽言不可不察樓緩曰公父文伯仕於魯病而死女
子爲自殺於房中者二人其母聞之弗哭其相室曰
焉有子死而弗哭乎其母曰孔子賢人也逐於魯而
是人弗隨之今死婦人爲自殺若是者必其於長者
薄而於婦人厚故從母言之是爲賢母從妻言之是
不免於妬妻也故其言一也言者異則人心變矣樂
羊爲魏將而攻中山其子在中山中山之君烹其子而遺
之羹樂羊盡啜之文侯曰樂羊以我故食其子之肉
堵師贊曰其子且食之其誰不食樂羊罷中山文侯
賞其功而疑其心淮南子曰親母爲其子抗秃出血至

耳見者以爲愛子之至也使在於繼母則過者以爲慘也事之情一也所從觀者異耳從城上視牛如羊視羊如豚所居高也窺面於盤水則圓於杯則隋（隋音隨訓橢也）面形不變其故有所圓有所隋者所自窺之異也今吾雖欲正身而待物庸詎知世之所自窺我者乎是知天下是非無所定也世各是其所是非其所非今吾欲擇是而居之擇非而去之不知世之所是非者孰是孰非哉（議曰夫忘家殉國則以爲不懷其親安能愛君衛公子開方是也起樂羊三人是也若私其親則曰將受命之日則忘其家臨軍約束則忘其親援桴鼓則忘其身穰且殺莊賈是也故傳曰欲加之罪能無辭乎審是非者則事情得也）故有忠而見疑者不可不察

用無用第二十五

古人有言曰得鳥者羅之一目然張一目之羅終不能得鳥矣鳥所以能遠飛者六翮之力也然無衆毛之助則飛不能遠矣以推之無用之爲用也大矣故惠子謂莊子曰子言無用矣莊子曰知無用而始可與言用矣夫天地非不廣且大也人之所用容足耳然則削足而墊之至黃泉人尚有用乎惠子曰無用莊子曰然則無用之爲用也亦明矣昔陳平智有餘而見疑周勃質朴忠而見信夫仁義不足相懷則智者以有餘見疑而朴者以不足取信矣漢徵處士樊英楊厚朝廷若待神明至竟無他異李固朱穆以爲處士純盜虛名無益於用然而後進希之以成器世

主禮之以得衆孔子稱舉逸人天下之人歸心焉燕昭尊郭隗以致劇樂齊桓禮九九之術以招英雋之類也原其無用亦所以爲用也而惑者忽不踐之地賒無用之功至乃誚誇遠術賤斥國華不亦過乎

恩生怨第二十六

傳稱諺曰非所怨勿怨寡人怨矣是知凡怨者不怨於所踈必怨於親密何以明之高子曰小弁小人之詩也孟子曰何以言之高子曰怨乎孟子曰固哉夫高叟之爲詩也有越人於此關弓而射我我則談笑而道之無他踈之也兄弟關弓而射我我則泣涕而道之無他戚之也然則小弁之怨親親也親親仁也小弁刺幽王也太子之傳作焉晉使韓簡子視秦師云師少於我我士

倍我公曰何故對曰出困其資入用其寵饑食其粟三施而不報所以來也（觀秦怒而來則知至恩必有至怨矣）杜鄴說王晉曰鄴聞人情恩深者其養謹愛至者其求詳夫戚而不見異親而不見殊（戚近也殊謂異於疏者也）孰能無怨此常棣角弓之所作也由此觀之故知怨也者親之也恩也者怨之所生也不可不察

詭順第二十士

趙子曰夫雲雷世屯瞻烏未定當此時也在君爲君委質治人各爲其主用職耳故高祖賞季布之罪晉文嘉寺人之過雖前窘之怨也可謂通於大體矣

昔晉文公初出亡獻公使寺人披攻之蒲城披斬其

袪及反國郤呂畏偪將焚公宮而殺之寺人披請見公使讓之曰蒲城之役君命一宿汝即至其後余從狄君以田渭濱汝爲惠公來求殺余命汝三宿汝中宿至雖有君命何其速也對曰臣謂君之入也其知之矣若猶未也又將及難君命無二古之制也除君之惡唯力是視蒲人狄人余何有焉今君即位其無蒲狄乎齊桓公置射鉤而使管仲相君若易之何辱命焉行者甚衆豈唯刑臣國君而讎匹夫懼者甚衆也公見之以難告得免呂郤之難韓子曰齊晉絶嗣不亦宜乎桓公能用管仲之功而忘射鉤之怨文君能聽寺人之言而弃斬袪之罪桓公文君能容二子也後世之君明不能及二公後世之臣賢不如二子以不忠之臣以事不明之君君不知則有子罕田常之刼知之則因以管仲寺人自解君必不誅而自以爲有桓文之德是臣其讎而時不能燭多暇之資自以爲賢而不惑則雖無後嗣不亦可乎陳

軫與張儀俱事秦惠王惠王皆重之二人爭寵儀惡軫於王曰軫重幣輕使秦楚之間將為交也今楚不善於秦而善於軫軫為楚厚為秦薄也軫欲去秦而之楚王何不聽之王乃召軫而問之軫曰臣願之楚臣出必故之楚且明臣為楚與不也昔楚有兩妻者王聞之乎王曰弗聞軫曰楚有兩妻者人挑其長者長者罵之挑其少者少者復挑之居無幾何有兩妻者死客謂挑者曰為汝娶少者乎長者乎挑者曰娶長者客曰長者罵汝少者復挑汝汝何故娶長者挑者曰居人之所則欲其挑我為我之妻則欲其罵人今楚王明主昭陽賢相使軫為臣常以國情

輸楚楚王將不留臣昭陽將不與臣從事矣臣何故
之楚臣出必故之楚足以明臣爲楚與不也軫出儀
入問王曰軫果欲之楚不王曰然儀曰軫不爲楚楚
王何爲欲之王復以儀言謂軫軫曰然王曰儀之言
果信矣軫曰非獨儀知之行道之人盡知之矣子胥
忠於君而天下皆爭以爲臣曾參孝己愛於親而天
下皆願以爲子故賣僕妾不出閭巷售者良僕妾
也出婦嫁於鄉曲者必善婦也今軫若不忠於君楚
亦何以爲臣乎忠且見弃軫不之楚將何歸乎王以
其言爲然遂厚待之惠王終相張儀軫遂奔楚張儀
初惡陳軫於魏王曰軫猶善楚爲求地甚力左爽謂陳軫曰儀善於魏
王魏王甚信之公雖百說猶不聽也公不如以儀之言爲質而得復楚

軫曰善因使人以張儀之言聞於楚王楚王喜欲復之軫乃奔楚也韓信初爲齊王時蒯通說使三分天下信不聽後知漢畏惡其能乃與陳豨謀反事泄呂太后以計擒之方斬曰吾悔不聽蒯通之計乃爲兒女子所詐豈非天哉高祖自將伐陳豨於鉅鹿信稱病不從欲於中起信舍人得罪於信信囚欲殺之舍人弟上變告信欲反狀於呂后呂后欲召恐其黨不就乃與蕭相國謀詐令人從上所來言豨已得死列侯群臣皆賀相國詐信曰雖病強入賀信入呂后使武士縛信斬之也高帝歸乃詔齊捕通通至上曰若教淮陰侯反耶曰然臣固教之豎子不用臣之策故令自夷於此如彼豎子用臣之計陛下安得而夷之乎上怒曰亨之通曰嗟乎寃哉亨也上曰若教韓信反何寃對曰秦之綱紀而維絕山東大擾異姓並起英儁烏聚秦失其鹿天下共逐之於是高

材疾走者先得焉跖之狗吠堯堯非不仁狗固吠非
其主當是時臣獨知韓信非知陛下也且天下銳精
持鋒欲爲陛下所求者甚衆故力不能耳又可盡烹
耶高帝曰置之乃釋通之罪也貂勃常惡田單曰安平君小人也安平君聞之故爲
酒而召貂勃曰單何以得罪於先生故常見譽於朝貂勃曰跖之狗吠堯非貴跖而賤堯也狗固吠非其人也且今使公孫子賢而徐子不肖
然而使公孫子與徐子鬬徐子之狗因攫公孫子之腓而噬之若乃得去不肖者而爲賢者狗豈特攫其腓而噬之哉平君曰敬聞命矣任之
於王後田單得免九子之讒貂勃之力也初吳王濞與七國謀反及發濟北王
欲自殺齊人公孫玃俱碧反謂濟北王曰臣請試爲大
王明說梁王通意天子說而不用死未晚也公孫玃
遂見梁王曰夫濟北之北東接強齊南牽吳越北貿
燕趙此四分五裂之國權不足以自守勁不足以扞寇

長八　十三

又非有奇佐之士以待難也雖墜（墜失也）言於吳非其正計也昔鄭祭仲許宋人立公子突以活其君非義也春秋記之爲其以生易死以存易亡也嚮使濟北見情實示不從之端則吳必先歷齊畢濟北招燕趙而揔之如此則山東之從結而無隙矣今吳楚之王練諸侯之兵驅白徒之衆西與天子爭衡濟北獨底節堅守不下使吳失與而無助跬行獨進瓦解土崩破敗而不救者未必非濟北之力也夫以區區之濟北而與諸侯爭強是以羔犢之弱而捍虎狼之敵也守職不撓可誠一吳功義如此尚見疑於上脅肩低首累足撫襟使有自悔不前之心（悔不與吳西也）非社稷之利

也臣恐藩臣守職者疑之臣竊料之能歷西山徑長
樂抵未央攘袂而正議者獨大王耳上有全亡之功下
有安百姓之名德綸於骨髓恩加於無窮願大王
留意詳惟之孝王大說使人馳以聞濟北王得不坐
徙封於菑川陳琳典袁紹文章袁氏敗琳歸太祖
太祖謂曰卿昔爲本初移書但可罪狀孤而已惡止
其身何乃上及祖父耶琳謝曰楚漢未分蒯通進策
於韓信乾時之戰管仲肆力於子糾唯欲効計其主取
福一時故跖之客可以刺由桀之狗可使吠堯也今
明公必能進賢於忿後弃愚於愛前四方革面英豪
宅心矣唯明公裁之太祖曰善厚待之由此觀之是

知晉侯殺里克漢祖戮丁公石勒誅棗嵩劉備薄許靜良有以也故范曄曰夫人守義於故主斯可以事新主恥以其衆受寵斯可以受大寵若乃言之者雖誠而聞之者未譬豈苟進之悅易以情納持正之忤難以理求誠能釋利以循道居方以從義君子之槩也

難必第二十八

夫忠爲事君之首龍逢斬比干誅孝稱德行之先孝己憂而曾參泣遇好文之主賈誼被謫於長沙當用武之時李廣無封侯之爵又云意合異類生愛意不合至親交兵

夫人主莫不欲其臣之忠而忠未必信故伍員流於江萇弘死于蜀其血三年而化爲碧凡人親莫不欲其子之孝而孝未必愛故孝己憂而曾參悲此難

必著也何以言之語曰羿闔弧則越人之行自若弱子闔弧則慈母入室閉戶故可必則越人不疑羿不可必則慈母逃弱子也魏文侯問狐卷子曰父子兄弟君臣之賢足恃乎對曰不足恃也何者父賢不過堯而丹朱放子賢不過舜而瞽叟拘兄賢不過舜而象敖弟賢不過周公而管蔡誅臣賢不過湯武而桀紂伐望人者不至恃人者不久君欲理亦從身始人何可恃乎漢時梁孝王藏匿羊勝公孫詭韓安國泣說梁孝王曰大王自度於皇帝皇帝景帝也是梁孝王兄孰與太上皇之與高皇帝及皇帝之與臨江王親臨江王景帝太子也孝王曰弗如也安國曰夫太上臨江親父子閒然而高帝曰提三尺劒取天下者朕也故太上終不得制事居櫟陽臨江

王適長太子也以言過廢王臨江景嘗屬諸姬太子母栗姬言不遜由是廢太子栗姬憂死也用宮垣事卒自殺中尉府何者治天下終不以私害公語曰雖有親父安知其不為虎雖有親兄安知其不為狼今大王列在諸侯說一耶臣浮說犯上禁撓明法天子以太后故不忍致法於王太后日夜泣涕幸大王自改而大王終不覺悟又如太后車即晏駕大王尚誰攀乎語未卒孝王出羊勝等景帝弟梁孝王用羊勝公孫詭之計求為漢太子恐大臣不聽乃陰使人刺漢用事謀臣袁盎帝聞詭勝計遣使十輩舉國大索捕詭勝不得內史韓安國聞詭勝匿孝王所入見王說之王出詭勝詭勝自殺也由是觀之安存其可必哉語曰以權利合者權利盡而交疏又曰以色事人者色衰則愛絕此言財色不可必也墨子曰雖有慈父不

愛無益之子黃石公曰主不可以無德無德則臣叛此言臣子不可必也詩云自求伊祐有旨哉有旨哉

運命第二十九易曰精氣爲物遊魂爲變夫人之變生皃異音殊苦樂愚智尊卑壽夭無非三世業理使之然

夫天道性命聖人所稀言也雖有其旨難得而詳然按之古今錯綜其紀乘乎三勢亦可以彷彿其略何以言之荀悦云凡三光議曰三光日月星也精氣變異此皆陰陽之精也其本在地而上發于天政失於此則變見於彼不其然乎文王問太公曰人主動作舉事有禍殃之應鬼神之福無太公曰有之人主好重賦斂大宫室則人多病溫霜露殺五穀人主好畋獵不避時禁則歲多大風禾穀不實人主好破壞名山壅塞大川決通名水則歲多大水傷人五穀不滋人主好武事兵革不息則日月薄蝕太白失行文王曰誠哉今稱洪範咎徵則有堯湯水旱

之災稱消災復異則有周宣雲漢寧莫我聽易稱積善餘慶則有顏冉短折之凶善惡之報類變萬端不可齊一故視聽者惑焉太史公曰書稱天道無親常與善人七十子之徒仲尼最獨薦顏回爲好學然回也屢空糟糠不饜而早夭天之報施善人何如哉盜跖日殺不辜肝人之肉暴戾恣睢聚黨數千人橫行天下竟以壽終是遵何德哉余甚惑焉常試言之孔子曰死生有命又曰不得其死又曰幸而免者夫死生有命其正理也不得其死者未可以死而死也幸而免者可以死而不死也此皆性命三勢之理也昔虢太子死扁鵲治而生之扁鵲曰我非能生死人者我能治可生者耳然不遇扁鵲亦不生矣若夫膏肓之病雖醫和弗能治矣故曰死生有命其正理也不得其死者未可以死而死也幸而免者可以死而不死也此荀悅論性命三勢之理揚子法言云或問壽可益乎曰德或問回牛之行德矣曷壽之不益也曰德故爾如回之殘牛之賊焉得爾曰殘賊或壽曰彼妄也君子不妄也推此以及教化則亦如之人有不教化而自成

者有待教化而後成者有雖加教化而終不成者故上智與下愚不移至於中人則可上可下議曰傳云能者養之以福不能者敗之以取禍此可上可下者推此以及天道則亦如之災祥之應無所疑焉故堯湯水旱天數也議曰夫陰靜陽動天迴地游太一筭周成百六之厄太歲數極爲一元之災必然之符不可移也故傳曰美惡周必復又曰天災流行國家代有言必定也故曰天數漢時公孫弘則不然以爲堯遭洪水使禹治之未聞禹之有水也若湯之旱則桀餘烈桀紂行惡受天之罰禹湯積德以王天下因此觀之天無私親順之和起逆之害生此天文地理人事之紀觀公孫弘所言以爲德感水旱非天數也一家之談非爲正論洪範咎徵人事也議曰傳云禍福無門唯人所召謂五事以應休咎故曰人事魯僖雩雨可救之應也周宣旱甚難變之勢也議曰孔子云祭如在言祭法在精誠也語曰應天以實不以文言上天不以僞動也易曰善不積不足以成名古語曰土性勝水掬壤不可以塞河金性勝木寸刃不可以殘林傳曰小惠未孚神弗福也此言善少不足以感物也今雩祭是同而感應異者或爲仁甚少而求福甚多或徒設空文精誠不至故不同也顏冉之凶性命之本也議曰秦伯

問於士鞅曰晉大夫其誰先亡對曰其欒氏乎秦伯曰以其汰乎對曰然欒黶汰虐已甚猶可以免其在盈乎秦伯曰何故對曰武子之德在人如周人之思邵公焉愛其甘棠況其子乎欒黶死盈之善未能及人武子所施設矣而黶之怨實彰將於是乎在後世一年晉滅欒氏由是觀之黶雖汰虐以其父武子之德身受其福盈雖賢智以其父黶之汰虐遂遇於禍然則禍之與福不在我之賢虐矣范曄曰陳平多陰謀而知其後必廢邴吉有陰德夏侯勝識其當封及其子孫終陳掌又侯而邴昌紹國雖有不類未可致詰其大致歸於有德矣袁安窶賈氏之閭乃精帝室引義雅正可謂王臣之烈及其理楚獄未嘗鞫人於贓罪其仁心所覃乎後昆子孫之盛不亦宜乎由是觀之夫陳平邴吉及袁安之後衰與盛乃在先人之德又不在我之得失矣虞南曰夫釋教有布施持戒忍辱精進禪定智惠與夫仁義禮智信亦何殊哉蓋以所脩爲因其果爲報人脩此六行皆多不全有一闕焉果亦隨滅是以驗明醜於貞而惠於心趙壹高於才而下於位羅裒富而無義原憲貧而有道其不同也如斯懸絕興喪得失盛必由之由是言之夫行己不周則諸福不備故吉凶禍福不得齊也故世人有操行不軌而富壽者矣有積仁絜行而凶夭者矣今下士庸夫見比干之剖心以爲忠貞不足爲也聞偃王之亡國以爲仁義不足法也不亦過乎易曰有天道焉有地道焉有人道焉言其異也兼三才而兩之言其同也故天人之道有同有異據其所以異而

責其所以同斯則惑矣守其所以同而求其所以異則取弊矣遲速深淺變化錯乎其中是故參差難得而均也天地人物之理莫不同之故君子盡心焉盡力焉以邀命也議曰孫卿云天行有常不爲堯存不爲桀亡應之以理則吉應之以亂則凶強本而節用則天不能貧養備而動時則天不能病循道而不惑則天不能禍背道而妄行則天不能吉故明於天人之分則可謂至人矣若星隊木鳴天地之變怪之可也畏之非也唯人妖乃可畏矣何者政險失人田薉稼惡糴貴人饑道有死人夫是之謂人妖也政令不明舉措不時本事不理夫是之謂人妖也禮義不脩外內無別男女淫亂父子相疑上下乖離寇難日至夫是之謂人妖也三者錯亂無安國矣其說甚爾其災甚慘傳曰萬物之怪書不說無用之辯不急之察弃而不治也墨翟曰古之聖王舉孝子而勸之事親尊賢良而勸之爲善發憲令以教誨明賞罰以沮勸若此則亂者可使理而危者可使安矣若以爲不然昔者桀之所亂湯理之紂之所亂武王理之此世不渝而人不改上變正而人易教則安危治亂存上之發政也豈可謂有命哉昔梁惠王問尉繚曰吾聞黃帝有刑德可以百戰百勝其有之乎尉繚曰不然黃帝所謂刑德者以刑伐之以德守之非世之所謂刑德也世之所謂刑德者天官時日陰陽向背者也黃帝者人事而已矣何以言之今有城於此從其東西攻

之不能取從其南北攻之不能取此四者豈不得順時乘利者哉然不能取者何也城高池深兵戰備具謀而守之也由是觀之天官時日不若人事也天官之陣曰背水陣者爲絶軍向阪陣者爲廢軍武王之伐紂也背漳水向山之阪以萬二千擊紂之億有八萬斷紂頭懸之白旗紂豈不得天官之陣哉然而不勝者何也人事不得也黄帝曰先稽己智者謂之天子以是觀之人事而已矣按孫卿墨翟尉繚之說言吉凶禍福在於人矣周公誡成王曰昔殷王中宗治人祗懼弗敢荒寧享國七十年其在高宗嘉靖殷邦至于小大無時或怨享國五十九年其在祖甲爰知小人之衣食能保惠于庶人弗侮鰥寡享國世有三年自時厥後立王則逸惟躭樂之從亦罔或克壽或十年或七八年或三四年嗚呼嗣王其監于兹史記陳世家曰陳舜後也周武王封之陳太史公云舜之德至矣禪於夏而後世血食者歷三代及楚滅陳而田氏得政於齊卒爲建國百世不絶又南越傳云越雖蠻夷其先豈嘗有大功德於人哉何其久也歷數代常爲君王句踐一稱伯蓋禹之烈也又曰鄭桓公友者周厲王之少子也幽王以爲司徒問於太史伯曰王室多故予安逃死乎吾欲南之江上何如對曰昔祝融爲高辛火正其功大矣而其於周未有興者楚其後也周衰楚必興興非鄭之利也公曰周衰何國興對曰齊秦晉楚乎夫齊姜姓伯夷之後也伯夷佐堯典禮秦嬴姓伯翳之後也伯翳佐舜懷柔百物及楚之先皆嘗有功於天下而武王封叔虞於唐其地阻險以此有德若周衰並必興矣按周公馬遷太史伯之談言興亡長短必依德矣此略言其本而不語其詳嘗試論之曰命也者天之授也德也者命之本也皇靈雖陰騭下人定於

冥兆然興亡長短以德爲准若德循於曩則命定於今然則今之定命皆曩之德也明矣夫命之在德則吉凶禍福不由天也命定於今則賢聖鬼神不能移也故君子盡心焉盡力焉以邀命也此運命之至也**易曰窮理盡性以至於命此之謂矣**議曰夫吉凶由人興亡在德稽於前載其在德必矣今論者以堯舜無嗣以爲在命此謬矣何者夫佐命功臣必有興者若使傳子則功臣之德發何以言之昔鄭桓公問太史伯曰周衰何國興對曰昔祝融爲高辛火正其功大矣而其於周未有興者楚其後也周衰楚必興齊姜姓伯夷之後伯夷佐堯典禮秦嬴姓伯翳之後伯翳佐舜懷柔百物若周衰並必興矣是以班固典引云陶唐捨胄而禪有虞有虞亦命夏后稷契熙載越成湯武殷肱既周天乃歸功元首將授漢劉由此言之安在其無嗣哉又曰楚師屠漢卒睢水鯁其流秦人坑趙士沸聲若雷震雖遊夏之英才伊顏之殆庶焉能抗之哉此其弊也對曰宋景公之時熒惑在心公懼問子韋子韋曰心者宋分野也禍當在君雖然可移於人據此言則君有禍人當受之若當君厄會之時則生人塗炭雖伊顏游夏何所損哉故莊子曰當堯舜天下無窮人非智得也當桀紂天下無道人非智失也時勢適然此之謂矣又曰彼戎狄者人面獸心宴安鴆毒以誅殺爲道德蒸報爲仁義自金行不競天地版蕩遂覆渾洛傾五都嗚呼福善禍淫徒虛言耳據此論以戎狄內侵便謂由命此所謂不量於德者也何則昔秦穆公問戎人由余曰中國以詩書禮樂法度爲政然尚時亂今戎夷無此何以爲理乎由余笑曰乃中國所以亂也夫自上聖黃帝作爲禮樂

法度身以先之僅可小理及其後世日以驕淫沮法度之臧以責督於下下罷極則以仁義怨望於上上下交爭怨而相篡弒至於滅宗皆此類也夫戎夷則不然上含淳德以遇於下下懷忠信以事其上一國之政猶一身之治不知所以治此眞聖人之治夫戎夷之德有如是者今晉之興也宗子無維城之助而閼伯實沈之隙歲構師尹無具瞻之貴而顛隆戮辱之禍日有宣景遭多難之時務伐兵雄誅庶孽以便事其傾覆屠膾非止於誅殺也風俗淫僻廉恥並失先時而昏任情而動皆不恥淫逸之過不拘妒忌之惡有逆于舅姑有反易剛柔有殺戮妾媵有黷亂上下其淫亂凶逆非止於烝報也由是觀之晉家之德安勝於匈奴哉今見戎狄亂華便以為在命不在德是何言之過歟

大私第三十

管子曰知與之為取政之寶也周書曰將欲取之必故與之何以徵其然耶黃石公曰得而勿有立而勿取為者則已有者則士焉知利之所在人多務功鮮有讓者唯天子不與下爭功名耳故曰有者則士焉知利之所在乎彼為諸侯已為天子天子不收功於萬物故能成其高王不覽名於衆庶故能成其大也使城自保令士自取盡與敵城之財令自取之所謂使貪使愚者也

王者之道也尸子曰堯養無告禹愛辜人此先王之所以安危而懷遠也聖人於大私之中也爲無私湯曰朕身有罪無及萬方萬方有罪朕身受之湯不私其身而私萬方文王曰苟有仁人何必周親文王不私其親而私萬國先王非無私也所私者與人不同此知大私者也由是言之夫唯不私故能成其私不利而利之[illegible]利之大者矣

敗功第二十一

文子曰有功離仁義者即見疑有罪不失仁心者必見信故仁義者天下之尊爵也何以言之昔者楚王王有疾召其大夫曰不穀不德少主社稷失先君

之緒覆楚國之師不穀之罪也若以宗廟之靈得保首領以沒請爲靈若厲大夫許諸及其卒也子囊曰不然夫事君者從其善不從其過赫赫楚國而君臨之撫征南海訓及諸夏其寵大矣有是寵也而知其過可不謂恭乎大夫從之此因過以爲功者也魏將王昶陳泰兵敗大將軍以爲己過（魏人感將軍引過皆悅思報之）習鑿齒論曰司馬大將軍引二敗以爲己過過銷而業昌可謂智矣夫忘其敗而下思其報雖欲勿康其可得乎若乃諱敗推過歸咎萬物上下離心賢愚釋體是楚再敗而晉再剋謬之甚矣夫人君苟統斯理行雖失而名揚兵雖挫而戰勝百敗猶可況再敗

乎此因敗以爲功也故知智者之舉事也因禍爲福轉敗爲功自古然矣議曰白起爲秦坑趙降卒四十餘萬使諸侯畱秦而合縱夫坑趙降卒非勝也乃敗秦之機商君詐魏虜公子卬使秦信不行於天下乃自敗之兆非霸業也樂毅杖義以下齊城敗於即墨非敗也乃是吞天下之勢劉備憐歸義之人日行十數里敗於長坂雖奔亡不暇乃霸王之始故知非霸者不能用敗齊人以紫敗素而其價十倍此言雖小可以喻大也

昏智第三十二

夫神者智之淵也神清則智明智者心之符也智公即心平此出文子今士有神清智明而闇於成敗者非愚也以聲色勢利怒愛昏其智矣何以言之昔孔子攝魯相齊景公聞而懼曰孔子爲政魯必霸霸則吾地近焉我之爲先并矣犁且曰去仲尼猶吹毛耳君何不延之以重祿遺哀公以女樂哀公親樂之必怠

於政仲尼必諫諫不聽必輕絶魯於是選齊國中女子好者八十人皆衣文繡之衣而舞康樂遺魯君魯君受齊女樂怠於事三日不聽政孔子曰彼婦人之口可以出走遂適衛此昏於聲色者也戎王使由余觀秦秦繆公以由余賢聖問内史廖曰孤聞隣國有聖人敵國之憂也今由余寡人之害將奈何内史廖曰戎王處僻匿未嘗聞中國之聲君試遺其女樂以奪其志爲由余請以踈其閒留而莫遣以失其期戎王怪之必疑由余且戎王好樂必怠於政繆公曰善以女樂二八遺戎王戎王受而悦之終年不遷由余諫不聽繆公使人閒要由余由余遂降秦梁王觴諸侯於范臺魯君曰昔者帝女儀狄作酒而美進之禹禹飲而甘遂踈儀狄絶旨酒曰後世必有以酒亡其國者也齊桓公夜半不嗛易牙乃煎熬燔炙和調五味而進之桓公食而飽曰後世必有以味亡其國者也晉文公得南之威三日不聽朝遂推南之威而遠之曰後世必有以色亡其國者也楚王登強臺而望崩山左江而右湖其樂忘死遂弗登曰後世必有以高臺陂池亡其國者也今主君之樽儀狄之酒也主君之味易牙之調也左白台而右閭須南威之美也前夾林而後蘭臺強之樂也人有一於此足以亡國今主君兼此四者可無誡歟梁王稱善相屬由此言之昏智者非一塗矣太史公曰平原君

翩翩濁代之佳公子也然觀大體語曰利令智昏平原君貪馮亭邪說使趙陷長平四十餘萬邯鄲幾亡此昏於利者也人物志曰夫仁出於慈有慈而不仁者仁者有恤有仁而不恤者厲者有剛有厲而不剛者若夫見可憐則流涕將分與則恡嗇是有慈而不仁者覩危急則隱將赴救則畏患是有仁而不恤者處虛義則色厲顧利欲則內恁是有厲而不剛者然則慈而不仁則恡奪之也仁而不恤則懼奪之也厲而不剛則欲奪之也後漢班固傳評曰昔班固傷司馬遷之遷博物洽聞不能以智免極刑然固身亦自陷大戮班固附竇氏勢竇氏敗固坐之死洛陽獄中也可謂智及之而不能守古人所以致論於目睫耶此昏於勢者議曰夫班固傷遷公論也自陷大戮挾私也夫心有私則智不能守矣尸子曰夫吳越之國以臣妾爲殉中國聞而非之及怒則以親戚殉一言夫智在公則愛吳越之臣妾在私則忘其親戚非智損也怒

弇之也（此昏於怒者也）好亦然矣語曰莫知其子之惡非智損也愛弇之也（此昏於愛者也）是故論貴賤辯是非者必且自公心言之自公心聽之而後可知也故范曄曰夫利不在身以之謀事則智慮不私己以之斷義則厲識能迴觀物之智而爲反身之察則能恕而自鑒（議曰孔子曰吾未見剛者或對曰申棖子曰棖也欲焉得剛由此言之心苟有私則失其本性矣尸子曰鴻鵠在上彀弩以待之若發若否問二五曰不知也非二五難計欲鴻之心亂也是知情注於利則本心亂矣）

卑政第三十三

（劉廙云日月至光至大而有所不偏者以其高於萬物之上也燈燭至微至小而世不可乏者以其明之下能照日月之四蔽由是觀之政之貴卑也久矣是以先王設官分職而共治也）

淮南子曰濟溺人以金玉不如尋常之纆韓子曰百

日不食以待粱肉餓者不肯故曰療飢不期於鼎食拯溺無待於規行也此
言政貴卑以濟事者也何以言之韓非曰所謂知者
微妙之言上知之所難也今爲衆人法而以爲上知
之所難也則人無從識之矣故糟糠不猒者不待粱
肉而飽短褐不完者不須文繡而好以是言之夫治
世之事急者不得則緩者非務也今所治之政人間
之事夫婦之所明知者不用而慕上知之所難論則
其於人過遠矣是知微妙之言非人務也又曰世之所謂列士者離衆獨行取異於人爲恬惔之學而理恍惚之言臣以爲恬惔無用之教也恍惚無法之言也夫人生必事君養親事君養親不可以恬惔之人必以言論忠信言論忠信不可以恍惚之言然則恍惚之言恬惔之學天下之惑術也又曰察士而後能知之不可以爲智全也夫人未盡察也唯賢者而後能行之不可以爲法也故尹文子曰凡有理而無益於治者君

子不言有能而無益於事者君子不爲故君子所言者不出於名法權術所爲者不出於農稼軍陣同務而已故曰小人所言者極於儒墨是非之辯所爲者極於堅僞偏抗之行求名而已故明主誅之也今世之人行欲獨賢事欲獨能辯欲出羣勇欲絶衆夫獨行之賢不足以成化獨能之事不足以周務出羣之辯不可爲戸說絶衆之勇不可與正陣凡此四者亂之所由生也故曰爲善者使人不能得從爲巧者使人不能得爲此獨善獨巧者也未盡巧善之理故所貴聖人之理不貴其獨治貴其能與衆共治也所貴工倕之巧者不貴其獨巧貴其能與衆共巧也文子曰夫先知遠見人材之盛也而治世不以貴於人博聞強志曰辯辭給人智之溢也而明主不以求於下傲世賤物不汙於俗士之抗行也而治世不以爲人化故高不可及者不以爲人量行不可逮者不以爲國俗故國治可與愚守而軍旅可與怯同不待古之英俊而人自足者因其所有而並用之也議曰據文子此言以爲聖人不可淵先知遠見博聞強志傲世賤物三事化天下百姓使皆行此道用爲風俗今但任其風土化以農稼軍陣曲成於物而俯同於俗耳非貴於

獨能獨勇者也故聖人任道以通其險淮南子曰體道者逸而不窮任數者勞而無功離朱之明察鍼末百步之外而不能見泉中之魚師曠之聰合八風之調而不能聽十里之外故任一人之能不足以理三畝之宅循道理之數因天地之自然則六合不足均也此任道以通其險也立法以理其差文子曰農士商工鄉別州異農與農言藏士與士言行工與工言巧商與商言數是以士無遺行工無苦事農無廢功商無折貨各安其性此立法以理其差之也使賢愚不相弃能鄙不相遺此至理之術故叔孫通欲起禮漢高帝曰得無難乎對曰夫禮者因時世人情而爲之節文者也張釋之言便宜事文帝曰卑之無甚高論令今可施行由是言之夫理者不因時俗之務而貴奇異是餓者百日以待粱肉假人金玉以救溺子之說矣議曰昔楚之心輪宋之墨翟能使木鳶自飛無益於用漢之張衡能使參輪自轉魏之馬鈞能使木人吹簫苟無益於用而爲之則費功損力其害多矣莊子曰朱汗漫學屠龍於支離益殫千金伎成無所用其巧文子曰夫治國在仁義禮樂名法刑賞過此而往雖彌綸天地纏

絡萬品治道之外非羣生所飡挹聖人措而不言也由是觀之事在於適時無貴於遠功有自來矣

善亡第三十四　議曰世有行善而反亡者

易曰積善之家必有餘慶又曰善不積不足以成名何以徵其然耶孟子云仁之勝不仁也猶水之勝火也今爲仁者猶以一杯水救一車薪之火火不息則謂水不勝火此又與於不仁之甚者也又五穀種之美者苟爲不熟不如稊稗夫仁亦在熟之而已矣熟成也尸子曰食所以爲肥也一飯而問人曰奚若則皆笑之夫治天下大事也譬今人皆以一飯而問人奚若者也議曰此善少不足以成名也惡亦如之何以明其然耶書曰商罪貫盈天命誅之今弗順天厥罪惟均由是觀之夫罪未盈假令中有罪惡未滅也今人見惡即未滅以爲惡不足懼是以亡滅者繼踵於世故曰惡不積不足以滅身此聖人之誡由是觀之

故知善也者在積而已今人見徐偃之國謂仁義不足杖也見承桑失統謂文德不足恃也承桑氏之君脩德廢武以滅其國也是猶杯水救火一飯問肥之說惑亦甚矣

詭俗第三十五

夫事有順之而為失義有愛之而為害有惡於己而為美有利於身而損於國者何以言之劉梁曰昔楚靈王驕淫暴虐無度芋尹申亥從王之欲以殯於乾溪殉之以二女此順之而失義者也議曰夫君正臣從謂之順今君失義而臣下從之非所謂順也鄢陵之役晉楚對戰穀陽獻酒子反以斃此愛之而害者也漢文帝幸愼夫人其在禁中常與后同席及幸上林郎署長布席愼夫人席與后同席袁盎引愼夫人坐上大怒袁盎前說曰臣聞尊卑有序上下乃和今陛下既已立后愼夫人乃妾耳妾主豈可同坐哉且陛下幸之即厚賜之陛

下以為慎夫人適所以禍之陛下獨不見人豕乎上乃悅由是言之夫愛之為害有自來矣臧武仲曰孟孫惡我藥石也季孫之愛我美疢也疢毒滋厚藥石猶生我此惡之而為美者也孫卿曰非我而當者吾師也是我而當者吾友也諂諛我者吾賊也商君曰貌言華也至言實也苦言藥也甘言疾也韓子曰為故人行私謂之不弃以公財分施謂之仁人輕祿重身謂之君子枉法曲親謂之有行弃官寵交謂之有俠離俗遁世謂之高慠交爭逆令謂之剛材行惠取衆謂之得人不弃者吏有姦也仁人者公財損也君子者人難使也有行者法制毀也有俠者官職曠也高慠者人不事也剛材者令不行也得人者君上孤也此八者匹夫之私譽而人立之大敗也人主不察社稷之利害而用匹夫之私譽家國無危亂不可得

也

由是觀之夫俗之好惡與事相詭唯明者能察之韓子曰君臣之利異故人臣莫忠故臣利立而主利滅此之謂異利者也

息辯第三十六議曰夫人行皆著於迹以本行而徵其迹則善惡無所隱矣夫辯者焉能逃其詐乎

中論曰水之寒也火之熱也金石之堅剛也彼數物未嘗有言而人莫不知其然者信著乎其體故曰使吾所行之信如彼數物誰其疑之今不信吾之所行而怨人之不信己惑亦甚矣故知行有本事有迹審觀其體則無所竄情何謂行本孔子曰立身有義矣而孝為本喪紀有禮矣而哀為本戰陣有列矣而勇為本太公曰人不盡力非吾人也吏不平潔愛人非吾吏也宰相不能富國強兵調和陰陽安萬乘

長八　二十六

之主簡練羣臣定其名實明其令罰非吾宰相此
行夲者也何謂事迹昔齊威王召即墨大夫而語
之曰自子之居即墨也毀日至然吾使人視即墨田
野闢人民給官無留事東方以寧是子不事吾左右
以求譽也封之萬家召阿大夫而語之曰自夫子之
守阿也譽日聞然吾使人視阿田野不闢人貧苦趙
攻甄子不能救衛取薛陵子不能知是子常以幣
事吾左右以求譽也是日烹阿大夫及左右常譽之
者齊國大理漢元帝時石顯專權京房宴見問上
曰幽厲之君何以危所任者何人也上曰君不明而所
任巧佞房曰知其巧佞而用之也將以爲賢上曰賢

之房曰然則今何以知其不賢也上曰以其時亂而君危知之房曰齊桓公秦二世亦嘗聞此君而非笑之然則任豎刁趙高政治日亂盜賊滿山何不以幽厲卜之而覺悟乎上曰唯有道者能以往知來耳房曰陛下視今爲治也亂也上曰亦極亂耳房曰今所任用者誰歟上曰然幸其愈於彼又以爲不在此人也房曰夫前世二君亦皆然耳臣恐後之視今如今之視前也此事迹者也由是言之夫立身從政皆有本矣理亂能否皆有迹矣若操其本行以事迹縄之譬如水之寒火之熱則善惡無所逃矣

量過第三十七議曰楊惲書云明明求仁義常恐不能化人者士大夫之行也遑遑求財利常恐遺乏者庶人之行也今奈何以士大夫之行而責僕哉此量過者也

孔子曰人之過也各於其黨觀過斯知人矣黨黨類也小人不能爲君子之行非小人之過當恕而勿責之也何以言之太史公云昔管仲相齊九合諸侯一匡天下然孔子小之曰管仲之器小哉

豈不以周道衰桓公既賢而不勉之至王乃稱霸哉議曰夔龍稷契王者佐也狐偃咎犯霸者佐也孔子稱微管仲吾其被髮左衽矣是竒管仲有王佐之材矣夫有王佐之材而爲霸者之政非小器而何由是觀之孔子以管仲爲夔龍稷契之黨而觀過也

虞卿說魏王曰虞卿說楚春申君伐燕以定身封然楚之伐燕路由於魏恐魏不聽虞卿乃爲春申君說魏君假道也夫楚亦強大矣天下無敵乃且攻燕魏王曰向也子云天下無敵今也子云乃且攻燕者何也對曰今謂馬多力則有之矣若曰勝千鈞則不然者何也夫千鈞非馬之任也今謂楚強大則有矣若夫越趙魏而鬭兵於燕則豈楚之任哉由是觀之夫管仲九合諸侯一匡天下而孔子小之楚人不能伐燕虞卿反以爲強大天下無敵非詭議也各從其黨言之耳不可不察

勢運第三十八百六之運推遷改移不爲堯存不爲桀亡君子小人無賢不肖至人無可擗何知其不由智力也

夫天下有君子焉有小人焉有禮讓焉此數事者未必其性也未必其行也皆勢運之耳何以言之文子曰夫人有餘則讓不足則爭讓則禮義生爭則暴亂起物多則欲省求贍則爭止議曰管子云衣食足知榮辱此有餘則讓者也漢書曰韓信爲布衣時貧無行不得推擇爲吏及在漢中蕭何言於高祖曰韓信者國士無雙此不足則爭者也故傅子曰夫授吏叔以事而薄其祿父母饑於前妻子餒於後能守志不移者鮮矣淮南子曰游者不能拯溺手足有所爭急也灼者不能救火身體有所痛也林中不賣薪湖上不鬻魚者有所餘也故世治則小人守正而利不能誘也世亂則君子爲姦而刑不能禁也

愼子曰桀紂之有天下也四海之内皆亂關龍逢王子比干不與焉而謂之皆亂其亂者衆也堯舜之有天下也四海之内皆治而丹朱商均不與焉而謂之皆治其治者衆也故莊子曰當堯舜而天下無窮人非智得也當桀紂而天下無通人非智失也時勢適然新語曰近河之地濕近山之木長者以類相及也四瀆東流則百川無西行者小象大而少從多也是知世之君子未必君子議曰莊衡云循禮恭讓則人不爭好仁樂施則下不暴尚義高節則人興行寛柔惠和則衆相愛此四者明王之所以不嚴而成化也由是言之夫世之君子乃由上之所化矣世之小人未必小人議曰尚書云殷罔弗小人好草竊姦宄卿士師師非度罔獲此言殷之季世卿士君子並爲非法無得其中皆從上化耳故知世之小人未必小人世之禮讓未必禮讓議曰左傳云范宣子好讓其下皆讓欒黶爲汰弗敢違也晉國以平數世賴之刑善也夫周之興也其詩曰儀刑文王萬邦作孚言形善也及其衰也其詩曰大夫不均我從事獨賢言不讓也由此言之夫欒黶之讓勢運之耳故知世之禮讓未必禮讓也夫勢運者不可不察議曰政論云雖有素富貴清者不能百一不可爲天下通變故

知君子小人本無定質蓋隨勢遷者多矣

傲禮第三十九

左傳曰無傲禮曲禮曰無不敬然古人以傲爲禮其故何也欲彰於人德者耳何以言之昔侯嬴爲大梁夷門監魏公子聞之乃置酒大會賓客坐定公子從車騎虛左自迎夷門侯生侯生引公子過市及至家以爲上客侯生謂公子曰今日嬴之爲公子亦足矣嬴乃夷門抱關者也而公子親枉車騎稠人廣衆之中不宜有所過今公子故過之然嬴欲就公子之名故久立公子車騎市中以觀公子公子愈恭市人皆以嬴爲小人而以公子爲長者能下士也初公子迎侯生侯生曰臣有客在市

屠中顧枉車騎過之侯生下見其客朱亥與之語微察公子公子色愈
和市人皆觀從騎竊罵侯生侯生視公子色終不變乃謝客就車也

張釋之居廷中三公九卿盡會立王生老人曰吾韈解顧謂張廷尉爲我結韈人或謂王生曰獨奈何廷辱張廷尉王生曰吾老且賤自度終無益於張廷尉張廷尉方今天下名臣吾故聊使跪結韈欲以重之諸公聞之賢王生而重張廷尉

汲黯常與大將軍抗禮或讒黯曰自
天子常欲羣臣下大將軍君不可以不拜黯曰夫以
大將軍有揖客反不重耶大將軍聞之愈賢黯也

由是觀之以傲爲禮可以重人矣

議曰老子云國家昏亂有忠臣六親不和有
孝慈此言忠臣孝子因不和昏亂乃見其節
向使侯生不傲則市人不知公子能下士也使王生不倨則
三公不知廷尉能折節也故曰不善人者善人之資信矣夫

定名第四十

夫理得於心非言不暢物定於彼非名不辯言不暢

志則無以相接名不辯物則識鑒不顯原其所以本其所由非物有自然之名理有必定之稱也欲辯其實則殊其名欲宣其志則立其稱故稱之曰道德仁義禮智信夫道者人之所蹈也居知所爲行知所之事知所乘動知所止謂之道又曰道者謂人之所蹈使萬物不失其所由也德者人之所得也使人各得其所欲謂之德仁者愛也致利除害兼愛無私謂之仁又曰仁者人之所親有慈悲惻隱之心遂其生成義者宜也明是非立可否謂之義又曰義者人之所宜賞善罰惡以建功立事也禮者履也進退有度尊卑有分謂之禮又曰禮者人之所履夙興夜寐以成人君之序也又曰立善防惡謂之禮也智者人之所知也以定乎得失是非之情謂之智信者人之所承也發號施令以一人心謂

之信見本而知末執一而應萬謂之術又曰擅殺生之柄通壅塞之塗權輕重之數論得失之道使遠近情僞必見於上謂之術說苑曰從命利君謂之順又曰君正臣從謂之順也從命病君謂之諛又曰應言而不言謂之隱應諫而不諫謂之諛又曰君僻臣從謂之逆也逆命利君謂之忠又曰分人以財謂之惠教人以善謂之忠孫卿曰以德覆君而化之大忠也以德調君而補之次忠也以是諫非而怒之下忠也逆命病君謂之亂又曰賞無功謂之亂君有過失將危國家有能盡言於君用則留不用則去謂之諫用則可不用則死謂之諍能率群下以諫於君解國之大患除國之大害謂之輔抗君之命反君之事安國之危除主之辱謂之弼故諫諍輔弼者可謂社稷之臣明君之所貴也莊子曰莫之顧而進謂之佞希意道言謂之諂不擇是非而言謂之諛好言人惡謂之讒稱譽詐僞以敗惡人謂

之匿不擇善否兩容顔適偷拔其所欲謂之險古語曰以可濟否謂之和好惡不殊謂之同以賢代賢謂之奪以不肖代賢謂之伐緩令急誅謂之暴取善自與謂之盜罪不知僣謂之虐敬不中禮謂之野禁而不上謂之逆又曰恭不中禮謂之逆又曰令而不行謂之障禁非立是謂之法知善不行謂之狂知惡不改謂之惑太公曰收天下珠玉美女金銀綵帛謂之殘收暴虐之吏殺無罪之人非以法度謂之賊莊子曰折交離親之賊孫卿曰不恤君之榮辱不恤國之臧否偷合苟容以待祿養交國之賊也賢人不至謂之蔽忠臣不至謂之塞色取人而實違之謂之虛不以誠待其臣而望其臣以誠事己謂之愚分於道謂之性分謂始得爲人形於一謂之命受陰陽剛柔之性故曰形於一也凡

長八　三十一

人函五常之性而剛柔緩急音聲不同繫水土之氣謂之風好惡取舍動靜無常隨君上之情欲謂之俗或曰樂與音同乎對曰昔魏文侯問子夏曰吾端冕而聽古樂唯恐卧聽鄭衛之音則不知倦敢問古樂之如彼新樂之如此何也子夏曰今君之所問者樂也所好者音也夫樂者與音相近而不同文侯曰敢問何如子夏曰夫古樂者天地順而四時當民者德而五穀昌疾疫不作而無妖祥此之謂大當然後聖人爲父子君臣以爲之紀綱紀綱既正天下大定天下大定然後正六律和五聲絃歌詩頌此之謂德音德音之謂樂詩云莫其德音其德克明克明克類克

長克君王此大邦克順克比比于文王其德靡悔既受帝祉施于孫子此之謂也今君之所好者溺音乎鄭音好濫淫志也宋音燕安溺志也衛音趨數煩志也齊音傲僻驕志也四者皆淫於色而害於德是以祭祀弗用此音樂之異也董生曰古者未作樂之時乃用先王之樂宜於時者而以深入教化於人然後功成作樂樂其德也故國風淫俗在於管絃樂書曰知聲而不知音者禽獸是也知音而不知樂者衆庶是也唯君子爲能知樂是故審聲以知音審音以知樂審樂以知正而理道備矣此又音聲之異也或曰音與樂既聞命矣敢問儀與禮同乎對曰昔趙簡子問揖讓周旋之禮於子太叔太叔曰是儀也非禮也吉也聞諸先大夫子產曰夫禮天之經也經者道之常也地之義也義者利之宜也民之行也行者人所履也天地之經民實則天之明月星辰天之明也因地

之性〔高下剛柔地之性也〕生其六氣〔謂陰陽風雨晦明也〕用其五行〔金木水火土也〕氣爲五味〔酸鹹辛甘苦也〕發爲五色〔青黃赤白黑發見於是非分別也〕章爲五聲〔宮商角徵羽也〕淫則昏亂民失其性〔滋味聲色過則傷性〕是故爲禮以奉之〔制禮以奉其性也〕人有好惡喜怒哀樂生于六氣〔此六者皆禀陰陽風雨晦明之氣也〕是故審則宜類以制六志〔爲禮以制好惡喜怒哀樂六志使不過節也〕哀有哭泣樂有歌舞喜有施舍怒有戰鬬哀樂不失乃能協于天地之性是以長久〔協和也〕故人能曲直以從禮者謂之成人或曰然則何謂爲儀對曰養國子教之六儀祭祀之容穆穆皇皇賓客之容儼恪矜莊朝廷之容濟濟蹌蹌喪紀之容纍纍顛顛〔纍音力追反顛音田憂思之皃〕軍旅之容暨暨詻詻〔詻音額教令之皃也〕車馬之容騑騑翼翼

翼此禮儀之異也夫定名之弊在於鉤鈲析辭（鈲音普覓反）苟無其弊則定名之妙也論曰班固九流其九曰雜家兼儒墨合名法傅子九品其九曰雜才以長諷議由是觀之雜說之益有自來矣故著此篇蓋立理敘事以示將來君子矣

長短經卷第八

杭州淨戒院新印

長短經卷第九　兵權

孫子曰詩云允文允武書稱乃武乃文孔子曰君子有文事必有武備傳曰天生五才民並用之廢一不可誰能去兵黃帝與蚩尤戰顓頊與共工爭堯伐驩兜舜伐有苗啓伐有扈湯伐有夏文王伐崇武王伐紂漢高

有京索之戰光武興昆陽之師魏動官渡之軍晉舉平吳之役故呂氏春秋曰聖王有仁義之兵而無偃兵淮南子曰以廢不義而授有德者也是知取威定霸何莫由斯自古兵書殆將千計若不知合變雖多亦奚以爲故曰少則得多則惑所以舉體要而作

兵權序

出軍第一

夫兵者凶器也戰者危事也兵戰之塲立尸之所帝王不得已而用之矣凡天有白雲如匹布經丑未者天下多兵赤者尤甚或有雲如匹布竟天或有雲如胡人行列陣皆天下多兵或王子日四望無雲獨見赤雲如推廩天下兵起若遍四方者天下盡兵或四望無雲獨見黑雲極天亦天下兵起三日內有雨災解或有赤雲赫然者所見之地兵大起凡有白雲如仙人衣千万連結部隊相逐罷而復興當有千里兵或有如人持刀楯此暴兵氣也或有白氣

（廣六丈東西竟天者亦兵起也青者有大喪也）故曰救亂誅暴謂之義兵兵義者王敵加於己不得已而用之謂之應兵應兵者勝爭恨小故不勝憤怒者謂之忿兵忿兵者敗利人土地寶貨者謂之貪兵貪兵者破恃國之大矜人之衆欲見威於敵謂之驕兵驕兵者滅（夫禁暴救乱曰義兵可以礼服恃衆以伐曰強兵可以謙服因怒興師曰剛兵可以辞服弃礼貪利曰暴兵可以詐服國危人疲舉事動衆曰逆兵可以權服）是知聖人之用兵也非好樂之將以誅暴討亂夫以義而誅不義若決江河而溉熒火臨不測之淵而欲墮之其克之必也所以必優遊恬泊者何重傷人物故曰遠人不服則修文德以來之不以德來然後命將出師矣夫將者國之輔也人之司命也故曰將不知兵以其主與敵也君不擇

將以其國與敵也將既知兵主既擇將天子居正殿而召之曰社稷安危一在將軍今某國不臣願煩將軍應之乃使太史卜齋擇日授以斧鉞君入太廟西面而立將軍北面而立君親操鉞持其首授其柄曰從是以上至天者將軍制之乃復操柄授與刃曰從是以下至淵者將軍制之將既受命拜而報曰臣聞國不可從外理軍不可從中御二心不可以事君疑志不可以應敵臣既受命專斧鉞之威臣不敢還請乃辭而行鑿凶門而出故司馬法曰進退唯時無曰寡人孫子曰將在軍君命有所不受古語曰閫以內寡人制之閫以外將軍制之漢書曰唯聞將軍之命不聞天子之詔

故知合軍聚衆不任於閫外受推轂之寄當秉旄之
重無天於上無地於下無敵於前無君於後乃可成
大業矣故曰將能而君不御者勝此之謂也

練士第二

夫王者帥師必簡練英雄知士高下因能授職各取
所長爲其股肱羽翼以成威神然後萬事畢矣腹
心一人（主淵泉應卒揆天消變總攬計謀保國全命者也）謀士五人（主國安危豫慮未然論才能明賞罰授官
位決嫌疑定可否者也）天文三人（主占星曆候風氣理時日考符驗効灾異知天心去就者也）地形三人（主軍行止形勢
利害遠近險易水涸山阻不失地理者也）兵法九人（主講論異同行事成敗簡練兵器凡軍陣所用剌舉非法者也）通糧四
人（主廣飲食蓄積通糧道致五穀令三軍不困乏食者也）奮威四人（主擇材士論兵馬風流電擊不失所由奇狀也）鼓
旗三人（主伏鼓旗符節号令倏忽往來出入若神）股肱四人（主出莅材任重持難修溝塹紿壁壘四轉守禦者也）通材三人

主拾遺補過集會術數周流並會應偶賓客議論談語消息結解權士三人主奇譎殊異非人所識行無窮之變也耳目七人主往來聽言語覽視四方之事軍中之情偽日列於前也爪牙五人主揚威武激厲三軍冒難銳攻令三軍勇猛也羽翼四人主飛名譽震遠近動移四境以弱敵心者游士八人主相徵祥候開闔視敵人為謀者也偉士二人主為譎詐依託鬼神以惑敵心法筭二人主計會三軍領理万物也方士二人主為藥以全傷病也軍中有大勇敢死樂傷者聚爲一卒名曰冒將之士有勃氣壯勇暴強者聚爲一卒名曰陷陣之士有學於奇正長劒瑚弧接武齊列者聚爲一卒名曰銳騎之士有破格舒鉤強梁多力能潰破金鼓絕滅旌旗者聚爲一卒名曰勇力之士有能踰高超遠輕足善走者聚爲一卒名曰冦兵之士有故王臣失勢欲復見其功者聚爲一卒名曰死闘之士有死罪之人昆弟爲其將報讎者聚爲一卒名曰死責之士有貧窮忿怒將快其志者聚爲一卒名曰必死之士有故贅

聓人虜欲昭迹揚名者聚爲一卒名曰厲頓之士有辯言巧辭善毀譽者聚爲一卒名曰間諜飛言弱敵之士有故胥靡免罪之人欲逃其恥者聚爲一卒名曰幸用之士有材伎過人能負重行數百里者聚爲一卒名曰待令之士夫卒強將弱曰弛吏強卒弱曰陷兵無選鋒曰北必然之數矣故曰兵衆孰強士卒孰練知之者勝不知之者不勝不可忽也

結營第三

太公曰出軍征戰安營置陣以六爲法六者謂六百步亦可六十步量人地之宜置表十二辰也將軍自居九天之上青龍亦爲九天若行止頓宿居玉帳下凡月建前三辰爲玉帳假令正月巳地是也竟一旬復徙開牙門常背建向破不向太歲太陰不欲死水不居死地不居地柱不居地獄無休天竈無當

龍首死水者不流水也死地者丘墓之間地柱者下中之高地獄者高中之下天竈者谷口也龍首者山端也故曰凡結營安陣將軍居青龍軍鼓居逢星士卒居明堂伏兵於太陰軍門居天門小將居地戶斬斷居天獄治罪居天庭軍粮居天牢軍器居天藏此謂法天結營物莫能害者也假令甲子旬中子為青龍丑為逢星寅為明堂卯為太陰辰為天門巳為地戶午為天獄未為天庭申為天牢酉為天藏甲戌旬中戌為青龍亥為逢星子為明堂丑為太陰寅為天門卯為地戶辰為天獄巳為天庭午為天牢未為天藏甲申旬中申為青龍酉為逢星戌為明堂亥為太陰子為天門丑為地戶寅為天獄卯為天庭辰為天牢巳為天藏甲午旬中午為青龍未為逢星申為明堂酉為太陰戌為天門亥為地戶子為天獄丑為天庭寅為天牢卯為天藏甲辰旬中辰為青龍巳為逢星午為明堂未為太陰申為天門酉為地戶戌為天獄亥為天庭子為天牢丑為天藏甲寅旬中寅為青龍卯為逢星辰為明堂巳為太陰午為天門未為地戶申為天獄酉為天庭戌為天牢亥為天藏

道德第四

夫兵不可出者三不和於國不可以出軍不和於軍不可以出陣不和於陣不可以出戰故孫子曰一曰道道者令人與上同意者也故可與之死可與之生而人不畏危危疑也言主上素有仁施於下則士能致前赴敵故与處存亡之難不畏傾危之敗若晉陽之圍沉竈生蛙而民無叛疑也黃石公曰軍井未達將不言渴軍幕未辨將不言倦冬不服裘夏不操扇是謂禮將與之安與之危故其衆可合而不可離可用而不可疲接之以禮勵之以辭厲士以見危授命之辭也則士死之是以含蓼問疾越王霸於諸侯吮疽恤士吳起凌於敵國陽門慟哭勝三晉之兵單醪投河感一軍之士勇者爲之鬬智者爲之憂視死若歸計不旋踵者以其恩養素畜策謀和同也

故曰畜恩不倦以一取萬語曰積恩不已天下可使此道德之略也

禁令第五

孫子曰卒未專親而罰之則不服不服則難用卒已專親而罰不行則不可用矣故曰視卒如嬰兒故可與之赴深溪視卒如愛子故可與之俱死厚而不能使愛而不能令亂而不能理譬若驕子不可用也經曰兵以賞為表以罰為裏又曰令之以文（文惠也）齊之以武（武法也）是謂必取故武侯之軍禁有七（孫子曰無法之懸無政之令司馬法曰見敵作誓瞻功作賞此蓋圍急之時不可拘以常制其敵國理戎周旋中野機要綱目不得不預令矣）一曰輕二曰慢三曰盜四曰欺五曰背六曰亂七曰誤此治軍之禁也若期會不到

聞鼓不行乘寬自留迴避務止初近而後遠喚名而不應軍甲不具兵器不備此謂輕軍有此者斬之受令不傳傳之不審以惑吏士金鼓不聞旌旗不覩此謂慢軍有此者斬之食不廩糧軍不部兵賦賜不均阿私所親取非其物借貸不還奪人頭首以獲功名此謂盜軍有此者斬之若變易姓名衣服不鮮金鼓不具兵刃不磨器仗不堅矢不著羽弓弩無弦主者吏士法令不從此謂欺軍有此者斬之聞鼓不行叩金不止按旗不伏舉旗不起指麾不隨避前在後縱發亂行折兵弩之勢卻退不鬬或左或右扶傷舉死因託歸還此謂背軍有此者斬之出軍行將士卒爭先紛紛擾擾軍騎相連咽塞道路後

不得前呼喚喧譁無所聽聞失行亂次兵刃中傷長將不理上下縱橫此謂亂軍（有此者斬之）屯營所止問其鄉里親近相隨共食相保呼召不得越入他位干候次第不可呵止度營出入不由門戶不自啓白姦邪所起知者不告罪同一等合人飲食阿私所受大言驚語疑惑吏士此謂誤軍（有此者斬之）斬斷之後萬事乃理所以鄉人盜笠呂蒙先涕而後斬馬逸犯麥曹公割髮而自刑故太公曰刑上極賞下通孫子曰法令孰行賞罰孰明吾以此知勝此之謂也

教戰第六

孔子曰不教人戰是謂棄之故知卒不服習起居不精

前驟後解與金鼓之揖相失百不當一此棄之者也故領三軍教之戰者必有金鼓約令所以整齊士卒也教令操兵起居旌旗指麾之變故教使一人學戰教成合之十人十人學戰教成合之百人漸至三軍之衆大戰之法爲其校陣各有其道左校青龍右校白虎前校朱雀後校玄武中校軒轅大將之所處左鋒右戟前楯後弩中央鼓旗興動俱起聞鼓則進聞金則止隨其指麾五陣乃理（夫五陣之法鼓旗為主一鼓舉青旗則為曲陣二鼓舉赤旗則為銳陣三鼓舉黃旗則為負陣四鼓舉白旗則為方陣五鼓舉黑旗則為直陣曲陣者木也銳陣者火也負陣者土也方陣者金也直陣者水也此五行之陣展轉相生以為勝負凡結五陣之法五五相保五人為一長五長為一師五師為一帥五帥為一校五校為一火五火為一撞五撞為一軍則事備矣夫兵之便務知節度短者持旌旗勇者持金鼓弱者給糧牧智者為謀主鄉里相比五五相保一鼓正立二鼓起食三鼓嚴辦四鼓就行間聞）

聽令然後舉旗出兵隨幡所至故曰治衆如治寡分數是也部曲爲分什伍爲數鬬衆如鬬少形名是也旌旗曰形金鼓曰名言不相聞故爲鼓鐸視不相見故爲旌旗夫金鼓旌旗所以一人耳目也夜戰多火鼓晝戰多旌旗所以變人耳目是知鼓鞞金鐸所以威耳旌旗麾章所以威目禁令刑罰所以威心耳威於聲不可不清目威於色不可不明心威於罰不可不嚴三者不立雖勝必敗故曰將之所麾莫不從移將之所指莫不前死紛紛紜紜鬬亂而不可亂渾渾沌沌形圓而不可敗此用衆之法也卒服習矣器用利矣將軍乃秉旌麾衆而誓之有虞氏誡於國夏后氏誓於軍殷誓於軍門之外周將交刃而誓之所誓不同吾從周誓之曰嗚呼溥天之下莫非王土率土之賓莫非王臣今某國威侮五行怠弃三正俾我有衆龔行天討用命者賞不踰時退撓者誅不遷列死生富貴在此一舉嗟爾庶士各勉乃心也於

是氣勵青雲雖赴蹈湯火可也此教戰之法也

天時第七

孫子曰二曰天時天時者陰陽寒暑時節制也司馬法曰冬夏不興師所以兼愛吾人太公曰天文三人主占風氣知天心去就故經曰能知三生臨刃勿驚從孤擊虛一女當五丈夫故行軍必背太陰向太陽察五緯之光芒觀二曜之薄蝕必當以太白爲主辰星爲候合宿有必鬬之期格出明不戰之勢避以日耗背以月刑以王擊困以生擊死是知用天之道順天行誅非一日也若細雨沐軍臨機必有捷迴風相觸道還而無功雲類群羊必走之道氣如驚鹿必敗之

勢黑雲出壘赤氣臨軍六窮起風三刑生霧此皆見師之出而不見其入也若煙非煙此慶雲也若星非星此歸邪也若霧非霧是泣軍也若雷非雷此天鼓也慶雲開有德歸邪有降人泣軍多殺將天鼓多敗軍是知風雲之占歲月之候其來久矣故古者初立將始出門首建牙之時必觀風氣之氣諸謀立武事征伐四方興兵動衆忌大風雷雨陰不見日辰午酉亥自刑之日夫牙旗者將軍之精凡豎牙旗必以制日制日者謂上剋下也初立牙門禡之日兩儀有正四海有王寶命在天世德弥光蒙介凶狡敢謀乱常天子命我秉鉞專征爰整其旅討茲不庭夫天道助順神祇害使凶醜時殲方隅聿清兵不血刃凱歸上京神器増輝永觀厥成實正直之賴凡乃神之靈急急如律令凡氣初出如甑上氣勃勃上昇氣積為雺霧霧為陰陰氣結為虹蜺暈珥之屬凡氣不積不結散漫一方不能為灾必和雜殺氣森森然疾起乃可論占常以平旦下晡日出沒時候之期內有風雨灾不成也若風不旁勃旌旗暈暈順風而揚舉

或向敵終日軍行有功勝候也九軍上氣如山堤上林木不可与戰在吾軍大勝或如火光亦大勝或敵上白氣粉拂如樓緣以赤氣者兵勤不可擊在吾軍必大勝或敵上氣黃白厚潤而重者勿与戰或有雲廣如三匹皂前後大軍行好遥望軍上雲如鬬雞赤白相隨在氣中得天助不可擊兩軍相當上有氣如蚰蝉頭向敵者戰必勝凡軍營上有五色氣上与天連此應天之軍不可擊有赤黃氣干天亦不可攻或有雲如日月而赤氣繞之如日暈狀有光者所見之地大勝不可攻敵上氣如暈狀其軍不可攻此皆勝氣也

若逆風來應氣旁勃牙杠折陰不見日旌旛激揚敗候也若雲氣從敵所來終日不止軍不可出出則不利若風氣俱來此為敗候在急擊也凡敵上氣色如馬肝如死灰或類僵蓋皆敗徵也或黑氣如壞山墮軍上者軍必敗或軍上氣昏發連夜照人則軍事散乱或軍上氣半而一絕一敗再絕再敗在東發白氣者災深或軍上氣五色雜乱東西南北不定者其軍欲敗或軍上有赤氣炎炎降天將死衆乱或軍上有黑氣如牛馬形從氣霧中下漸入軍名曰天狗下食血敗軍也或有雲氣蓋道蒙蔽晝冥者釋旅不暇熟急去此皆敗候也

若下輕其將妖怪並作衆口相惑當脩德審令繕礪鋒甲勤誠誓士以避天怒然後復擇吉日祭牙旗具太牢之饌震鼓鐸之

音誠心啓請以備天問觀其祥應以占吉凶若人馬喜躍旌旗皆前指高陵金鐸之聲揚以清鞞鼓之音宛以鳴此得神明之助恃以安於衆心乃可用矣雖云任賢使能則不占而事利令明法審則不筮而計成封功賞勞則不禱而福從共苦同甘則犯逆而功就然而臨機制用有五助焉一曰助謀二曰助勢三曰助怯四曰助疑五曰助地此五者助勝之術故曰知地知天勝乃可全不可不審察也

地形第八

孫子曰三曰地利地利者遠近險易廣狹死生也故不知山林險阻沮澤之形者不能行軍不用鄉導不

能得地利故用兵有散地有輕地有爭地有交地有衢地有重地有圮地有圍地有死地九地之名諸侯自戰其地爲散地戰其境内之地士卒意不專有自潰之心也故經曰散地吾將一其志也入人之地而不深者爲輕地入人之地未深士卒意尚未專而輕走也故經曰輕地吾將使之屬也我得則利彼得亦利者爲爭地可以少勝衆弱勝強謂山水阨口有險固之利兩敵所爭故經曰爭地吾將趨其後也我可以往彼可以來爲交地道上相交錯平地有數道往來交通無可絶也故經曰交地吾將固其結諸侯之地三屬我與敵相對而旁有他國也先至而得天下之衆者爲衢地先至其地可交結諸侯之衆為助也故經曰衢地吾將謹其守也入人難反之地深倍城邑多者爲重地遠去己城郭深入敵地專心意故謂之重地故經曰重地吾將繼其食也行山林險阻沮澤九難行之道者爲圮地圮壊坳之地故經曰圮地吾將進其途也所由入者隘所從歸者迂彼寡可以擊吾

衆者為圍地所欲從入阨險欲歸道遠也持久則粮乏故敵可以少擊吾衆者為圍地故經曰圍地吾將塞其闕也疾戰則存不疾則亡者為死地前有高山後有大水進則不得退復有礙又粮乏絶故為死地在死地者當及士卒尚飽強志殊死故可以俱死故經曰死地吾將示之以不活也是故散地無戰士卒顧家不可以戰輕地則無止入敵地淺士意尚未堅不可以遇敵自當堅其心也爭地則無攻三道攻當先主利地也先得其地者不可攻也交地則無絶相及屬也交地者俱可進退不以兵絶之衢地則合交佐諸侯也當結交於諸侯重地則掠蓄粮食也入深士卒堅固則可掠取財物圮地則行不可止也圍地則謀擊其謀也則當權謀奇譎可以免難死地則戰殊死戰也未戰先勵之曰無慮悪聽用軍不明乃隨圍阨之地益士大夫之憂也皆將之罪也今日之事在此一舉若不用力身當膏野草為虫獸食妻子無所求索剋則身榮賞祿在焉可不免哉又有六地有通有挂有支有隘有險有遠六地名也我可以往彼可以來曰通謂俱在平陵往來通利也居通地先處其高陽利粮道以戰則利寧致於人無至於人已先處高地分為屯守於歸來之路使敵絶已

糧道也可以往難以反曰挂挂相挂牽也挂形曰敵無備出而勝之敵有備出而不勝難以反不利敵無備而出攻之勝可也有備不得勝之則難還反也我出而不利彼出而不利曰支支久也俱不便久相持也支形曰敵雖利我我無出引而去也令敵半出而擊之利利我也佯背我去無出逐待其引而擊之可敗也隘形曰我先居之必盈之而待敵盈滿也以兵陣滿阨形名使敵不得進退若敵先居之盈而勿從也不盈而從之隘形者兩山之間通谷也敵怒勢不饒我也居之必前齊阨口陣而守之以奇也敵即先居此地齊口陣勿從也即半隘陣者從而与敵共此利也險形曰我先居之必居高陽以待敵居高陽之地以待敵人敵人從其下陰來擊之勝也若敵先居則引而去之勿從也地險先不可至於人也夫遠形鈞勢難以挑戰而不利挑近敵也遠形去國遠也地鈞等無獨便利先挑之戰不利凡此六者地之道也皆將之至任不可不察故曰深草

翳薉者所以遁逃也深谷阻險者所以止禦車騎也隘塞山林者所以少擊衆也（衆少可以夜擊敵也）沛澤杳冥者所以匿其形也丈五之溝漸車之水（漸浸也音子廉反）山林石徑涇川丘阜（涇川常流之川）草木所在此步兵之地車騎二不當一丘陵漫衍相屬（漫衍猶聯延也屬續也音之欲反）平原廣野此車騎之地步兵十不當一平原相遠（遠離也）仰高臨下此弓弩之地短兵十不當一兩陣相近平地淺草可前可後此長戟之地劒楯三不當一萑葦竹蕭（蕭蒿也）草木蒙蘢枝葉茂接此矛鋋之地長戟二不當一曲道相伏險阨相薄此劒楯之地弓弩三不當一故曰地形者兵之助又曰用兵之道地利爲寶趙奢趨山秦師所以覆敗韓

信背水漢兵由其克勝此用地利之略也

水火第九

經曰以水佐攻者強以火佐攻者明是知水火者兵之助也故火攻有五一曰火人爇傍近草因風燒之二曰火積燒其積蓄三曰火輜燒其輜重四曰火庫當使間人之敵營燒其兵庫五曰火燧燧墜也以火墜敵人營中也火頭之法以鐵盛火著箭頭強弩射敵之營中燒絕糧道也行火必有因因姦人也煙火素具發火有時起火有日時者天之燥也日者宿在箕壁參軫也凡此四宿者風起之日蕭世誠云春丙丁夏戊己秋壬癸冬甲乙此日有暴風猛雨也居勘太一中有飛鳥十精如風雨期五子元運式各候其時可用火故曰以火佐攻者明何以言之昔揚琁与桂楊賊相會與以皮作大排囊以石灰內囊中置車上作火燧繫馬尾因從上風鼓排囊吹灰群賊眛目因燒馬尾奔突賊陣衆賊奔潰此用火之勢也郎浩北伐長史江逌取數百雞以長繩連之脚皆繫火一時驅放群雞飛散羌營營皆燃因擊之姚襄退走此用火之勢李陵在大澤草中虜從上風縱火陵從下風縱火以此

長九 十二

火解火勢也吾聞敵燒門恐火滅門開當更積薪助火使火勢不滅亦解火之法也太公曰強弩長兵所以踰水戰孫子曰水可以絕謂灌城也又曰絕水必遠水引敵使渡也客絕水而來迎之於水內令敵半渡而擊之利欲戰無附於水而迎客也謂處水上之軍故曰以水佐攻者強何以言之昔韓信定臨淄走齊王田廣楚使龍且來救齊齊王廣龍且并軍與信合戰人或說龍且曰漢兵遠鬬窮戰其鋒不可當齊楚自居其地戰兵易敗散不如深壁令齊王使其信臣招所亡城城聞其王在楚來救必反漢漢兵二千里客居齊城皆反之其勢無所得食可無戰而降也龍且曰吾平生知韓信為人易与耳且夫不戰而降之吾何攻遂戰敗吾聞古之所謂善戰者勝易勝者故善者之勝也無知名無勇攻故其戰勝不武不武者其所錯勝勝已敗者也龍且不用客之計欲求赫赫之功昧矣夾濰音唯水陣韓信乃夜令人為萬餘囊盛沙壅水上流引軍半渡擊龍且佯不勝還走龍且果喜曰

固知信怯也遂追信渡水信使决壅囊水大至龍且軍太半不得渡即急擊之殺龍且龍且水東軍散走此反半渡之勢吾聞兵法絶水必遠水令敵半渡而擊之利韓信半渡軍佯入害地令龍且擊之然後决壅水此所謂雜於利而務可伸雜於害而患可解也皆反兵而用兵法微哉微哉盧綰佐彭越攻下梁地十餘城項羽聞之謂其大司馬曹咎曰謹守城皋即漢挑戰慎勿與戰漢果挑楚軍楚軍不出使人辱之孫子曰廉潔可辱也大司馬怒渡汜水音凡卒半渡漢擊大破之此欲戰無附於水勢也故知水火之變可以制勝其來久矣秦人毒涇上流晉軍多死荆王燒楚積聚項氏以擒曹公决泗於下邳呂布就戮黄蓋火攻於赤壁魏祖奔衄此將之至任蓋軍中尤急者矣不可不察

十三

五間第十

周禮曰巡國傳諜者反間也呂望云間構飛言聚爲一卒是知用間之道非一日也凡有白氣群行徘徊結陣來者爲他國人來欲圖人不可應視其所往隨而擊之可得也或有黑氣臨我軍上如車輪行敵人深入謀乱我國臣或有黑氣遊行中含五色臨我軍上敵必謀合諸侯而罰我國者侯反謀軍軍自敗或有黑氣如幢出於營中上黑下黃敵欲來求戰無誠實言信相反九日內必覺備之吉或日月陰沉無光不雨或十日晝夜不見日月名曰蒙臣謀主故曰久陰不雨臣謀主也故間有五間有因間有内間有反間有生間有死間五間俱起莫知其道因間者因其鄉人而用之者也言敵鄉邑之人知敵表裏虛實可使伺候聽察通辭致言故曰因之用賞祿為先也內間者因其官人而用之者也因其在官失職者若刑誅之子孫与受罰之家也因其有隙就而用之反間者因敵間而用之者也曹公曰敵使間來視我我知之因厚賂重許反使為我間故曰反間蕭世誠曰言敵使人來候我我佯不知而示以虛事前却期會使歸相語故曰反間也生間者反報者也擇己有賢才智謀能自開通於敵之

親貴察其動靜知其事計所為己知其實還報故曰生間也死間者為誑事於外令吾間知之而待於敵間者也作誑詐之事於外佯漏泄之使吾間知之吾間至敵中為敵所得必以誑事輸敵敵從而備之吾所行不然也間則死矣又一云敵間來在營間我誑事而持歸然皆非吾所圖也二間皆不能知幽隱故曰死間蕭世誠云所獲敵人及已軍士有重罪繫者故為免相勒勿泄佯不秘密令拘者竊聞之因緩之使亡亡必歸敵以所聞告之敵必信焉往必不間故曰死間者也

昔漢西域都護班超初為將兵長史悉發諸國步騎二萬五千擊莎車莎車求救龜茲龜茲王遣左將軍發溫宿姑墨尉頭合五萬人助之超召部曲及于闐王議曰兵少不敵計莫如各解散去于闐從此東長史亦從此西歸夜半聞鼓聲便發衆皆以為然乃陰緩擒得生口生口歸以超言告龜茲龜茲聞之喜使左將軍將萬騎於西界遮超

温宿王將八千騎於東界遮于闐王人定後超密令諸司馬勒兵勵士至雞鳴馳赴莎車營掩覆元胡皆驚走斬首五千級莎車遂降又耿弇討張步步聞之乃使其大將費邑軍歷下又分兵屯祝阿別於太山鍾城列營數十以待弇昔劉備東下与孫權交戰魏文帝聞備樹柵連營七百餘里謂群臣曰備不曉兵權豈有七百里營可以拒敵者乎包原隰險阻而為軍者為敵所擒此兵忌也後七日權破備書到今張步列營數十緩急不能相救又一軍潰則衆心聳固此縣布所以走荊王也步非計也救其宜也弇渡河先擊祝阿拔之故開圍一角令其衆得奔鍾城鍾城人聞祝阿已潰大懼遂空壁亡去孫子曰三軍可奪氣將軍可奪心耿弇開祝阿之圍令其衆奔鍾城以震怖之亦奪氣奪心討也妙矣夫費邑分遣其弟敢守巨里弇進兵先脅巨里多伐樹木揚言以塡塞坑壍數日有降者言邑

聞侖欲攻巨里謀來救之侖弃乃嚴令軍中趣治攻具後三日當悉攻巨里陰緩生口令得亡歸歸者以侖期告邑邑至日果自將來救之侖弃喜謂諸將曰吾所修攻具者欲誘致邑耳今來適吾所求也即分三千人守巨里自引精兵止嶺坂乘高合戰大破之臨陣斬邑或問孫子曰敵衆而整將來待之若何曰先奪其所愛則聽矣又曰善戰者致人而不致於人侖弃揚言攻巨里也亦奪其所愛令自致之計也此用因間之勢也晉時益州牧羅尚遣隗伯攻李雄於郫城迭有勝負雄乃募武都人朴泰鞭之見血使譎羅尚欲爲內應以火爲期尚信之悉出精兵遣隗伯等率領從泰李雄先使李驤於道設伏泰以長梯倚城而舉火伯軍見火起皆爭緣梯泰又以繩

十五

級上尚軍百餘人皆斬之雄因放兵内外擊之大破尚軍此用内間之勢也鄭武公欲伐胡先以其子妻胡因問群臣曰吾欲用兵誰可伐者大夫關期思曰胡可伐武公怒而戮之曰胡兄弟之國子言伐之何也胡君聞之以鄭爲親己而不備鄭鄭襲胡取之漢使酈生説齊王田横横罷兵与酈生縱酒漢將韓信因齊無備襲齊破之田横烹酈生酈生偶成韓信死間唐李靖伐匈奴以唐儉先和親而已以兵乘其不備破之此靖以唐儉爲死間者也此用死間之勢也陳平以金縱反間於楚軍間范曾楚王疑之此用反間者也事具覇紀故知三軍之親莫親於間賞莫厚於間事莫密於間非聖智莫能用間非密微莫能得間之實此三軍之要唯賢將之所留意也

將體第十一

萬機論曰雖有百萬之師臨時吞敵在將也吳子曰凡人之論將恒觀之於勇勇之於將乃萬分之一耳故六韜曰將不仁則三軍不親將不勇則三軍不爲動孫子曰將者勇智仁信必也勇則不可犯智則不可亂仁則愛人信則不欺人必則無二心此所謂五才者也三軍之衆百萬之師張設輕重在於一人謂之氣機道峽路險名山大塞十人所守千人不過是謂地機善行閒諜分散其衆使君臣相怨是謂事機車堅舟利士馬閑習是謂力機此所謂四機者也夫將可樂而不可憂謀可深而不可疑將憂則內疑將有憂色即內外相疑故曰不相信也

長九　十六

謀疑則敵國奮（多疑則計乱乱則令敵國奮威）以此征伐則可致亂故將能清能靜（廉財曰清不擾曰靜老子曰重為輕根靜為躁君也）能平能整能受諫能聽訟能納人（受賢於群英之中若越納范蠡齊納寗戚之類也）能採善言能知國俗能圖山川能裁阨難（險難阨皆悉明之）能制軍權危者安之懼者懽之叛者還之（將有不合去者慰誘還之若蕭何追韓信）寃者原之訴者察之卑者貴之（士卒苦卑賤者貴之昔吳起下与士卒同衣食是也）強者抑之敵者殘之（甲中有賤而敵貴者乱上下之禮殘殺之）貪者豐之（懸賞以豐其心所以使貪）欲者使之（臨敵將戰有欲立功名有欲利敵人者皆許而使之所謂使勇使貪）畏者隱之（士卒有所畏懼者隱蔽於後勿使為軍鋒軍敗由鋒怯）謀者近之讒者覆之（有讒鬬者覆信之）毀者復之（官職有毀廢者則修而復之）反者廢之橫者挫之服者活之（首服罪者活之）降者說之（識舍）獲城者割之（賞功臣也）獲地者裂之（賜功勞者）獲國者守之

得其國必封賢以守之昔吳伐越得而不守所以終敗也獲阨塞之獲難屯之獲財散之敵動伺之敵強下之敵陣強則下之勿與戰若齊師伐魯鼓之曹劌不動三鼓破齊下之敵凌假之敵之威勢凌我而來宜持重以待之勿與戰楚凌漢求戰一決漢祖知弱不許之是也敵暴安之敵人為暴虐之行則安之勸之所以怒我衆也昔燕伐齊田單不下燕師掘齊人冢墓田單安勸之敵勃義之敵為勃亂之事則隨有義以待之彼勃我義故剋之敵睦攜之順舉挫之舉順以挫逆也因勢破之放言過之放過惡言以誣詐敵人以怒己衆也四綱羅之此為將之道也故將拒諫則英雄散策不從則謀士叛善惡同則功臣倦賞罰不明善惡無異則有功之臣皆解倦也將專己則下歸咎專己自任不與下謀衆皆歸罪於將而責之將自臧則下少功臧善也將自伐動忘下自用者故曰少功也將受讒則下有離心將貪財則姦不禁上貪則下盜也將內顧則士卒淫內顧思妻妾也將有一則衆不服有二則軍無試試法也有三則軍乖背有

長九　十七

四則禍及國軍誌曰將謀欲密士衆欲一（將衆如一軆也）攻敵欲疾將謀密則姦心閉士衆一則群心結（結如一也）攻敵疾則詐不及設軍有此三者則計不奪將謀泄則軍無勢以外闚內則禍不制（窺見也謀泄則外見己情之虛實其禍不可制也）財入營則衆姦會（凡為軍使外人以財貨入營內則姦謀奮集其中也）將有此三者軍必敗將無慮則謀士去（將無防慮不能從謀故去之）將無勇則吏士恐（將怯則下無所恃故恐也）將遷怒則軍士懼慮也謀也將之所重勇也怒也將之所用意故曰必死可殺也必生可慮也忿速可侮也廉潔可辱也愛人可煩也此五者將軍之過用兵之災故凡戰之要先占其將而察其才因刑用權則不勞而功興也其將愚而信人可謀而詐貪而

忽名可貨而賂輕變可勞而困上富而驕下貧而磔
可離而間將怠士懈可潛而襲智而心緩者可迫也
勇而輕死者可暴也急而心速者可誘也貪而喜利
者可襲也可遺也仁而不忍於人者可勞也智而心緩
者可驚也信而喜信於人者可誑也廉潔而不愛人
者可侮也剛毅而自用者可事也懦心喜用於人者可
使人敬也此皆用兵之要為將之略也

料敵第十二

夫兩國治戎交和而合不以冥冥決事必先探於敵
情故孫子曰勝兵先勝而後戰又曰策之而知得失
之計候之而知動靜之理因形而作勝於衆用兵之要

也若欲先知敵將當令賤而勇者將輕銳以當之觀敵之來一起一坐其政以理其追北佯爲不及其見利佯爲不知如此者將必有智勿與輕戰凡敵上氣黃白潤澤者將有威德或軍上氣發漸漸如雲變作山形將有深謀或敵上氣外黑中赤在前者將精悍皆不可擊凡氣上与天連軍中將賢良凡有氣如龍如虎在殺中或如火煙之形或如火光之狀或如山林或如塵埃頭大而卑或氣紫黑如門上樓或如白粉沸皆猛將之氣也若其衆讙旗亂其卒自止自行其兵或縱或橫其追北恐不及見利恐不得如此者將必無謀雖衆可獲凡敵上氣青而踈散者將怯弱前大後小將性不明也故曰敵近而靜者恃其險也敵遠而挑人者欲人之進也衆樹動者來也衆草多障者疑也稠草中多障蔽者必逃去恐吾追及多作障蔽使吾疑其間有伏兵也鳥起者伏也凡軍上氣渾渾圓長赤氣在其中或有氣如赤杵在黑雲中皆赤有伏兵或兩軍相當有赤氣在軍前後左右者有伏兵隨氣所在防之或有

雲絞絞綿綿此以車騎為伏兵或有雲如布席之狀此以步卒為伏兵或有雲如山岳存外為伏兵不可不審察也禽駭者覆也塵卑而廣者徒來也散而條達者薪來也少而往來者營軍也少塵少也辭卑而益備者進也敵增備也辭強而進驅者退也無約而請和者謀也半進半退者誘也杖而立者饑也汲而先飲者渴也見利不進者勞也鳥集者虛也夜呼者恐也軍擾者將不重也旗動者亂也吏怒者倦也粟馬食肉軍無懸甀音墜一簞之食也不及其舍者窮寇也諄諄翕翕徐言入入者失其眾也此將失其眾之意也數賞者害也數罰者困也數顧者失其群也來委謝者欲休息也兵怒而相近久而不合又不相去必謹察之敵來新到行陣未定可擊也

陣雖定人馬未食可擊也涉長道後行未息可擊也行坂涉險半隱半出可擊也涉水半渡可擊也險道狹路可擊也旌旗亂動可擊也陣數動移可擊也人馬數顧可擊也凡見此者擊之而勿疑然兵者詭道也能而示之不能用而示之不用故匈奴示弱漢祖有平城之圍石勒藏鋒王浚有幽州之陷即其効也可不慎哉

勢略第十三

孫子曰勇怯勢也強弱形也又曰水之弱至於漂石者勢也何以明之昔曹公征張魯定漢中劉曄說曰明公以步卒五千將誅董卓北破袁紹南征劉表

九州百郡十并其八威震天下勢慴海外今舉漢中蜀人望風破膽失守推此而前蜀可傳檄而定也劉備人傑也有智而遲得蜀日淺蜀人未恃今破漢中蜀人震恐其勢自傾以公之神明因其傾而壓之烏甲切無不剋也若小緩之諸葛亮明於理而爲相關羽張飛勇冠三軍而爲將蜀人既定據險守要則不可犯也今不取必爲後憂曹公不從居七日蜀降者說蜀中一日數十驚備斬之而不能禁也曹公延問曄曰今尚可擊否曄曰今已小定未可擊也又太祖征呂布至下邳布敗固守城攻不拔太祖欲還荀攸曰呂布勇而無謀今三軍皆北其銳氣衰三軍以將爲

主主衰則軍無奮意夫陳宮有智而遲今及布氣之未復宮之謀未定進急攻之布可拔也乃引沂泗灌城城潰生擒布以此觀之當是時雖諸葛之智陳宮之謀呂布之勇關張之勁無所用矣此謂勇怯勢也強弱形也故兵有三勢夫兵有三氣一曰氣勢二曰地勢三曰因勢若將勇輕敵士卒樂戰三軍之衆志勵青雲氣等飄風聲如雷霆此所謂氣勢也若關山狹路大阜深澗龍蛇磻磴羊腸狗門一夫守險千人不過此所謂地勢也若因敵怠慢勞役飢渴風波驚擾將吏縱橫前營未舍後軍夾涉謂所因勢者也善戰者恒求之於勢勢之來也食其緩頰下齊七十餘城謝石渡淝摧秦百萬之衆勢之去也項羽有拔山之力空泣虞姬田橫有負海之強終然刎頸故曰戰勝之威人百其倍敗兵之卒沒世不復永挫折也言人氣傷雖有百万之衆無益於用也故水之弱至於漂石此勢略

之要也

攻心第十四

孫子曰攻心爲上攻城爲下何以明之戰國時有說齊王曰凡伐國之道攻心爲上攻城爲下心勝爲上兵勝爲下是故聖人之伐國攻敵也務在先服其心何謂攻其心絶其所恃是謂攻其心也今秦之所恃爲心者燕趙也當收燕趙之權令說燕趙之君勿虛言空辭必將以實利以迴其心所謂攻其心者也沛公西入武關欲以二萬人擊秦嶢音堯關下軍張良曰秦兵尚強未可輕也臣聞其將屠子賈豎易動以利願沛公且留壁使人先行爲五萬人具食益張旗幟

諸山之上爲疑兵令酈食其持重寶啗秦將貪而忽名可貨以賂秦將果欲連和俱西襲咸陽沛公欲聽之良曰此獨其將欲叛士卒恐不從不從必危不如因其懈擊之沛公乃引兵擊秦軍大破之諸葛亮擒孟獲七縱七擒之南方歎亮之世不敢背叛又四面楚歌而項羽走劉琨吹葭胡人散攻心之計非一途也此攻心者也

伐交第十五

孫子曰善用兵者使交不得合何以明之昔楚莫敖將明貳軫貳軫二國名也鄖人軍於蒲騷將以隨絞州蓼伐楚師莫敖患之鬬廉曰鄖人軍於其郊必不誡且曰虞四邑之至虞度也四邑隨絞州蓼也君次於郊郢以禦四邑我以銳師宵加於鄖鄖有虛心而恃其城莫有鬬志若敗鄖

師四邑必離莫教從之遂敗鄭師於蒲騷漢宣帝時先零與罕开羌解仇合黨爲寇帝命趙充國先誅罕开充國守便宜不從上書曰先零羌虜欲爲背叛故與罕开解仇然其私心不能忘恐漢兵至而罕开背之也臣愚以爲其計當欲赴罕开之急以堅其約先擊罕羌先零必助之今虜馬肥粮方饒擊之恐不能傷害適使先零得施德於罕羌也堅其約合其黨虜交堅黨合誅之用力數倍臣恐國家憂累由十數年不二歲而已先誅先零則罕开之屬不煩兵服矣帝從之果如策魏太祖初伐關中賊每一部到太祖輙喜賊破之後諸將問其故太祖曰關中道遠

若各依險阻征之不一二年不可定也今皆來集衆雖多莫相服軍無適主一舉可滅爲攻差易吾是以喜語曰連雞不俱棲可離而解曹公得之矣此伐交者也

挌形第十六

孫子曰安能動之又曰攻其所必趨何以明之昔楚子圍宋宋公使如晉告急晉狐偃曰楚始得曹而新昏於衞若伐曹衞楚必救之則齊宋免矣前年楚戍穀以逼齊果如其計魏伐趙趙急請救於齊齊威王以田忌爲將以孫臏爲師居輜車中爲計謀田忌欲引兵之趙孫子曰夫解雜亂紛糾者不控捲救鬭者不搏戟

批亢擣虛形格勢禁則自爲解耳今梁趙相攻輕兵銳卒必竭於外老弱疲於內君不若引兵疾走大梁據其街路衝其方虛彼必釋趙而自救是我一舉解趙之圍而弊於魏也田忌從之魏果去邯鄲又

曹操爲東郡太守（東郡今魏州是）治東武陽軍頓丘黑山賊（黑山今衛州界也）于毒等攻東武陽太祖欲引兵西入山攻毒本屯諸將皆以爲當還自救曹操曰昔孫臏救趙而攻魏耿弇欲走西安攻臨菑使賊聞我西而還則武陽自解不還我能敗虜家虜不能拔武陽必矣乃行毒聞之果棄武陽還曹操要擊大破之初關羽圍樊襄陽曹操以漢帝在許近賊欲徙都司馬宣

王及蔣濟說曹操曰劉備孫權外親內疎關羽得
志權必不願也可遣人勸躡其後許割江南以封權
則樊圍自解曹操從之羽遂見擒此言攻其所愛則
動矣是以善戰者無知名無勇功不爭白刃之前不
備已失之後此之謂矣

衄勢第十七

語曰投兵散地則六親不能相保同舟而濟胡越何
患乎異心孫子曰善用兵者譬如率然何以明之漢
宣帝時先零爲寇帝命趙充國征之引兵至先零
所在虜久屯聚解弛望見大軍棄車重欲渡湟水
道阨狹充國徐行驅之或曰逐利行遲充國曰此窮

寇不可迫也緩之則走不顧急之則還致死諸將
校皆曰善虜果赴水溺死者數百於是破之袁尚既
敗遂奔遼東衆有數千初遼東太守公孫康恃遠不
服曹公既破烏丸或說公遂征之尚兄弟可擒也公曰
吾方使康斬送尚熙首不煩兵矣公引兵還康果斬送
尚熙傳其首諸將或問曰公還而康斬尚熙何也公曰
彼素畏尚熙其急之則幷力緩之則自相圖其勢然
也曹公征張繡荀攸曰繡與劉表相恃爲強然繡以
遊軍仰食於表表不能供也其勢必離不如緩軍以
待之可誘而致也若急之則必相救曹操不從進至
穰與繡戰表果救之軍不利矣故孫子曰善用兵

者譬如率然率然者常山之蛇擊其頭則尾至擊其尾則首至擊其中則首尾俱至或曰敢問可使如率然乎孫子曰可矣夫吳人與越人相惡當其同舟而濟則救如左右手是故放馬埋輪不足恃也齊勇若一政之道也此之謂矣

先勝第十八

孫子曰善用兵者先爲不可勝以待敵之可勝何以明之梁州賊王國圍陳倉乃拜皇甫嵩董卓各率二萬人拒之卓欲速進赴陳倉嵩不聽卓曰智者不後時勇者不留決速戰則城全不救則城滅全滅之勢在於此也嵩曰不然百戰百勝不如不戰而屈人之兵是以

先爲不可勝以待敵之可勝不可勝在此可勝在彼（范蠡曰時不至不可強生事不究不可強成此之謂也）彼守不足我攻有餘有餘者動於九天之上不足者陷於九地之下今陳倉雖小城守固備非九地之陷也王國雖強而攻我之所不救非九天之勢也夫勢非九天攻者受害陷非九地守者不拔國今已陷受害之地而陳倉保不拔之城我可不煩兵動衆而取全勝之功將何救焉遂不聽王國圍陳倉自冬迄春八十餘日城堅守固竟不能拔賊衆疲弊果自解去嵩進兵擊之卓曰不可兵法窮寇勿追歸衆勿追今我追國是追歸衆追窮寇也困獸猶鬭蜂蠆有毒況大衆乎嵩曰不然吾前不擊避其鋭

也實而備之強而避之銳卒勿攻兵之機也今而擊之待其衰也所擊疲師非歸師也國衆且走莫有鬭志以整擊亂非窮寇也遂獨進兵擊之使卓爲後拒連戰大破國走而死卓大慙恨孫子曰怒而撓之言待其衰也又曰卑而驕之言敵怒而進兵則當外示屈弱以高其志待其歸隨而擊之又曰引而勞之言因其進退以觀其變然後攻其不備出其不意此兵家之勝不可傳也青州黃巾衆百餘萬入東平劉岱欲擊之鮑永諫曰今賊衆百萬百姓皆震恐士卒無鬭志不可敵也觀賊衆群輩相隨軍無輜重唯以抄掠爲資今若畜士衆之力先爲固守彼欲戰不得攻則不能其勢必離散然後選精銳據其要害擊之可破也岱不從果爲賊所敗晉代王開攻燕鄴城慕容德拒戰代師敗績德又欲攻之別

駕韓譚進曰昔漢高祖云吾寧鬪智不能鬪力是以古人先勝廟堂然彼攻戰今代不可擊者四燕不宜動者三代懸軍遠入利在野戰一不可擊也深適近畿頓兵死地二不可擊也前鋒旣敗後軍方固三不可擊也彼衆我寡四不可擊也官軍自戰其地一不宜動動而不勝衆心離固二不宜動隍池未脩敵來無備三不宜動此皆兵機也深溝高壘以逸待勞彼千里饋粮野無所掠久則三軍靡費攻則衆旅多弊師老釁生詳而圖之可以捷也德曰韓別駕之言良平之策也孫子曰以遠待近以逸待勞以飽待饑此治力者此先勝而後戰者也

圍師第十九

孫子曰圍師必闕何以明之黃巾賊韓忠據宛朱儁張超圍之結壘起土山以臨城因鳴鼓攻其西南賊悉衆赴之乃掩其東北乘城而入忠退保小城乞降諸將欲聽之儁曰兵有形同而勢異者昔秦項之際民無定主故賞附以勸來耳今海内一統唯黃巾造寇納降無以勸善討之足以懲惡今若受之更開逆意賊利則進戰鈍則乞降縱敵長寇非良計也因急攻之不剋儁乃登土山顧謂張超曰吾知之矣賊今外圍周固連營逼急乞降不受欲出不得所以死戰也萬人一心猶不可當況十萬乎其害甚矣不如撤圍并兵入城忠見解圍勢必自出出則意散易破之道也既而解圍

忠果出戰遂破忠等魏太祖圍壺關下令曰城拔皆坑之連月不下曹仁言於太祖曰圍城必示之門所以開其生路也今公許之必死將人人自爲守且城固而糧多攻之則士卒傷守則引日持久今頓兵堅城之下以攻必死之虜非良計也太祖從之城降

凡降人之氣如人十十五五皆乂手低頭又云相向或有氣上黃下白名曰善氣所臨之軍欲求和退凡城中有白氣如旗者不可拔或有黃雲臨城有大喜慶或有青色如牛頭觸人者城不可屠或城中氣出東方其色黃此天鉞也不可伐伐者死或城上氣如火煙主人欲出戰其氣無極者不可攻或有氣如杵形從城中向外者內兵欲突出主人勝不可攻或城上有雲分爲兩彗狀者攻不可得或有濛氣繞城不入者外兵不得入凡攻城有諸氣從城中出入吾軍上者敵氣也凡攻城圍邑過旬不雷雨者城有輔弗去之勿攻也此皆勝氣也凡攻城圍邑赤氣在城上黃氣四面繞之城中有大將死城降或城上有赤氣如飛鳥急攻之可破或有氣出入者人欲逃或有氣如灰氣出而覆其軍上者士多病城屠或城上無雲氣士卒散或城營上有赤氣如衆人頭下多死喪流血攻城有白氣繞城而入者急攻可得若有屈虹從城外入城者三日內城屠此皆敗氣也

此圍

師之道也

變通第二十

孫子曰善動敵者形之敵必從之何以明之魏與趙攻韓齊田忌爲將而救之韓直走大梁魏將龐涓去韓而歸齊軍已過而西矣孫臏謂田忌曰彼三晉之兵素悍勇而輕齊齊號爲怯善用兵者因其勢而利導之兵法曰百里而趨利者蹶其將軍使齊軍入魏地爲十萬竈明日爲五萬竈明日爲二萬竈涓喜曰我固知齊卒怯也入吾地三日士卒亡已過半乃弃其步兵與輕銳倍日并行逐之臏度其暮至馬陵道狹而多險可伏兵乃斫大樹白書之曰龐涓死此

樹下令善射者萬弩俠道而伏期曰見火舉而發涓夜至斫木下見白書乃鑽火燭之讀書齊軍萬弩俱發魏軍大亂涓乃自頸曰果成豎子之名也虞詡爲武都郡羌率衆遮詡於陳倉崤谷詡令吏士各作兩竈日增倍之羌不敢逼或問曰孫子減竈而君增之兵法日行三十里以戒不虞今且行二百里何也詡曰虜衆既多吾徐行則易無所及疾行則彼不測之且虜見吾竈多謂群兵來至孫子見弱吾示強勢不同也昔王濬在蜀作船欲伐吳預沫柹江中以厭之及至唐將李靖欲伐荆州襲蕭銑乃投柹於江中使蕭銑見之靖尋以兵隨柹而下蕭銑不備遂虜之平荆州天兵法變通不可執一諸君得之矣故曰料敵在心察機在目因形而作勝於衆善之善者矣此變通之理也

長九　二十八

利害第二十一

孫子曰陷之死地而後生投之亡地而後存又曰雜於利而務可伸雜於害而患可解何以明之漢將韓信攻趙趙盛兵井陘口信乃引兵未至井陘口三十里止舍夜半傳發選輕騎二千人人持一赤幟從閒道萆山（音蔽）而望見趙軍誡之曰趙見我走必空壁逐我若疾入趙壁拔趙幟立漢赤幟令其裨將傳飱曰今日破趙會食諸將皆莫信佯應曰諾信謂軍吏曰趙已先據便地爲壁且彼未見吾大將旗鼓未肯擊前行恐吾至阻險而還信乃使萬人行出背水陣趙軍望見大笑之（太公曰智与衆同非人師也伎与衆同非國工也動莫神於不意勝莫大於不識使趙

軍譏韓信之勢安得敗哉故笑之而敗也平旦信建大將之旗鼓鼓行出井陘口趙開壁擊之大戰良久於是信與張耳弃鼓旗走水上水上軍開壁入之復疾戰趙空壁爭漢鼓旗逐韓信張耳韓信張耳已入水上軍軍皆殊死戰不可敗信所出奇兵二千騎共候趙空壁逐利則馳入趙壁皆拔趙幟立漢赤幟二千趙軍不得信等欲還歸壁壁皆漢赤幟而大驚太公曰夫兩陣之間出俾陣矣縱卒亂行者所以為變此之謂矣以為漢皆已得趙主將矣遂亂遁走趙將雖擊斬之不能禁也孫子曰以治待乱以靜待譁此治心者矣衆心已乱雖有良將亦不能為之計矣於是漢兵夾擊大破之斬成安君泜水上擒趙王歇諸將殺首虜畢賀因問信曰兵法右背山陵前左水澤今者將軍

令臣等反背水陣曰破趙會食時臣等不服然竟以勝此何術也信曰此在兵法中顧諸君不察耳兵法不曰陷之死地而後生置之亡地而後存夫處死地者謂力均勢敵以死地取勝可也若以至弱當至強投弱兵於死地自貽陷矣故孫臏曰兵恐不可救又經曰大衆陷於害然後能爲勝敗是知死地之機必用大衆矣且信非得素撫循士大夫也所謂驅市人而戰其勢非置之死地使人人自爲戰今與之生地皆走寧尚可得而用之乎諸將曰善非所及也孫子曰兵甚陷則不懼不得已則鬬是故其兵不脩而戒不求而得不約而親不令而信投之無往者諸將之勇也此之謂矣

魏太祖征張繡繡一朝引軍退繡自追之賈詡曰不可追也繡不從果敗而還詡謂繡曰促更追之戰必勝繡收散卒赴追太祖戰果勝還問詡曰繡以精兵追退軍而公曰必敗退以敗卒

擊勝兵而公曰必尅皆如公之言何其反而皆驗也詡曰此易知耳軍勢百途事不一也將軍雖善用兵非曹公敵也魏軍新退曹公必自斷其後追兵雖精將旣不敵彼士亦銳故知必敗曹公攻將軍無失策力未盡而還必國內有故也旣破將軍必輕軍速進留諸將斷後諸將雖勇亦非將軍敵也故雖用敗兵而勝也繡乃服其能此利害之變故曰陷之死地而後生雜於害而患可解此之謂也

奇正第二十二

太公曰不能分移不可語奇孫子曰兵以正合事以奇勝何以明之魏王豹反漢漢王以韓信爲左丞相擊

魏魏王盛兵蒲坂塞臨晉信乃益爲疑兵陳船欲渡臨晉而伏兵從夏陽以木罌渡軍襲安邑孫子曰近而示之遠遠而示之近此之謂也魏王豹驚引兵迎信信遂虜豹定魏爲河東郡是知奇正者兵之要也經曰戰勝不過奇正奇正之變不可勝窮如環之無端孰能窮之此之謂矣

掩發第二十二

孫子曰善戰者其勢險其節短以利動之以卒待之又曰善動敵者形之敵必從何以明其然耶燕平齊圍即墨城即墨城中推田單爲將以拒燕田單欲激怒其卒乃宣言曰吾唯恐燕將劓所得齊卒及掘城外墳墓僇先人可爲寒心燕將如其言即墨人皆涕

泣其欲出戰怒皆十倍單乃收人金得千鎰令即墨富豪遺燕將書曰即墨即降願不虜吾家族燕將大喜益懈單乃收牛得千頭束葦於尾燒其端鑿城數十穴夜縱牛出以壯士五千人隨其後牛尾熱而奔燕燕軍大驚所隨五千因銜枚擊之燕軍大敗殺其將騎劫復齊七十餘城呂蒙西屯陸口關羽討樊留兵備公安南郡蒙上疏曰關羽討樊而多留備兵必恐蒙圖其後故也蒙常有病乞分衆還建鄴以治病爲名羽聞之必撤備兵盡赴襄陽大軍浮江晝夜馳上襲其空虛則南郡可取而羽可擒之遂稱病篤權乃露檄召蒙羽果信之稍撤兵赴樊權聞

之遂行先遣蒙在前伏其精兵於𦪇䑶中使白衣摇櫓作商賈服晝夜兼行至羽所置江邊屯候盡收縛之是故羽不聞知太公曰偽稱使者所以絶粮食謬令号与敵同服者所以備走北也由此言之衣服号令之中不可不審也遂到南郡士仁糜芳皆降蒙入據城盡得羽將士家屬皆撫慰約令軍中不得干歷人家道不拾遺昔秦伯見襲鄭之利不顧崤函之敗吴王矜伐齊之功而忘姑蘇之禍故曰不能盡知用兵之害者則不能盡知用兵之利此之謂矣經曰役諸侯者以業語曰因其強而強之敵乃可折關羽討樊雖不被人討亦自役自強者也羽還在道路數使人與蒙相聞蒙厚遇其使使周旋城中家家致問或手書示信羽使人還私相參訊咸知家問無恙見待過於平時故羽士卒無鬭心權至獲羽遂定荊州此掩發之變故曰始如處女敵人開戶後如脫兔敵不及距此之謂矣

還師第二十四

孫子曰興師百萬曰費千金王子曰四人用虛國家無儲故曰運粮百里無一年之食二百里無二年之食三百里無三年之食是謂虛國國虛則人貧人貧則上下不相親上無以樹其恩下無以活其身則離叛之心生此為戰勝而自敗故雖破敵於外立功於內然而戰勝者以喪禮處之將軍縞素請罪於君君曰兵之所加無道國也擒敵制勝將無咎殃乃尊其官以奪其勢故曰高鳥死良弓藏敵國滅謀臣亡亡者非喪其身謂沉之於淵沉之於淵者謂奪其威廢其權封之於朝極人臣之位以顯其功中州善國

以富其心仁者之衆可合而不可離威權可樂而難卒移是故還軍罷師存亡之階（尉佗章邯是也）故弱之以位奪之以國故霸者之佐其論駮也（駮不純道也）人主深曉此道則能御臣將（漢相襲奪齊軍之類）人臣深曉此道則能全功保首（張良學辟穀弃恩人閒事之類者）此還師之述也論曰奇正之機五閒之要天地之變水火之道如聲不過五聲五聲之變不可勝聽色不可過五色五色之變不可勝觀在乎因機而用權矣不可執一也故略舉其體之要（此皆諸兵書中語也）

長短文經卷第九

杭州淨戒院新印

按馬端臨文獻經籍考據唐晁氏云唐趙蕤撰長短經十卷又據北夢瑣言云蕤梓州鹽亭人博學韜鈐長於經世夫婦俱有隱操不應辟召論王伯機權正變之術其第十卷載陰謀家本缺今存者六十四篇猷不害其為全書也洪武丁巳秋八月丁巳沈新民識

戊午夏五月重裝

光緒廿六年四月廿四日錢唐汪鳴鑾
武進費念慈同觀是日携宋本周
官鄭注吳郡圖經續記參寥子集
並几快覽念慈題記